沈志昂
烈士家书

中共上海市奉贤区委党史研究室 编

上海社会科学院出版社

用自己的槍頭向敵人瞄過，
在流彈之中，衝鋒過，
戰場的餘生，留到下次再去爭鬥。
討伐夏楊兩逆後于十六年七月一日攝於黃鶴樓

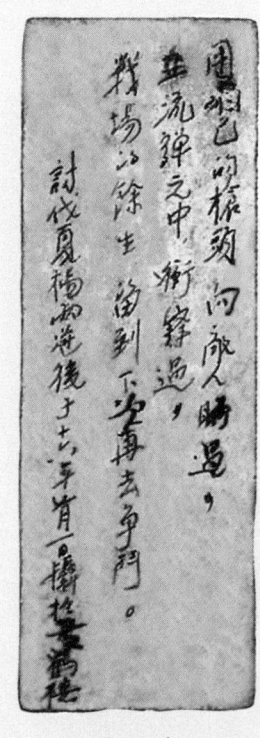

用自己的枪头向敌人瞄过，
在流弹之中，冲锋过，
战场的余生，留到下次再去争斗。
讨伐夏杨两逆后于十六年七月一日摄于黄鹤楼

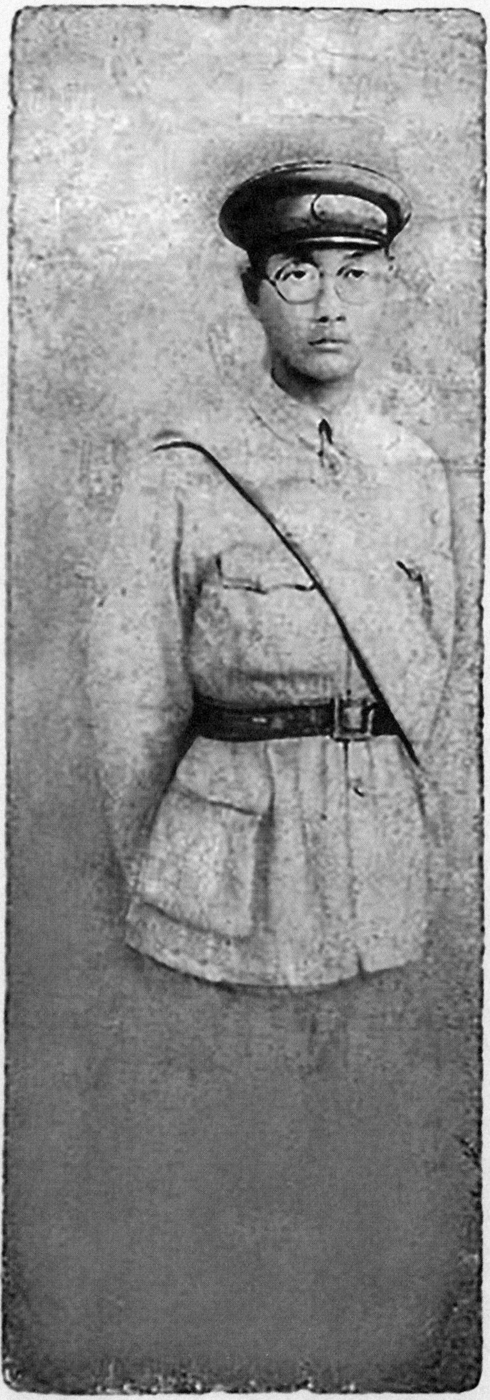

沈志昂，摄于 1927 年 ▲

注：此图来自留存至今唯一的原版照片，照片背面题有小诗，注明历史事件、日期。照片正面是肖像。

▲ 沈志昂、汤瑾合影于南桥，1926年12月20日沈志昂离家赴武汉前一天

▲ 沈志杨（1914—1935）

▲ 汤 瑛（1912—2006），原中共南桥支部首任书记

沈志昂侄女沈联和丈夫钟明德在研读沈志昂家书，摄于2019年

▲ 汤 瑾（1905—1997），摄于1985年

▲ 沈志昂之子沈冠群（1925—2017）

▲ 全家福：汤瑾（中），前排儿子和儿媳，后排孙子和孙女

▲ 南方四中四友

▲ 汤瑾之兄汤爻（第三排左起第三人）参加中华全国学生联合会总会成立大会合影，摄于1919年6月

▼ 沈志昂毕业证书

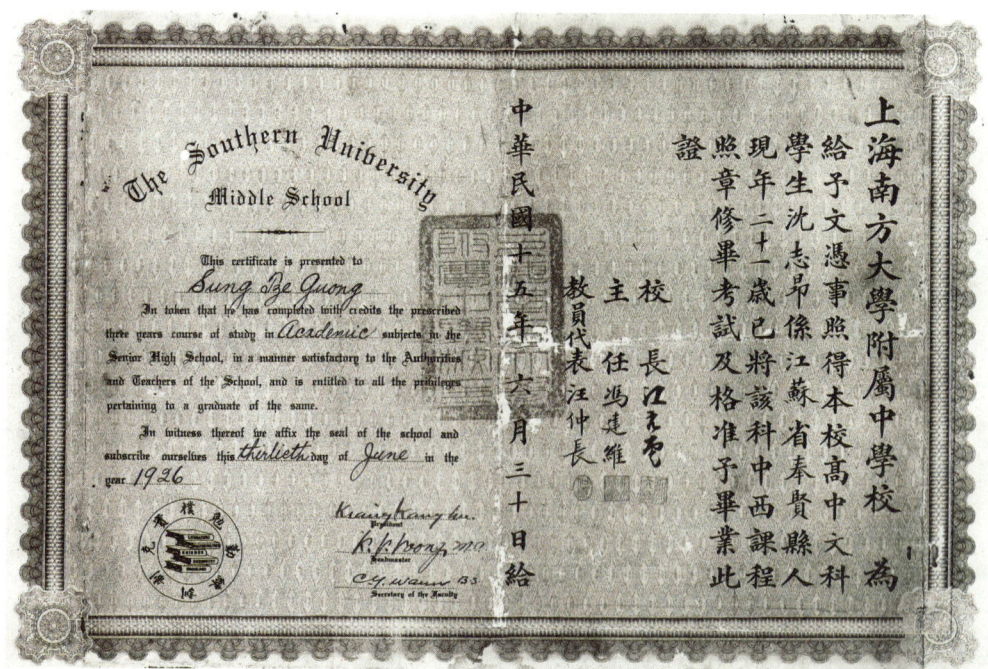

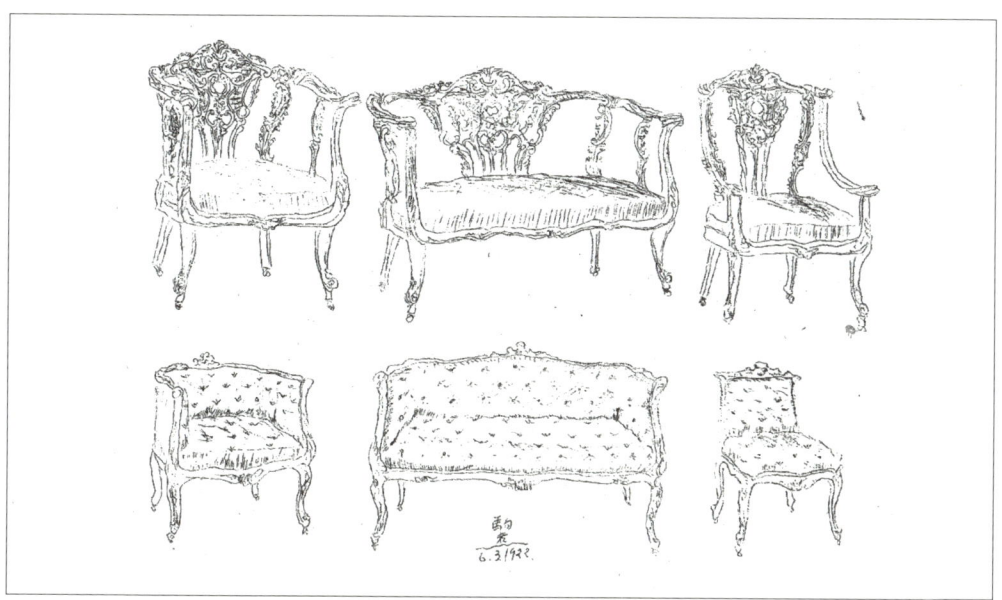

▲ 1922年沈志昂就读中华职业学校木工班时手绘设计稿

▼ 沈志昂故居原貌

▲ 沈志昂故居（原址按原样翻建）

▼ 沈志昂故居内部之一

▲ 沈志昂遗物·书橱

沈志昂遗物·书橱内部 ▶

◀ 沈志昂遗物·矮柜

沈志昂遗物·篮子 ▼

◀ 沈志昂遗物·方机子

沈志昂遗物·脸盆架 ▶

▲ 沈志昂在家书中多次念及的故居旁竹林

▲ 沈志昂当年由此小路离家走向革命

编 委 会

主　任： 王霄汉

副主任： 孙　毅　黄军华　张文权　顾卫兴

主　编： 王永平

编　辑： 曹　杰　夏　叶　沈红梅

特邀编辑： 沈　联　钟明德

序言 | Preface

在一个国家处于存亡危急的年代，在沈志昂追寻民族复兴道路的岁月里，他的一封封家书，字里行间洋溢着一位爱国青年的家国情怀。捧读这些已经发黄的家书，让我们真切感受到了九十多年前中国历史的沉重，深刻认识到了无数仁人志士艰苦卓绝的生命抗争对历史进步的重要意义。他受五四运动启蒙，本着五四精神，坚决反帝反封建，提倡妇女解放，寻求拯救劳苦大众的道路；他积极追随孙中山先生提出的新三民主义，追随国民党左派；"四一二"政变前后，他认清了蒋介石的反革命本质，从此信仰共产主义，加入革命队伍，最后离开家乡到武汉，考入中央军事政治学校，参加北伐战争。八一南昌起义之后，奔赴广州，参加起义，一路苦战，直至海丰牺牲。牺牲时年仅22岁的他，给我们后代留下了丰富的历史遗产和革命见证。

这37封家书是几经白色恐怖的劫后余生，是沈志昂烈士妻子汤瑾毕生的珍藏，是她对丈夫思念的全部寄托，也是她支持丈夫所选择的信仰与革命行为最好的佐证。读沈志昂烈士家书，让我们仿佛看到他在昏暗的油灯下伏案给挚爱的妻子写信的身影，仿佛听到他坚持信仰发自内心的感人诉说，也仿佛看到他在广州起义时振臂高呼、冲锋陷阵的英姿。虽然已经过去将近一个世纪，沈志昂烈士为实现革命理想而奋斗的初心依然深深地打动着我们，依然发人深省，传递着力量。

读沈志昂烈士家书，感受到他的爱国情怀之深切，我们被他那种真挚的家国情怀深深感染。"我们中国因为没有进步，经济落后，各帝国主义向我们侵略",他在南京路上冒死高呼"打倒帝国主义,打倒压迫"。他担忧的是"国事蜩螗""国家将孰是",他时刻不忘国家之命运,想到自己的责任"未能有一时之安也"。他时刻不忘记民生之疾苦,他把对家的情意与对人民的爱、对国家的爱联系在一起,寒冬腊月,他首先想到的是贫民的饥寒交迫。在国家面临苦难危险将倾覆时,毅然决然地奔赴战场,即使"战场的余生",也得"留到下次去争斗",这是他的人生目的。

读沈志昂烈士家书,感受到他的信仰真理之坚贞,我们被沈志昂烈士孜孜以求对理想和信念的坚守深深感染。我"审清了是非",我被"真理所征服,毅然的(地)抛弃了一切的爱……向危险之路走","我们的生要为主义而生,我们的死是要为主义而死"。他一再表示"无论如何攻击我,反对我,总是勇往的不怕"。他向妻子和家人宣布"要夺回幸福,就要打破恶社会,建设新社会","在这个过程中一定要经过斗争,这个斗争就是革命","男之投身于革命,非个人之升官发财,实鉴于人民之受痛苦而谋其解放也,虽牺牲,于心亦愿也"。沈志昂烈士最终实现了他的承诺。

读沈志昂烈士家书,感受到他的爱情亲情之真挚,我们被沈志昂烈士对妻子和家人非同一般的亲情深深感染。沈志昂作为长子,担负着家庭的责任,但因追求革命理想不得不离开亲人。但他时刻关注着,每逢节日必致慰问,妻分娩不在,特致信深表歉意;想到妻子哭泣,深夜起来写信勉慰。对弟弟因失去母亲而孤单畏缩尤其牵挂,每当寒天,即想起弟弟冻疮,告诉他有事找大姊,等等。甚至宁可自己牺牲而让父亲专爱弟弟一人。对玎妹更怜其年幼孤苦，他以哥哥自命，"良心冲动，帮助她在万难之中，跳出了虎阱"，"我不死，我总帮助她成功"。给她筹款让她读书，将毕业，又指导她升学，给汤瑾的最后一封信，还在问起玎妹学校生涯。这些肺腑之言，已远超一般的亲情，是一个革命者的大爱。

读沈志昂烈士家书，感受到他的教育引导之力量，我们被沈志昂烈士鼓励妻子和家人对革命事业的追求并为之奋斗而深深感染。他给妻子的信，几乎每信必宣扬革命，启发她认识封建礼教的迫害，鼓励她参与妇女解放运动，督促她学习文化，告诉她"明白革命是最重要的"。沈志昂对父亲很尊重，但在对待"吃閒饭"问题上，他坚持原则，对父亲讲道理："我们来的钱，是从他们身上剥下来的"，立场鲜明。九十年前有如此觉悟，实在难能可贵。在广州起义前夕，专写信给弟弟："亲爱的弟弟，我对于你希望非常大，我是希望你跟着我努力革命，努力改造社会。"沈志昂没有丝毫含糊和犹豫，倾尽自己的青春年华追求革命理想，投身革命事业，也教诲家人前仆后继，继续完成他未完成的革命事业。

明镜所以照形，古事所以知今。在庆祝中华人民共和国成立七十周年之际，我们对烈士充满着无限的缅怀之情。三座大山的推倒，中华人民共和国的建立，是无数先烈用自己的生命换来的，沈志昂烈士便是其中的一位代表。"国是最大家，家是最小国"，在国与家之间，先烈们承载着舍家救国的重任，用生命和鲜血铸就了共产党人的信念与忠诚。一个个破碎的家庭与烈士们付出的生命实现了一个伟大民族的崛起。这是无数先烈所梦寐以求的理想。沈志昂烈士家书是最真实的党史读物,也是最生动的红色教材。如今,作为后继者,我们要从中汲取革命先烈的力量,树立正确的世界观、人生观和价值观,在以习近平同志为核心的党中央坚强领导下,发扬先烈的革命精神,践行初心,担当使命,团结一致,勇往直前,为实现中华民族伟大复兴的中国梦而努力奋斗。

王霄汉
2019 年 7 月

沈志昂烈士小传

沈志昂字驹若，又名益丰，1906年生于奉贤县西二区砂碛乡沈家楼，今南桥镇沈陆村。父沈达才，清末秀才，略有田地，创办砂碛小学，并任教以谋生。后任县教育局视学员。母陆云能家务之外种田数亩，可谓耕读人家。沈志昂有姊弟妹各一人。

沈志昂生活的年代中国正处于存亡危急之秋，帝国主义七八十年的侵略，把中国深陷于殖民地半殖民地深渊；清王朝腐朽的构架倒塌，演化为封建军阀割据，连年混战。打倒帝国主义，打倒封建军阀，谋求民族复兴，是当时全国民众的一致呼声。

沈志昂十三岁，就读于南桥第二高小时，正逢五四运动。开始懂事的他，立即接受并投入这一反帝反封建的爱国运动，张贴标语，上街宣传。五四运动给沈志昂一生带来了深远的影响，可以说五四精神一直指导着他此后将近十年的思想行动。

他是长子，又限于家庭经济，将来不准备读大学，为了就职方便，1919年秋考入了中专性质的中华职业学校机械木工科的木工班。1922年秋，患风湿病不能行走，停学治疗三个月。1923年9月考入江苏省立太仓第四中学。当时江苏省办了十所省立中学，松江是省立第三中学，沈志昂厌恶家乡绅士们的封建统治，天真地想去远方谋求较好的环境。

1924年农历九月，母病危，父去信促归省视。沈志昂回家呼母不应，即于床沿，咬下右膀肌肉，因撕咬不断，用剃刀割下，交姊投于药罐中与药同煎。明知于病无补，但他是以此尽孝。同时，父为给病笃的妻子冲喜，即命其和汤瑾结婚。当然冲喜也无效,不几天,陆氏病逝,接办丧事,在家约有20天左右。

1925年,上海为抗议日本工厂无故杀害工人顾正红,筹备在5月30日举行游行示威。沈志昂在太仓获悉后,立即发起成立校学生会,再成立太仓学生联合会,组织学生去上海南京路演讲、抗议,和英国巡捕进行面对面斗争,晚上露宿街头。数天后回校,学校慑于舆论,又生怕这些爱国青年继续闹事,以下学期高三停办为名,遣散学生,暗中将沈志昂等五名为首者操行评为丁等,使其无学校可进。沈志昂到处奔走,据理力争,无果。再回学校抗议,校长不得不将操行改为丙等。其时,各校均早已开学,不得不考入私立南方大学附中。经过这一次斗争,沈志昂对"恶环境"和一些平时冠冕堂皇的"正人君子"有了进一步认识,坚定了他革命的决心。

在南方大学附中,他已"醉心于革命了",忙暇已和普通学生相反。五卅运动一周年时,又组织学生到去年的死地南京路演讲,声势浩大,大震人心。暑假他当了工人培训班教师。估计这个培训班是地下党领导的,沈志昂在这个时候秘密加入了共产党。

1926年暑期结束,在南桥女子小学当代课教师,因宣传革命,被婉辞;又在南桥师范当代课教师。南桥这潭死水,已容不下这革命的弄潮儿。正逢北伐军攻克武汉,黄埔军校在武汉成立分校,向全国招生,这给沈志昂以最理想的去处,他到武汉看到了一片全新的景象,高兴地说"我现在怕什么?"一个广阔的革命天地,他可以鹰击长空了。

于是他在军校从头学起，由政治科到步兵科，参加平定夏斗寅叛乱，击溃杨森进攻。凯旋之日，于黄鹤楼留影。题诗"战场的余生，留到下次再去争斗"。正是意气风发，激扬文字。

蒋介石"四一二"政变，把革命引向了反面；真正的革命者只有另找革命出路，这才有了八一南昌起义。可惜他没有机会参加。军校结束，军校六期学生被编为第二方面军第四军教导团，在叶剑英率领下，随第四军奔向广州，举行广州起义。起义后，第四军撤出广州，脱离国民革命军，改编为工农革命军，且战且走，最终和彭湃领导的革命队伍在海丰会师。海丰已成立苏维埃政府，时称小莫斯科。不久，在进攻惠来县城时，左手腕负伤，转移至碣石牺牲，时年仅22岁，成为上海奉贤第一位共产主义革命烈士。

编　者

2019 年 7 月

目录 | Contents

序言　　　001

沈志昂烈士小传　　　005

沈志昂烈士家书

1924 年（5 封）　　　001
1925 年（11 封）　　　033
1926 年（7 封）　　　121
1927 年（14 封）　　　165

亲友回忆

沈志昂战友钟必达写给沈冠群的信　　　296
回忆我的丈夫沈志昂　　　303
家书抵万金　　　307
汤瑾事略　　　311
怀念我的祖父　　　315

后记　　　317

1924

我们的成功,有我们的精神努力进攻,打倒压迫,我们的一切灿烂的成功发现了!

1924年4月3日（农历二月三十）①

亲爱底桂紫②姊姊：

前天接着弟弟③来信，说父亲趾底疮，发的很厉害，现在上海医治，使得我心弦上，时时刻刻跳动，就问弟弟，父亲在什么医院，我当写信去问，但弟弟没有答复，究竟父亲好了吗？有没有回家了？

弟弟的耳朵，前天说还没有好，现在怎么样了？我的姊姊和妹妹④，可好了吗？你也好了吗？

《妇女杂志》⑤调查妇女生活状况，有半年杂志送的，我已把这表填好了，不知道你有没有寄了？倘使没有寄，请快些寄吧，因为过四月十五号就不收了。

清明里你拟那一天归家一次，拜拜死去的父母！⑥前头写给瑜姊姊⑦一信，她有没有回信给你！我们校里今天（三十日）起放春假五天，初五日

---

① 民国十三年（1924年）4月3日，清明节，即信末自注日期"13.4.3"。这是沈志昂留存至今的家书中最早的一封。
② 桂紫：沈志昂的妻子，汤瑾，字玩璆（qiú），因生于农历八月十七日，又名静秋，字桂紫。平辈族人均称秋姊姊。
③ 弟弟：沈志昂的弟弟沈志杨，后娶沈志昂的妻子汤瑾的胞妹汤瑛为妻，其女沈结群，字联，以字行。
④ 姊姊和妹妹：沈志昂姊，沈亚雄；沈志昂妹，沈帼雄。
⑤ 《妇女杂志》：商务印书馆编印的大型杂志，在江浙沪一带知识阶层中影响较大。
⑥ 归家一次，拜拜死去的父母：回汤家祭祀汤瑾已逝的父母。
⑦ 瑜姊姊：汤瑾姊，汤瑜。

要上课了。

　　前世没有修得好，所以今世没有好福气。那我讲好福气，并非是吃得好，着得好，一天到晚闲荡不做事，像大少爷一般。我说好福气，要精神上，实际上的；所谓闲游浪荡为好福气，是庸人小子说的，非我说的。我自量我自己，虽说没什么学识，倒不是像乡下无知无识的庸人小人的见识；我所谓没福者，就是处于鄙陋的乡下，满目望出来，没有几个是我可以和他讲话的，同伴的，合于我意思的，只是独声独调，我所讲的话，我所要行的事，竟没有认当的，赞同的，居于如此的苦境；所以我说我没有福气。我从前怕人反对，不敢行我志，常常寒心吊胆；自后我想得明白，凡有志者，非不行，安能达到所指望呢，所以我不管受人家反对，取笑，用我自己的意去进行，努力打破前途阻隔，哟！你知道什么是最苦？是精神上的痛苦，是最苦！

　　一般未开通的庸夫愚妇，见了我俩通信，必然要笑，他们这般笑，完全是没有价值；但是我希望你不要因被庸夫愚妇取笑乃做出如前底机械式，非人式的黑暗夫妇；我俩抱定不怕被人笑，向爱情路上走，不要被阻隔，不要中止，努力前进！努力前进！

　　夫妇之义，最重在爱情两字上，没有爱情，不能成夫妇；如禽兽一般，它们不知什么爱情，只觉得欲性发动，就像夫妇一样，所以禽兽不如人类。倘使人类只知道欲性而夫妇不知道爱情是什么，这种人等于禽兽了；若自认为人的，那么夫妇的爱是当然的，有何可笑呢？如其笑者，这般人，面目身体虽像人了，但是知识见解还是同禽兽一样哩，我们可以不必认他们是人，认他们是禽兽，那么禽兽的笑，与人有什么关你呢？我俩努力进行，听禽兽去笑罢。

　　夫妇通信，有什么要紧呢？父母有父母之情，要通信；兄弟姊妹有兄弟姊妹之情，要通信；朋友有朋友之情，要通信；夫妇当然有夫妇之情，当然通信哩；现在男女社交公开，男女非夫妇也要通信了，何况夫妇了。你的学识尚浅薄，我很可怜你，望你对于学问方面注意些，因为现在男女教育平等了，女子非有学识，不能立足了。

此信没有什么秘密，尽可给旁人看，使他明白夫妇的真理，前从笑人家，现在想想自己羞耻了，可以惩戒其后来再笑人家。

我现在身体很好，你不要挂念，祝你康健！

你亲爱的志昂 13.4.3

阅读参考

在鄙陋的乡下，所讲的话，要行的事，竟没有认当的。总是"独声独调""常常寒心吊胆"，这给他带来了精神上的痛苦。后来他想明白了，他要不管人家反对、取笑，用自己的意志去进行。上面所说的独声独调的内容是什么呢？用自己的意志去进行什么呢？从信的下文看是他和未婚妻汤瑾的通信。"我们抱定不被人笑，向爱情的路上走。"接着分析指出夫妇之义是什么，夫妇间通信是夫妇之情的表达；即使男女非夫妇也要通信；甚至你我之间的信也可公开，三层递进。这信是宣言，是给汤瑾反封建的鼓励。

今天，我们很难想象九十年前那样的一个社会；然而也很难想象却有沈志昂那样的思想乃至行动。

005 沈志昂烈士家书 1924年

我亲爱底桂漂姊々：

昨天接着弟々来信，说父亲咳底病，发得很利害，现在上海医治，使得我心弦上时刻々跳动，就问弟々父亲现在什么医院，我当写信去问，但弟々没有答复，究竟父亲好了吗，有没有回家了。

弟々的耳朵，前天说还没好，现在怎样了，我的姊妹々可好了吗，你也好了吗。

妇女杂志调查妇女生活状况，有半年杂志送的，我已把这表填好了，不知道你有没有写了，倘使没有写，请快些罢，因为过四月十五号就不收了。

清明里你们那一天归家一次，拜々死去的父母，前头写给瑜姊々一信，她有没有回信给你，我们校里今天（三十日）起放春假五天，初五日要上课了。

前世没有修得好，所以今生没有好福气。所我讲好福气，并非是吃得好，着得好，一天到晚开场不做事像大少爷一般。我说好福气，要精神上，实际上的，所谓闲游浪荡为好福气，生庸人小子说的，非我说的。我自量我自己，虽没什么学识，倒不是像乡下无知无识地庸人小人底见识；我所谓没福者，就是虎猫副恒的仰下，满目望出来，没有几个是我可以和他讲话的同伴的，合于我意思的，只是独声独调，我所讲的话，我所要行的事，竟没有认当的，赞同的，居于如此的苦境，所以我说我没有福气。我从前怕人反对，不敢行我志，常々寒心平胆，自后我想得明白，凡有志者，相不行将能达到所志呢，所以我不改管受人家反对，取笑，用我自己的意思去进行，努力打破前途阻扰，吶，你知道什么是最苦，是精神上底痛苦，是最苦

1924 年 4 月 3 日（农历二月三十）来信原件影印

一般未開通的曠夫愚婦，見了我倆通信，必然要笑的。他們這般笑，完全沒有價值，但是我希望你不要因被曠夫愚婦亟取笑了做出如前底機械式非人式地做夫婦。我倆抱定不怕人笑，向愛情路上走，儘被阻撓不要中止，努力奮鬥，努力前進！

夫婦之義，最重在愛情兩字上。沒有愛情，不能成夫婦，如禽獸一般。他們不知什麼愛情，只覺得慾性衝動，就像夫婦一樣，所以禽獸不如人類。倘使人類只知道慾性的夫婦，不知道愛情是什麼，這種人等於禽獸了。若自認為人的，那麼夫婦的愛是當然的，有何可笑呢，如其笑者，這般人面目身體雖像人了，但智識界限還是與禽獸一樣哩。我們可以不必睬他們了，讓他的生禽獸做麼禽獸地笑，與人有什麼關係？你我倆照樣進行，聽禽獸去笑罷。

夫婦通信有什麼要緊呢。父母有父母之情要通信，兄弟姊妹有兄弟姊妹之情要通信，朋友有朋友之情要通信，夫婦當然有夫婦之情，尚須通信哩，現在男女社交公開，男女非夫婦也要通信了，況何夫婦乎。

你的學識尚淺薄，我很可憐你，望你對於學問方面注意些，因為現在男女都有平等了，女子非有學識不能立足了。

此信沒有什麼秘密，儘可給旁人看，使他明白夫婦的真理，前從笑人家，現在想到自己羞恥了，可以懲戒其後末了笑人家。

我現在身子很好，你不要掛念，祝你康健！

你親愛的志昂 13.4.3.

1924年4月3日（农历二月三十）来信原件影印

1924 年 5 月 9 日

玩璆女士：

我和你是第一次通信，你一定很奇怪的。

我自驹若①兄口中听来，及你给驹若的信上看来，我知道你确是一个已觉悟的女子，在乡村妇女界中的晨星，我虽然不认识你，你也不认识我，但是我知道你已是开通的了，有交谈的可能。况且现在男女社交公开的时代，男女的通信没有什么不正当的。驹若兄也是一个极新思想的青年，所以敢贸然的和你通信，谅你总该不像旧式的闺阁千金的吗？谅你总不是怒愤羞耻而拒绝吗？以我是不正当的吗？

我知道你是抱悲观主义的，这是什么道理？因为你是觉悟了，知道了自己的生活苦，种种社会上男女间不平等，不能满足自己的希望，而又迫于环境所压迫，不能发展，于是生出消极了，悲观了。这毛病，凡是人类，更其是有知识的人类，都有的。我看见许多，但是我前也犯过的。

社会上男女间不平等分界很清楚的，就以现在的中国而论，在家庭方面就发生很不平等的待遇。父母亲爱儿子，尤以男子为甚，吃什么东西，玩什么地方，男子总是吃得多而好，玩得多而广；而工作方面，女子多做

---

① 驹若：即沈志昂，字驹若。

烹调，那洗衣缝裁等，而男子如少爷式专盼咐而自不做的。女子做了一些不对，或不乘（称）男子的心，确又闹骂起来，甚至用武。至于教育方面，男子有享受之权女子就受到总是比男低一层。这什么道理？因为父母以为儿子是自己的，女儿将来嫁人的，不情愿耗钱培植供给别人，凡是父母都如此。这做父母的大错而特错，良心之坏，莫过于此了。前天，我在马路上看见夫打妇，问其因，知道妇外有相识，被夫戳穿了，夫就不以人看如打狗式打，而社会上别的妇人，不敢加批词，而男子异口同声，以为应该打，而我的意思不然。妇外有奸，夫要打，或杀；夫外有奸，更多，而怎么样呢？这一点男女间大不平等的。以社会上而讲，男子可任意到外边跑，用自己的名字，而女子一天到晚，一年至终，在家庭里，不许到外边做事，并且又不能（用）自己的名字。遗产方面，又遗给子，而不给女的。妻有钱，夫可任意取用；夫有钱非经夫的允，妻不可取用。其他法律上的不平等的地方，还有许多。政治上女子更没有一些权，而俗语上还有许多话蔑视女子人格，如"妇人毒如蛇""女流之言不可信"等，我写了许多，谅你很明白的，其他也毋庸多写了，徒然多增你一口叹气！

历史上看来人材男子多，可见男子有用。但是女子并不有（都）是没有用，是社会上不去培植而压制，使女子不能发展，故历史上女子有名的很少。但是在不培养而压制之下，而犹能出如班昭，李清照，花木兰，武罂等女才，足见女子是很有能力的，或又过于男子的。

从上面简略的看下来，女子已处的地位苦极了，而老辈女子，因为受得很深了，以为女子是应该的，而没有新的思潮洗过，所以还是把自己的身份压低，反对觉悟的女子，以为不贞节，没有女样。这种女子，我们很痛恨而又可怜的，能够把她也觉悟了最好，不能够的一定极力攻击，非打倒不可。

已觉悟的新女子！不要因为觉悟后，知道不满意而不能解决的方法，和能力，而消极了，悲观了。苟其一抱悲观而不奋斗，则虽觉悟而仍永不能满足的解决。所以觉悟的新女子，是不能够抱悲观主义，应该奋斗革命努力，向各方面都要进行工作，然后有一天解放的希望，男女真正平等的希望。故我希望你、劝你不要抱悲观主义的望早死，望早死。

现在时候要军阀政客提倡男女平权，解放女子，是梦想，要望老辈解放女子，做不到，要资本家解放女子，也做不到的。他们不是作女子为玩物，便是作女子为废物，所以要做妇女运动，非要打倒这般不可。

现在当局对于女子帮助的，只有国民党的国民政府。他们非常提倡妇女运动，女子解放，而且极力帮助。所以国民政府也有女的，如宋庆龄，何香凝等。如此看来，女子要谋自己的幸福，非加入国民党不可。国民党是孙中山先生首创的党，为中国很有希望的党，所以我希望你不要消极，而积极的做妇女运动，参加一切会，并且还要入国民党，可得到一种帮助，在乡村间做女子领导，切不可悲观而长叹短叹，我很希望玩璆女士振起精神，努力奋斗，打倒一切阻碍，我们可永久的帮助。

赵怡吾[①]

于五月九日

阅读参考

这封信不妨看作沈志昂对封建社会迫害妇女的揭露和声讨，以此鼓动

[①] 赵怡吾：拟"赵亦吾"的谐音。此信内容比较激进，很有鼓动性，矛头直指军阀政客，直言要反抗参加国民党等。在封建军阀统治下，为安全起见，具名用赵怡吾。

汤瑾起来与之斗争。他从家庭地位、劳动分工、文化教育，同一件事情上的男女不公对待以及社会、经济、法律、政治、人格、人才的培养等等方面条分缕析，揭露了封建礼教压迫妇女的罪恶，惊醒妇女，不要以为历来如此到处如此就麻木不仁。已觉悟者不要看到如此深重的压迫而悲观，进一步指出要实行男女平等，必须打倒军阀，只有国民党的政府有希望。

当时上海还在军阀统治之下，不要说共产党，就是孙中山的国民党也不能容忍。为安全起见，沈志昂用了第三者的口吻化名为赵怡吾。

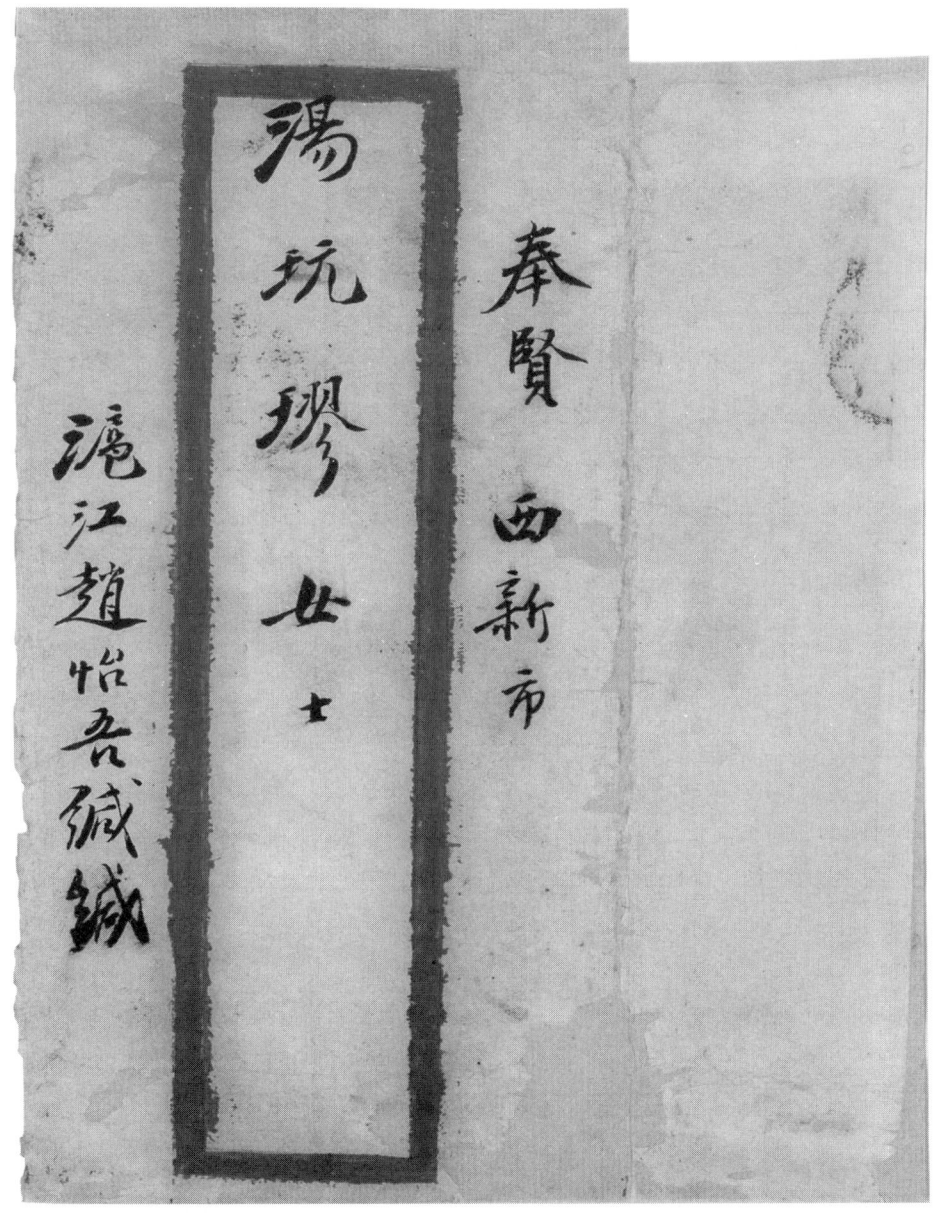

1924年5月9日来信原件影印

玩琴女士：

我和你是第一次通信，你一定很奇怪的。我自鹨荪先口中聽来及你给鹨荪的信上看来，知道你雄是一個已覺悟的女青年在鄉村婦女界中的晨星。我雖然不認識你，你也不認識我，但是我知道你已是開通的了，有交談的可能。況且現在男女社交公開的時代，男女的通信沒有什麼不正當的。鹨荪兄也是一個極新思想的青年，所以嚴重的和你通信，諒你總該不象舊式的閨閣千金的嗎？諒你總該不是怒憤羞耻而拒絕嗎？我是不正當嗎？

我知道你是抱悲觀主義的，這是什麼道理？因為你是覺悟了，知道了自己的生活苦種種社會上男女間不平等，不能滿足自己的希望，而又迫于環境所壓迫，不能發展，於是生出消極了悲觀了，這毛病凡是人類更其是有智識的人類都有的，我看見許多，但是我前也犯過的。

社會上男女間不平等分男親很清楚的，就以現在的中國而論在家庭方面就帶生很不平等的待遇，父母親愛兒子尤以男子為甚，吃什麼東西玩什麼地方男子總是吃得多而好玩，玩得多而廣，而作方面女子多做事，譬如洗衣縫裁等，而男子如少爺式專門吩咐而自不做的，女子做了一些不對或不來男子的忽確又閙罵起來甚至用武至於教育方面男子有享受之

1924年5月9日来信原件影印

受到，总是比男低一层。这什么道理？因为父母以为儿子是自己的女儿将来嫁人的不惜颇耗钱培植供给别人，凡是父母都如此。这做父母的大差而特差，良心之坏莫过于此了。前天我在马路上看见夫打妇，问其因，知道妇外有相识，被夫瞧穿了。夫就可以人看此打狗武打，而社会上别的妇人不敢加批词，而男子异口同声以为应该打。我觉意思不独妇外有此，夫要打或投夫外有趣，更多而怎么样呢？这男女间大不平等的。以社会上讲男子可任意到外边跑用自己的名字，一天到晚，一年至终在家庭里不许到外边做事并且又不能自己的名字。遗产方面又遗给子而不给女的。有钱夫可任意取用夫有钱非经夫的允，妻不可取用。其他法律……

1924年5月9日来信原件影印

等的地方還有許多，政治上女子更沒有一些權，而俗語上還有許多話罵女人，譬如"婦人盡如蛇"女流之言不可信等。我寫了許多話你很吐向的，其他也毋庸多寫了，後她多增你一口歎氣！

歷史看來，人材男子多可見男子有用，但是女子並不有是沒有用，歷史上女子有名的很少，但是在不培養而壓制之下而猶能出如班昭李照清花木蘭武曌等女才子，社會上不去培植而歷制使女子不能發展，歷史上女子有名的很少，但是見女子是很有能力的，或又過於男子的。

從上面簡略的看下來女子已處的地位苦極了，而老輩女子因為受舊很深了以為女子是應該的沒有過新的思潮洗過，所以還是把台壓迫反對覺悟的女子為不貞節沒有女樣，這種女子我們很痛恨牠，可憐的能夠把她覺悟了最好，不能夠的一定極力反擊，非打倒不可。

已覺悟的新女子不遠因為覺悟後知道不滿意的不能解決的方法和能力而消極了悲觀了够其一直把悲觀而不奮鬥則雖覺悟而仍永不能滿足的解決所以覺悟的新女子是不能夠把悲觀主義我應該奮鬥革命努力向各方面都要進行工作，然後有一天解放的希望男女真正平等的希望。

故我希望你勸你不要把悲觀主義的望早死望早死。

現在時候要重閥政客提倡男女平權解放女子是夢想，望望老爺畢解放女子做不到要資本家解放女子也做不到的他们不是……

1924年5月9日来信原件影印

为玩物，便是作女子为履物，所以要做一般妇女运动，非要打倒这一般奇

现在当局对于女子帮助的，有国民党的国民政府，他们非常提倡妇女运动，女子解放，而且极力拳他，所以国民政府也有些的如宋庆龄们，香凝等，如此看来女子要谋自己的幸福，非加入国民党不可，国民党是孙中山先生首创的党，为中国很有希望的党，所以我希望你不要消极，而积极的做女出运动，参加一切会，并且还要入国民党，可得到一种帮助，在乡村间做女子领导，切不可悲观，而长叹短叹我很希望玩琰女士振起精神努力奋斗打倒一切阻碍我们可永久的帮助。

赵怡吾 于肖九日

1924年6月8日（农历五月初七）

玩璆姊姊如吻：

吻别了有一个月了，非常念你。而在将有一个月之久，没有一个字往来，没有一句话相说，使我俩多么难过呢！

我们痛苦受得不少了。考其痛苦之原因，一言难尽。我在前头不知说过许多了，并且一次二次的重重叠叠也有数十次了。

我们知道痛苦之原因，而且是不但专是我俩，世界上同我们一样的，也不知共几千万，我们从杂志上报章上，看见不少了。

但是我们终不是牛马，不知不觉，毫无反抗，而且是受过教育的人，岂是甘心甘愿去做无谓之牺牲呢！

现在我俩处的地位，是牺牲的地位，苟其消极，也是不出头的无谓的牺牲，前进也没有什么光明给我俩！

消极站不住了，我们应该从消极中去找出积极出来，做我们目的之工作，虽免不掉也要牺牲，但是我们还有光明之望。

尤其是现在压迫的青年，更其不应该消极，我们在压迫之下，越压迫越反抗，越有精神和压迫者作战。

我们与（如）其有了精神，准备我们做的工作，努力的进行，现虽不能马上实现，但是将来一暴发时，不可收拾，完全我们的胜利。

不怕难，凡事都可成功。我们的事，虽如狂波渡舟，但是知道了是应该做的，无论如何要做的。

我们的成功，有我们的精神努力进攻，打倒压迫，我们的一切灿烂的成功发现了！

请你细细想，我的话是怎样？为前进争光呢！为人生争幸福！用自己的能力，解决自己的痛苦！勿忘！

唯璆

6月8日

阅读参考

"我们痛苦受得不少了"。据以前信来看，其原因是来自"恶社会"，是指帝国主义封建军阀的黑暗统治，旧礼教的种种束缚。他指出，如果我们消极沉默，只有死亡。他主张不做无谓牺牲，要反抗斗争，努力进攻，打倒压迫，这样就有光明前途。这是贯穿沈志昂一生的人生哲学。这封信，固然是他思想观点的宣扬，也是对汤瑾的革命启蒙教育。

琇琴妹：如晤：——
　一旦别了有一个月了非常念你而在将有一个时间久没有一个字往来，没有一句话相说，使我俩多么通难呢！
　我们痛苦受得不少了考其痛苦之原因，一言难尽我在前题不知说过好多了且且一次二次的重二叠二也有数十次了。
　我们知道痛苦之原因而且是不但单是我俩在世上同我们一样的也不知有几千万我们从杂志上报章上看见不少了。
　但是我们终不是牛马，不知不觉毫无反抗，而且是受过教育的人，岂是甘心的愿意做些谓之牺牲呢！
　现在我俩处的地位是牺牲的地位尚其消极也是不出头的些谓的牺牲，前途也没有什么无明给我俩！
　消极讲不住了我们应该从消极中去找出积极出来做我们目前工作虽无不择也要牺牲但是我们还有光明之望。
　尤其是现在压迫的青年更其不应该消极，我们在压迫之下愈压迫愈反抗愈有精神如压迫者作战。
　我们只具有了精神等备我们做的工作等等的进行现虽不能马上实现，但是将来一暴发时不可收拾，完全我们的胜利。
　不怕艰难凡事都可成功我们的事难如汉族亦但主知道了是应该做的，无论如何重做的。
　我们的成功有我们的精神努力造成，打倒压迫我们的一切障碍的成功实现了！
　请你但二想我的说是怎样？向前进争光吧！为人生幸幸福，用自己的能力解决自己的痛苦，勿忘！　唯琴 6月8日

1924年11月16日（农历十月二十）

璆占爱哥：

我自十四日九时离开了你后，一路的行程，我已在父亲信上写过了，谅你终该知道了。

我到了春江旅馆，那旅馆虽是在热闹的地方，人数很多，没有什么寂寞；但是这些人，都是和我不相关的。他们尽管打麻雀，谈笑话，闹热得很，我总是冷清清地默坐着，遥念着。走到街上，五色花彩，加之如日般的电灯照耀，十分刺目。往来的人，三三两两地一群一群的经过，我只是一个人，沿街荡着，单独的影子，何等可凄凉。又印象着，怎么我一人独在这里，家中亲爱的人，都离开我。这夜我没有什么精神去游玩，只是早早地睡了。明天早上往乘火车到校，那是人多得不得了，简直没有片地容积一个人体。我自七点钟至二点钟止，七个多钟头没有坐过，没有开口说话过。自上晚吃了晚饭，至明天晚八时，二十五个钟头什么东西都没有到过肚子。这我可忍受而不以为苦，也很快乐，你安居在家，受不到这味。

我们分离了有一星期了！我和你没有说话有一星期了！我们平素常谈惯的，现今一星期没有说话，怎么可耐着呢？故我不顾社会风俗怎么顽固，怎么黑暗，我终要说我要说的话，我终不愿做一般仇敌式的夫妇，我宁愿被一般无知无识的庸夫愚妇所无价值的窃訾。我亲爱的璆占哥哥呀！我谅你接到我的信后,一定是很快乐的!

我走后你寂寞极了!无聊极了!这是我所不能了解的。不过你是柔弱的,你切不可因我不能了解而伤身。你要保重呀!我现在身体如常,请你不要挂念着。

明天我们要上课了,今年下半年课程,比前重得多了。书价尤是贵,我带的钱,买书恐怕还不够用。璆占呀!我知道钱来的不容易,我受金钱的压迫的苦,现父亲耗了钱使我来学,我怎么可疏勿(忽)呢?璆占啊!你是未受这境,未到你的目的,居在家不能求学,真可怜得很!我希望你对于乡下的妇女俗职轻忽些,对于学问方面注重些。那么你虽未出去求学,也可以在家补习了,将来可便宜得多。亲爱的桂紫!处在我们的地位,要算最苦了!

房窗上玻璃,虽配了,但不合尺寸,应再划一划,这块玻璃我放在马柜下面,你可拿出来。

我所定的《小说月报》《学生杂志》《英语周刊》,请你把它以后寄来的,寄给我。我不多谈了,下次再谈罢。这两天天气很冷,请你身体保重!我爱的璆占呀!

你最爱的志昂
十月二十日夜八时

阅读参考

新婚初别,信里多处流露离愁别绪。尽管在繁华的上海也深感孤独凄凉,交通落后到难以想象,太仓到上海竟要25小时挨饿拥挤。

离家之后思念汤瑾，形单影只，寂寞之外，要求汤瑾重视学问，轻忽妇女俗职固然正确重要，但替她想想能做到吗？她毕竟生活在一个普通的旧式家庭里，丈夫还在读书，经济仍依仰父亲供给。妇女俗职能轻忽得了吗？重视学问办得到吗？他不得不承认"处在我们的地位，要算最苦的了"。

封建保守，依旧如此严重，写封信给妻子，还要不顾社会风俗顽固，冒着庸夫愚妇无价值的窃訾。这样的环境能待得下去吗？

珍占爱哥：

我自十四日九時離開了你後，一路的行程，我已在父親信上寫過了，諒你終該知道了。

我到了唇江旅館，那旅館雖是在熱鬧的地方，人數很多，沒有什麼寂寞，但是這些人都是和我不相關的，他們儘管打麻雀，談笑話，鬧熱得很，我總是冷清。地默坐著，遠念著，走到街上，五色花彩加之如日般的電燈照耀，十分熱目，往来的人三三兩兩，一羣一羣的經過，我只是一個人沿街蹓躂，看單獨的影子，何等可憐涼。又卽晚我這夜沒有什麼精神去遊院，裏家中親愛的人都離開，我一個人獨在這裏，只是早早地睡了。明天早上往乘火車到校，那是人多得不得了，簡直沒有片地容横一個人体，我目又點鐘至二點鐘，此亦個多鐘頭沒有坐過沒有間口說話過。自上晚吃了晚飯至明天晚八時二十五個鐘頭什麼東西都沒有到過肚子，這我可忍受究竟是苦，也眼快樂你安居在家受不到這味。

我們分離了有一星期了，我和你沒有說話有一星期了，我顧社會風俗怎麼頑固，怎麼黑暗，我終要說我要說的話，我終不平素該慣的現今一早期沒有說話可耐著。故我不願做一般仇敵式的夫婦，我寧願被一般無知無識的庸夫愚婦所无价值的窑誉。我亲爱的璆占哥呀！我谅你接到我的信后，一定是很快乐的！

我走后你寂寞极了，无聊极了，这是我所不能了解的，不过你是亲肩的，你切不可因我不能了解两伤身，你要保重呀！我现在身体如常，请你不要挂念着。

明天我们要上课了，今年下半年课程比前重得多了。书价就是贵，我带的钱恐怕还不够用，璆占哥呀！我知道钱来的不容易，我受金钱的压迫的苦，现父亲耗了钱使我来学，我怎么可既勿呢，璆占啊！你是未受这境未到你的目的，你在家不能来学，真可惜得很，我希望你对於乡下的妇女须职尽些，对於学问方面注重些，那麼你难未出去求学，也可以在家补习了，将来可使宜得多。亲爱的挂璺呀！在我们的地位要算最苦了！

房窗上玻璃雖配了但不合尺寸，麻再劃一劃，這塊玻璃我放在馬櫃下面你可拿出來。

我所定的小說月報、學生雜誌、英語週刊，請你把以後寄來的寄給我，我不多談了。下次再談罷。這兩天天氣很冷，請你身體保重。我愛的璆占呀！

你最愛的志昂 十月二十日庚八時

1924年12月25日（农历十一月廿九）

珍占爱人：

现在上楼钟敲了，同学都上楼睡觉了。我独个人点了蜡烛，在自修室内把今天所接到的你信，反反复复看了几次，提起笔来回答你。

今天是阳历十二月二十五日，是蔡锷①在云南起义，推翻袁世凯做皇帝的共和复活纪念日。校里放假一天，并举行校友会。本来我在会里加入演讲和新剧的事，因为昨天夜里，为演讲的事情，和姓黄的同学争闹起来，所以吾今天一样都不加入了。

吾前说，吾所订的书，请你寄来，那吾在校里真没有工夫看，就是上次寄来的，吾还没有看完。请你以后不要寄来吧。倘使吾要看，同学中也可以借得着的。

吾十二年生惯的冻疮，怎么肯逃过呢？现在早已生满了，非但足上，手上也满了。

你替吾做绒绳鞋子，谢谢你。不过我急于要穿，所以在校里已经买了，并且今年又新买一双绒绳袜，一付（副）绒绳手套。本来吾也不买的，因为看见实在便宜，且又适用，所以不得不耗几个钱买了。

---

① 蔡锷：1882—1916，字松坡，民主革命家、军事家。辛亥革命爆发后，率先响应。后任云南都督。1915年12月25日组织云南护国军起兵讨伐袁世凯。

你本来对于学问方面喜欢，我非常快乐。那么真真（正）我的伴侣了，真真（正）吾的爱人了。你能自修，很好。我很可怜你处的环境太不好，不能达到你的志愿。你倘使再能劝人家也向学问上，那吾更所希望。我前在父亲信上，对于女子的读书，也说过，谅吾的父亲很明白的人，总可助些力的。你说看少年杂志很有意味，那么你已得到看少年杂志好处了。不过我还希望关于国文上也多读读。我从前少读国文，现在受到影响了，现在要想读没有工夫了。

啊，你结末说"你离开我的时，我常常挂念着，心里常常说不出的难过"，这几句话，你描写情好极了，使人看了，不油（由）的心头感动起来。

至于情的讲来，好像乱丝一样，没有能分开的。虽然各各处两地，但情仍时时结在一处。无论隔了多么久的时，始终是不分开的。所以一个人离了故乡，到别处去，而心常恋恋故，这就是情的作用。你看大凡人，对父母兄弟姊妹妻子有患，常常切心不安的，这也是情的作用。

我写到这里，又想着读书的好处了。倘使我们都不读两相隔了百里之外，那里有这样讲，能这样通情。我们今天所以能有这讲情，就是读书后功效。不读书的，有这样吗？虽然在分别后，也有许多，但表达不出来，这就不读的苦了。

不过读书也有些不好，因为读书后，脑子里思想多；思想多必多烦恼，于精神上极痛苦。吾每感到精神痛苦，常悔当初为什么喜欢读书。倘不读书，种种田，不识不知，于精神上很爽快，没有什么痛苦。但是这话只对于知己友人谈谈，别我就不谈了。

我现在有几句白话诗，给你，表吾心里的感动。

天赐的情，常团在一块，

但人间的烦恼，不把其自然，要打开她。

自由之花，好对对的开着，

无情狂风，吹散了一朵，使她一朵单独失望着，

显不出怎美，露不出怎新鲜。

吹散的花，栖在他处，

没滋养培植，没同样的花能同侣他。

一朵要他，一朵望她，

逮再阵风，仍吹还罢。天赐的情啊，必定多离多别吗？

美丽的花任其自然罢。

    桂萦姊姊啊，写这首诗，我把在怀中的你，拿出来看了几分钟，我好像真的看见的玉貌了。但是这玉照很庄严，我不常看他。不过脑子影像你常常倍笑的和我讲话。但这次我拿出来看，很奇怪，你的玉照带满了微笑，表示我这吾心里作用呢？还是你的心附在上面呀？爱人呀！

    现在要十二点钟了，人的声音没有了。吾回看上面，写得不少了，但还未尽我胸角的话。请你自己身体保重，我现在很好，请勿念。姊姊，妹妹，弟弟，都好吗？我希望我们家庭，不要仍旧得不堪，露些新气象。

你所不忘的志昂书四中
十一月廿九夜

阅读参考

"你本来对于学问方面的喜欢……那么真真（正）我的伴侣了"，足见

沈志昂对学问方面的追求的执着和对汤瑾的期望。汤瑾在信尾写了与之分离时，依恋的抒情语句，他大加赞赏。他说情是乱丝一团，根本分不开的。于是又说到了读书的好处，能两地通情；但读书也有缺点会产生烦恼。由此，他诗情涌动，写下了一首新诗。这诗似是汤瑾离情别绪的延续。

诗承上文而来，从"情"、"团"、"烦恼"入手。诗人认为情是天赐的，自然的，所以是神圣的，又是团在一块的。烦恼要不让他们自然地存在，要打开她。以下就用花朵被狂风吹散，形象地比喻打开这自然之情后的凄凉：花萎蔫了，"一朵要他，一朵望她，逮再乘风，仍吹还罢"。美丽的花任其自然罢。诗人认为人性是神圣的，要任其自然。写到这里，诗人掏出玉照：她在微笑……

璆岂爱令：

现在上楼钟敲了，同学都上楼睡觉了，我独个人点了蜡烛在自修室内把今天而接到的你的信，反反复复看了几次，提起笔来回答你。今天是阳历二月五日，是蔡谔在云南起义，推翻袁世凯做皇帝的共和复活（念）纪日。校里放假一天，并举行校友会。本来我在会里加入演讲和新剧的事，因为昨天夜里为演讲的事情和姓黄的同学争闹起来，听此吾今天一样都不加入了。

吾前说，吾北定的书，请你寄来那吾在校里真没有工夫看，就是上次寄来的吾还没有看完，请你以后不要寄来罢。倘使吾要看同学也可以借得着的。

吾十二年生惯的冻疮怎么肯逃过呢，现在早已生满了，非但足上，手上也满了。

你替吾做绒绳鞋子，谢谢你。不过我急于要穿，所以在校里已径买了。并且今年又新买一双线绳袜一付线绳手套。本来吾也不买的，因为看见实在便宜且又适用所以不耗几个钱买了。

你本来对于学问方面吾喜欢。我非常快乐那么真是我的伴偶了真是你的爱人了。你能自修很好，我很可怜你属的环境太太，妈妈不能达到你的志愿，你倘使再能勤人家也向学问上，那吾更行希望。我前在父就信上對于女子的讀書心說過,諫吾的父親很明白的人總可助些力的,你說看少年雜誌很有意味,那麼你心得到看少年雜誌好處了,不過我望弟讀閱于國文上也多讀,我從前少讀國文,現在受到影響了現在要想讀沒有工夫了。

啊,你結末說你離開我的時候,我常掛念着心裏常常說不出的難過,這問話你描寫得好極了,使人看了不由的心頭感动起來。

至於情的諺來,好像就絲一樣沒有能分關的,離然备备處雨地但情仍時々結在一處,無論隔了多廢久的時候,是不会開的,所以一個人離了故鄉到別處去,而心常愿々敌这就是情的作用,你看大凡人對父母兄弟姊妹妻子有患常々,一切不安的,这也是情的作用。

我寫到这裏又想着讀書的好處了,倘使我們都不讀,兩相隔了百里之外,那裏有這樣講,能这樣通情,我們今天所以能有这講情,就是讀書後功效,不讀書的,有这樣嗎雖然在分别後,也有許多,但終達不出來这就不讀的苦了。

不過讀書也有些不好,因為讀書後腦子裏思想多々思想多必多煩惱,手精神上徑痛苦,吾每感到精神痛苦,常悔當初為什麼喜歡讀書,偶不讀書種々困不識,不知手精神上很爽快沒有什麼痛苦,但是这話只對于知己友人談,别我就不误了。

我现在有几句白话诗给你表吾心裏的感动、天赐的情，幸囚在一塊，但人間的煩惱，不把其自然自由之花，好對对的開着，無情狂風，吹散了一朵，使她一朵单獨失望着，覓不出怎美，露不出怎新鮮，吹散的花，擱在他處，沒滋養培植，沒同儕的花能同伴他。一朵望他，一朵望她，遠南陣風，仍吹還罷。天赐的情呀，必定多離多別嗎？美麗的花任其自然罷。

桂紫妹々听罢這首詩，我把在腔中的你拿出來看了幾分鐘，我好像真的看見的玉貌了，但是這玉貌很莊嚴，我不常看他，不照脸子影象你带々信笑的和我講話。這次我拿出來看很奇怪你的玉貌带滿了微笑表示我真心裏作用呢？還是你的心附在上面呢？愛人呀。

現在要十二點鐘了，人的声音没有了，吾四看上面写得不少了，但還未盡我胸角的話，請你自己身体保重，我現在很好諸句念，妙々妹々幸々春好嗎？我希望我們家庭不要仍舊得不照露些一新々氣象。

你所不忘的志昂書四中
十一月廿九夜

1925

但是我并不因此次挫折而减少我神圣的革命精神,更使增加万事一定要经我们青年的革命,对于作事的精神,更甚激烈,对于一般腐败的,更其看不过。

1925年3月23日（农历二月廿九）

桂萦爱姊：

　　昨接来函，诵之再三；你竟能写信，出于我意外。前你信中唯有写着"你哥"两字不好，以后请只写"你"是了。其他还无大爰①。你的字，我走后，大进步了，足见你用心，实难得，以后不要再懈惰中废。国文，算术两门有没有温习；请你努力用功。我的姊姊，妹妹，是否在学问上温习吗？我希望你和姊姊妹妹弟弟四个人，每天读国文几篇，做作文一篇，做算术几题，请父亲改校，仿如家庭补习校一般。我为什么要想这法子？因为现在教育普及，女子也宜受平等的程度；你们虽是没有机会求学，可是在家里，多看多读，也能长进一些，乡下一般人，反对女子读书，对于你们如此，必不为然；不过你们不要被二三句无意识的话，中止你们读书；要晓得女子读书，虽在乡下无甚大用处，然而比不识字的，总便宜些，望你们不要染着乡下的陋风俗。

　　我出来时，虽下细雨，路上还好走，下雪时，我早已到南桥，路上很平安，不用挂念。你在家里□□□□了大半，没有难处。望你和姊，妹，弟等相亲相爱，谅你是达理之人，不致有伤和气；奉侍我父，谅亦克尽妇

---

① 无大爰（yuán）：爰，更换，无大爰，无须大改动。

道,这是使得我快活,使得我爱你。前头我怨我环境不佳,我的目的难达,怨恨不开(堪),往往起自杀的观念,而现转尽(寻)思,我决不可死;倘我死后,我的老父如何?我的姊妹弟如何?你呢,必随我而同死,我现在虽是像没用的人,责任甚重,所以我决弃自杀观念。前所写的一张纸,请你撕了罢,或烧了罢。我前走时,弟弟的耳朵正发得厉害,现在是否是好好儿医治?咳!无母的小孩子①,真是可怜。父亲的疟疾,有否发过?我的冻疮,还未十分好全。近来姊姊妹妹安好吗?你安好吗?

前天我写信来,要本《法制概要》,这本书是你的哥哥②的,放在衣橱里,倘父亲没寄,请你寄一寄。我走后,谅你寂寞得非常;但是一个人总要出外游历游历为是;不要学无志的草木死在三尺地;并且时分时聚,可以爱情格外深浓,永无厌倦,所以我不愿甘居家中,你以书为伴侣,也不至寂寞。再谈,祝你康健!

志昂上
二月廿九日

阅读参考

妇女解放,沈志昂认为必须从提高文化入手,因此一贯主张还妇女以学习文化的权利。但这在当时社会上不允许,只能在家里利用有利条件进

---

① 无母的小孩子:指沈志杨丧母时年仅10岁,此时其虚龄仅12岁。
② 你的哥哥:汤瑾哥哥,汤爻,1898年生。1919年于江苏省立松江第三中学毕业。同年秋,进入国立南京高等师范学院就读。在此期间,积极投入五四学生爱国运动,被选为出席中华全国学生联合会总会第一次代表大会江苏省代表。1921年积劳咯血病故,年仅虚龄23岁。汤爻事迹《奉贤县志资料》有载。

行补习，以俟将来之需。计划堪称周全，尽管有点理想主义，但总是当时先进思想的反映。

因环境的压迫，使之产生消极思想，想到家庭责任，现在"转尽（寻）思"，放弃错误想法。

他关心弟弟，深厚的亲情是他性格很重要的一个侧面。对弟弟的关爱始终在心，一直到1927年12月4日广州起义前不久，他专写一封长信，也是给弟弟的最后一封信。

最后申述志向："不学无志草木死在三尺之地。"固然以此安慰汤瑾，但也是他真实思想的吐露。考太仓中学时，父亲问他为什么不报考省立松江中学，他说要到远方去发展。

桂荣爱妳：

昨接来函，诵之再三，你竟能写信出于我意外。你信中惟有写着"你哥"两字不好，以后请祕你是了，其他还无大爱。你的字我走后大进步了，还见你用心实难得，以后不要再懒惰中废。国文算术两们有没有温习，请你努力用功。我的妹妹们是否在学问上温习吗？我希望你和妹妹弟弟四个人，每天读国文几篇，做作文一篇，做祿術题请父親改稿。

年 月 日

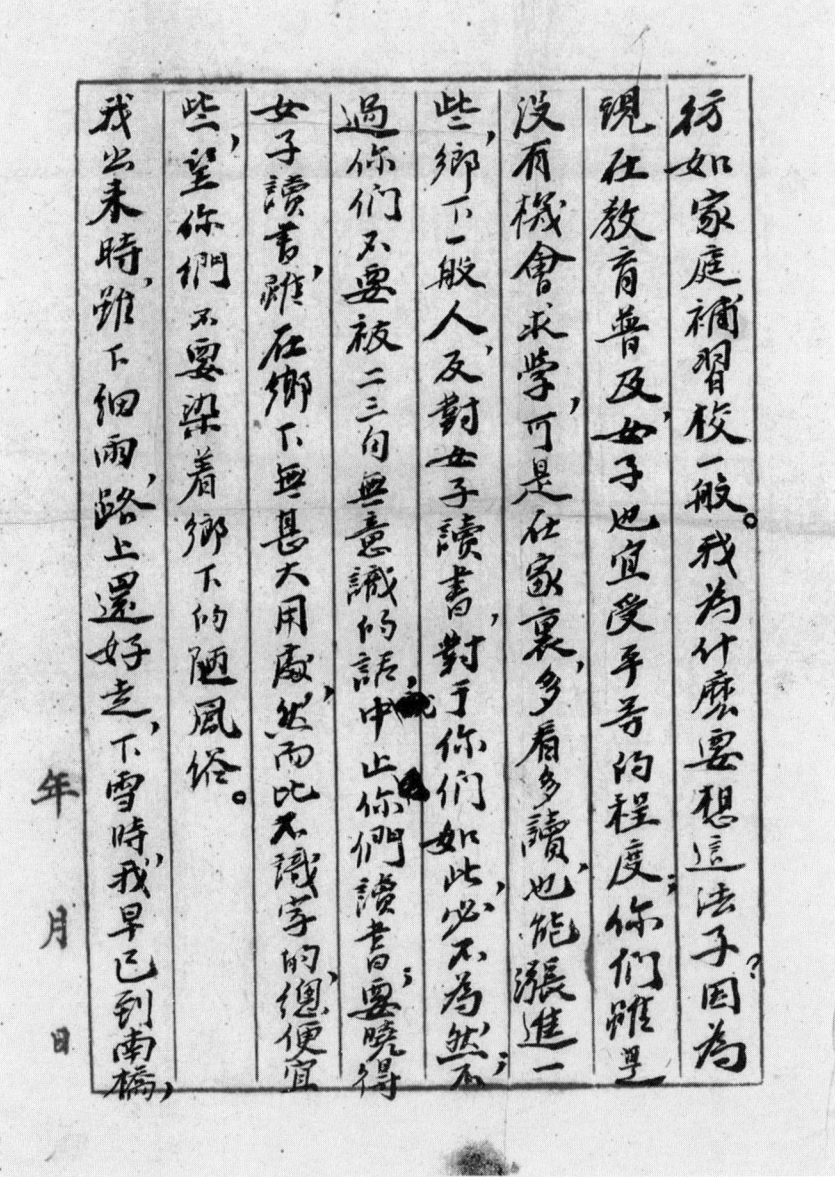

彷如家庭補習般。我為什麼要想這法子因為現在教育普及女子也宜受平等的程度你們雖無沒有機會求學可是在家裏多看多讀也能漸進一些，鄉下一般人反對女子讀書，對於你們如此必不為然不過你們不要被二三句無意識的話中止你們讀書要曉得女子讀書雖在鄉下無甚大用處然而此不識字的總便宜些，望你們不要染着鄉下的陋風俗。

我出來時，鄉下細雨路上還好走，下雪時，我早已到南橋，

年　月　日

1925 年 3 月 23 日（农历二月廿九）来信原件影印

沈志昂烈士家书 1925年 039

路上很平安,不用掛念。你在家裏了守了六年,沒有難處望你和姊妹弟等相親相愛,諒你是達理之人,又致有傷和氣奉侍我父諒亦克盡婦道,這是便得我快活使得我愛你。前頭我怨我環境不佳,我的目的難達,怨恨不開往往起自殺底觀念,而現轉來盡思我決不可死,偽我死後,我的老父如何,我的姊妹弟如何,你呢,必隨我而同死,我現在雖是像沒用的人,責任甚重,所以我決意自殺觀念,前所寫的一張低,請你撕了罷或燒了罷。我前走時,弟弟的耳朵正

年　月　日

1925年3月23日(农历二月廿九)来信原件影印

发得利害,现在是否是好>兄医治咳无母的小孩子真是可怜。父亲的瘧疾有否发过,我的凍瘡還未十分好全。近来妳>妹>安好嗎?你安好嗎?

前天我写信来要个法儿概要,这本书是你的哥>的放在衣櫥裏倘父親没寻,請你寻一寻。我走後請你寂寞得非常;但是一個人總要出外遊歷>>,为是不要學無志於草木死在三尺地並且時>時聚,可以愛情格外深濃永無厭倦。時以我不顾甘辰家中你以書為伴侶也以至宴。再谈,祝你康健

年 月 日

1925年5月6日（农历四月十四）

玩璆爱姊，如吻：

清明节天写的信，夹在寄给士贵哥哥①的方笺②内，不知收着了没有？

昨天接着你的来信，你下半身觉得痛，行走不便，寝坐不安，而你仍旧做你的工作，何等可怜你！今天接着父亲来信说，你于十九日夜分娩③了，这是使我痛苦而喜乐的！

我最爱的秋姊姊，当你分娩的时候，你何等痛苦！正在痛苦的时，而无你最爱者来慰解你，你眼中都是老妪邻妇，那一个和你谈一句心肠的话，那一个知道你满腹的郁闷；别人是别人的心，总是比不上你和我！你前常对我说："我倘生产的时，你不要做着俗子忌血房，不走进来；倘使你在我痛时，你常在我旁边，我的痛可减少好多的。"那时我还说："这是我和你的事，我怎么肯学俗子的假礼教呢？况且你痛的时，我怎无心肠不管你的痛呢？"而今你竟到这地步，我俩远数百里之外！你无论万般难受，我依然不知，你不知喊了多少声"我"，我那里听到一声呢？这我为你痛苦而痛苦的！

---

① 士贵哥哥：指沈志昂堂兄沈志宏，是中医外科医生。
② 方笺：处方用纸。
③ 分娩：指沈志昂之子沈冠群于1925年农历三月十九出生。

我所喜者：我俩爱情的结晶体，已出现了。你素受的痛苦，得到一个结果，寂寞的你，有了一个小小地伴侣。你看他，可想见我了。他是我俩爱情的表示！

　　秋姊姊，这几天你疲乏极了，请你好好地调养吧。我近还好，请不要常想着我，你的娘娘、姊姊、妹妹，这次有没有来？可痛你的妈妈死了，倘使没有死，你还可舒服得多。时已半夜了，说不尽心头的话，只中止罢！祝你康健！

你最爱的志昂
四月十四夜书于调养室中

阅读参考

　　这是一封慰问汤瑾分娩，同时，因未能实现诺言而致歉的家书。真是一则以喜，喜的是平安分娩，早年得子；一则以忧，忧的是虽已过去，但想来还是后怕。分娩时，自己不在身边，汤瑾周围只是一些村婆，这是十分落后和危险的。这在医疗条件优越、卫生知识普及的今天，是不能想象的。然而当时几乎家家如此。从前询问妇女分娩与否，不说生了没有，而是委婉地问："你家××太平了吗？"或者说"你家××轻身了吗？"不能说生，因为生孩子是有凶险的，要避讳。在这样的时刻，丈夫不在，母亲不在，汤瑾是够可怜的。

玩琴爱妳如吻：

清明节天写的信夹在寄给士贵哥哥的方笺内不知收着了没有？

昨天接着妳的来信，你下半身觉得痛，行走不便，寝坐不安，而你仍旧做你的工作，何等可怜你，今天接着父亲来信说你于十九日夜多娩了，这是便我痛苦而喜悦的！

我最爱的秋妳々，当你多娩的时候你何等痛苦！正在痛苦的时，而遇你最爱者来慰问你，你眼中都

1925年5月6日（农历四月十四）来信原件影印

是老姐鄰婦那一個亦你說有心腸的話那一個知道你滿腹的攀問別人是此人的怨恨是此不上你和我你前常對我說我倆生產的時你不要做着俗子是血房，又走進來的使你在我痛時你常在我旁邊，我的痛可減少好多的，那時我還說這是我和你的事我怎麼肯學俗子的假教禮呢，況且你痛的時我怎無心腸不管你的痛呢，而今你竟到這地步，我倆遠救百之外你無論萬般難受我依此不知你不知喊了多少聲，我我们裏聽到一聲呢！

这我为你痛苦而痛苦的！

我所喜者、我俩爱情的结晶体已出现了你素爱的痛苦得到一个结果、寂寞的你有了一个小小的伴侣你看他可想见我了他是我俩爱情的表示！

秋妹、这几天你疲乏之极了请你好好地养调罢。我近还好请不要常想着我，你的娘、姊、妹、这次有没有来可痛你的妈、死了你使没有死你还可舒服得多、时已半夜了，说不尽心头的话以中止罢。祝你康健！

你最爱的志昂四月西夜书于靓养室中

1925年5月6日（农历四月十四）来信原件影印

1925 年 6 月 21 日（农历五月初一）

亲爱的玩璆姊：

这次的离别使增了无限的痛苦！

然而，在革命之潮，高涨的时候，微小的生命者，都一个一个被激动，向潮流一往的涌动，把浑浊败腐的东西，全体的冲去或洗洁。这种圣洁的事，到处渐渐地流动了。神圣的青年，洁净的青年，一片天性而无虚伪的青年，前途之路都流洗得清清楚楚了。神圣的青年，当然去赶（干）神圣的事业，谁能比上这般青年的假仁假义的老贼呢！

我们青年凭了良心，审清了是非，下了决定往奔腾的革命之潮里跑。为了自己的将来；为了民众的将来，更其是坚心把现在的小我暂时牺牲了；以全敷（副）的精神，努力的工作，得到胜利代价。这个时候我们神圣的事业成功了，那一个敢不是低首敬佩；除了无血性之外的动物。

青年们，为了真理所征服，毅然的抛弃了一切的爱，离开了情人，向危险之路走，这是已证明，青年很有勇敢的精神，确是乐观的现象。所以现在的军人，就（尤）其是广东国民政府①的革命军的兵

---

① 广东国民政府：指中华民国政府于 1925 年 7 月 1 日在广州成立，正是第一次国共合作时期。汪精卫、胡汉民、谭延闿、许崇智、林森为常委，汪精卫任主席。聘鲍罗廷为顾问。宣布履行孙中山遗嘱，对外废除不平等条约，消灭帝国主义在中国的势力；对内开展国民革命，消灭军阀势力。7 月 5 日成立军事委员会，汪精卫任主席，蒋介石为委员。1926 年 11 月 8 日，国民（转下页）

士①，都很有学识的学生，不是如齐燮元②，卢永祥③，吴佩孚④，张作霖⑤的土匪式的丘八。以过去的事实证明，上几次广东黄埔军官学校招入伍生，上海各学校学生都抛弃了笔，离开了父母妻子兄弟姊妹去投考，虽父母妻子等洒泪的想种种方法阻止，但是青年们，终是斩断了阻阂。一艘轮船，向南去了，抛弃大少爷生活，去做小兵的生活了。所以广东的军队都青年革命份子，都是很可爱的玉人之爱，都是明了本身利害及公众利害的先觉青年，打起精神向杀的路上去！

原来人都要死的。若然生病死，倒一口气一口气绝得多么痛苦，抱消极而自杀，有什么意义。还是为了公众国家杀敌，等到落在敌人手里，一刀两断或一枪一洞的死，爽快得多哩？想到这里看待自己的生命没有什么吝惜了。生有何荣，死有何辱，把杀人杀己的心，提得十二分高。如其我无路可走了，那也只有一条了。

今日我很疲乏了，因为自早上四点钟起来，直现在晚上十数点钟，没

（接上页）党中央党部和政府迁往武汉，广州国民政府完成历史使命。

① 革命军的兵士：指黄埔军校生组成的军队。

② 齐燮元：1879—1946，河北宁河人，直系军阀，北洋陆军学堂炮科毕业，曾任江苏军务督办，苏皖赣巡阅副使。1937 年 7 月抗日战争爆发后，在北平投靠日本帝国主义，沦为汉奸。10 月和王克敏等组织伪政府筹备处，策划成立伪华北临时政府。1940 年 3 月任华北政务委员兼治安总署督办，伪华北绥靖军总司令。抗战胜利后，被国民党逮捕。1946 年在南京处决。

③ 卢永祥：1867—1933，山东济阳人，皖系军阀。北洋武备学堂毕业后，被袁世凯聘为新军军官。民国成立后，任陆军第十师师长、淞沪护军副使、会办江苏军务、浙江督军等职。1924 年与江苏督军齐燮元争上海，任浙沪联军总司令，被孙传芳、齐燮元打败。

④ 吴佩孚：1874—1939，山东蓬莱人，22 岁中秀才，28 岁参军，受直系军阀曹锟赏识，历任团、旅、师长。1922 年直奉战争后，掌握直系最多兵力和权力，成为直系军阀首领，任两湖巡抚使等职。1923 年制造二七惨案，镇压京汉铁路工人。1924 年被日本帝国主义支持的奉系军阀张作霖打败，主力南移。1926 年其主力被北伐军在湖北消灭后，逃至四川。九一八事变后，蛰居北京，拒任伪职。

⑤ 张作霖：1875—1928，奉天海城（今属辽宁）人，奉系首领。张作霖原系土匪，后被清朝收编。1922 年张作霖为 27 师中将师长。1916 年张作霖为奉天督军兼省长。1922 年为东三省保安总司令。1924 年打败直系后，入住北京控制北洋政府。1927 年 4 月杀害共产党人李大钊等，6 月组织安国军政府，自称"中华民国陆海军大元帅"。1928 年北伐军蒋介石、冯玉祥、阎锡山、李宗仁对奉系进攻，奉军全线崩溃，6 月 2 日声言退出北京。6 月 4 日，张作霖乘专列经皇姑屯，被日本关东军炸成重伤，死于沈阳，享年 53 岁。

有空过，没有休息过，所以虽有许多话要说，已倦得不能写了。现在望你再不要因为我强剪你的头发①而满腹愁闷了。女子剪发，现成极普通而极提倡的一件事了。你的眼睛一定要医的，望再不要因金钱或悲观的关系，而不去医治，万望早痊早健，那我也一体安心的事。

昨天写了一张，就困了，现在我继续的写下去。

现在我完全成了一个穷鬼，一个真正的无产阶级者。上次所借的债未还清，而这次的债又来了。当时你已看见了，我的钱袋里除了向他人借来的一块钱以外，连一个铜板都没有。在这样穷的状况之中，又要添短衫裤，因为我的衣裳都是四年前做的了。裤子碎的东一个洞，西一个洞，简直不能穿了，穷苦的状态，暴露得十二分了。本来空心的穷少爷，——我很不愿受少爷的名——现在把真面目都一一地显露。在划船上的相识的人，看了沈志昂的裤子东几个破裂，西几个补块，无意的表面上露一点"何其如此"的像，因为他们完全不知道，沈志昂已成了一个漂落的青年了。那时我满面显了羞耻心，嘴上假装和人谈话，手暗暗地慢慢地把裤摺起来，把破的补的压在下面，欺骗人家，我的衣服完全未破。但是哪里能够骗得过众目呢！这样还是小，可是自后成大破了，赤裸裸地肉，都要暴露外面了，不得不要做新的。但是钱呢！在家中做到新大衣拿欠账，据前父亲已说过，止住我们小团自动向各店拿帐头，所以拿帐头又成一问题，又加以裁缝无工夫，又不能擅自告裁缝来，吃公开（家）的饭，做私自的衣服，而且时间又来不及，所以在家里做衣已成无可能的余地了。但是要向父亲索钱呢？铁板板的脸孔，半吞半吐的声音，已使我向他要钱的勇敢，打得

---

① 强剪你的头发：民国初年，少女梳单长辫；成年女束发盘结髻，表示已为人妇。新文化运动兴起后，废除缠足和剪辫髻作为女性解放运动标志，但在当时受到落后世俗的反对，没有发髻遭到责骂鄙视；在学者退学，订婚者退婚。所以，剪发要有一定的勇气和反抗精神。汤瑾先后两次剪发，这是第一次，第二次在1926年还立了契约。

粉碎了！又加以年年寒苦的状况，一一向我们告诉，但是对于………如何呢？那里有表示我们家庭的穷了。我料想到六七分，免了再受什么话；而且父亲又不在家里，所以不得不以无用的戒子换了几块钱，去买几件衣裳，维持几天应用，向茫茫大路上去，去，去，至于到钱完了后，怎么样呢？我不敢计算，因为想到此地，往往要退后了，只是如你一样度一天算一天罢了！

我是不是硬化的，是软化的。如愈压迫我，我愈要反抗；环境愈不好，我的精神愈好，如以不安而制服我，我则以不安而反抗之。所以我现在处于如此环境之中。我愈是激励我的志向，往革命路走。逼到此路，不得不"铤而走险"了！为要做革命事业，希望我的环境还要恶劣，受的压迫更要重。我绝不回头了。

我的生死置于天外了，我的希望也置于天外了。但是当我勇敢的猛进时，想起了你和冠群，一滴滴泪地惨怆时，我的精神几乎要消灭了。长叹一声，丢去了铁枪，俯首的痛哭，向前勇敢精神，都化为畏惧了，"我的爱人您怎么样"？！

你是无脚之蟹，——写到此处，电灯熄了，足见又一点多了，以下是廿一日写的——所期望者只有我了，别人那一个是能永久帮助你呢，苟其我当一刀两断一枪而倒的时候，微笑的离开这世界了，你们母子二人，将如何呢？你又不能独自生活，冠群又甚幼稚。茫茫地苦海，人生一世，就永久沉没了吗？在这点，我往往战抖起来，不敢向前敌战线上冲杀。至于其他一切关系的人，因为他们终是要离开我，不致因我而牵带他们本身，所以他们呢，我都可以抛弃。我没有什么顾虑的地方。

我现在身负了一个大的自慰，凡是一件事成功，必先经过种种困难；一个人有得志的一天，在先必有失志的时候，我现在正是如此，因此我常梦想到我们的事业必定能成功，我决定有得志的一天，只要努力奋斗，只要我不是夭死。现在的困难，就是将来成功的路线；现在的失志，就是将来得志的预兆；现在的牺牲，就是将来达到目的的代价。亲爱的玩璆姊姊在现在万勿悲观以为没有希望，只要努力努力，定有得志的时候。到了得志的时候，你想怎么情景？那一个敢说非非非，那一个不是心里羡慕，那一个再不觉悟到现在以我痴的差误了。玩璆姊姊，在这个时候，你还有酸泪洒吗？还有不满意的呻吟吗？满脸笑容，在面貌上起码轻十年之老。想到此处，我们更其要努力奋斗！

　　这种磨难，在青年时候，当然应该有的。我不怪我什么命运不好，我不羡慕资产阶级的子弟作福，我们现在正需要养成我们的战斗力，和一切环境战斗，战胜了他们，然后发生我们战斗的代价，得到了我们的愉快。这是真的愉快，值得自己夸扬的。苟其专靠祖宗的遗产，吸收劳动者之血汗，作大少爷的淫乐，这是完全无价值，而丧人格的，成了社会上的蠹虫，将来老时苦，终比青年苦加厉几倍哩。

　　无边无际的话，漫布四野；天空地阔的语，留痕于纸，永无放尽的一天。三张纸，四张纸，何以供我写满腹的话，只是以后随时的发表，到死时才完结，作人生一世的鸿爪①，千古之遗痕，不管别人以为疯痴呢！——（谅你一定不是如别人一样的见解对我吗）——只要是我心灵的跳动。

　　你不看报纸的吗？这种不可靠的消息言论很容易欺人的，也不是一定要看的必要，但是报虽然可以不看，国家社会政治军事情形，一定要晓得的。在乡间没人告诉你，也没有人可以有确实的告诉你，所以感觉很困难，自后我每星期，或两星期，或一个月，把国内的大概报告一下，使你明了

---

① 鸿爪：鸿雁在雪上踏过留下的爪印，比喻往事的痕迹。苏轼《和子由渑池怀旧》诗："人生到处知何似？应似飞鸿踏雪泥；泥上偶然留指爪，鸿飞那复计东西。"

时事的趋向。

我的右眼也发红了，每到晚上更糊涂，大约是家中带来的吗？

现在身子尚好，请勿念！

我现在力量很薄弱，不能物质上帮助你，直接受到影响；只能精神上帮助你，间接地受到影响。现在不说了，祝你前途光明！！！

你的志昂

于六月二十一日晨

阅读参考

6月21日来信，离"上海五卅爱国运动"才20天。其时，"五卅爱国运动"在全国各大城市正方兴未艾，即使上海也远未结束。沈志昂还在忙碌。

1925年5月，沈志昂在省立太仓第四中学高二下就读。上海日本纱厂老板无故枪杀工人顾正红，各界组织抗议活动，他闻讯后和另五位同学组织成立学生会及太仓学生联合会，带领学生代表去上海支援。他在南京路演说、发传单，参加示威游行和巡捕对抗，夜宿南京路。通过这次亲历的革命实践，看到了觉醒的人民群众正在高涨的爱国热情，看到了几十万人游行示威的巨大声势，看到了工人、学生、商界罢工罢课罢市的威力。这种力量"把浑浊腐败的东西，全体的冲去或洗洁"，把青年"前途之路都梳洗的清清楚楚了""神圣的青年，当然去赶（干）神圣的事业"。同时，他目睹了英、日帝国主义及其走狗封建军阀屠杀、逮捕爱国工人、学生的残酷场面，认清其狰狞面目。他"审清了是非""下了决定（向）奔腾的革命之潮里跑"；他深知和拿枪的敌人斗，最好的办法也拿起枪和敌人对杀。青年应以黄埔生为榜样，"毅然的抛弃了一切的爱，离开了情人，向危险之路走"。

读6月21日沈志昂的家信，我们明显地感到此时他心潮澎湃，正如信中所说的"在革命之潮，高涨的时候，微小的生命，都一个个被激动，向潮流一往的涌动"。这是他真切的感受。

在此之前，沈志昂在家庭学校固然有不少革命举动，那只是在五四新文化思想传布的层面上。这次，他走上了社会，接触到了工人士兵和市民群众，看到了多种斗争方式，扩大了革命斗争的视野，给了他许多教益和启示，因此，我们不妨把这些信件看作他参加"五卅爱国运动"的总结。在他的革命生涯中起着承上启下的关键作用。比如说此后的报考黄埔军校，在这信里，我们已经看到了端倪。

革命的激情，"我的生死置于天外了……但是当我勇敢的猛进时，想起了你和冠群……"这是十分正常的。沈志昂是人，而且是十九岁的高中生，第一次遇到这样的一个人生二难选择，完全可以理解。当时不少人连这样的二难选择也没有哩！是革命的勇士还是庸人，须看最后的抉择。

亲爱的玩琼妹：——

这次的离别徒增了无限的痛苦，

然而在革命之潮高涨的时候，渺小的生命者都一个一个被激动向潮流一样的涌动，把混浊败腐的东西全体的冲去或洗净，这种壮严的事到处渐渐地流动了神圣的青年，误入的青年一片天性的卑虚伪的青年前途之路都冲洗得清楚了神圣的青年当然去走神圣的事业，谁能以上这教育的假仁假义的老贼呢，

我们青年急了良心，窗清了是非，下了决定，在奔腾的革命之潮里起为了自己的将来为了民众的将来更其是把现在的小我暂时牺牲了，以全数的精神努力工作，得到胜利代价，这个时候我们神圣的事业成功了，个我不是低首驯伏，陈了无血性之小动物。

青年们为了真理而征服，毅然的抛弃了一切的爱，离开了情人向危险之路走，这是已证明青年很有勇敢的精神，惟是乐观的现实，所以现在的军人，尤其是广东阿民政府的革命军的兵士都很有勇敢的学生不顾，如寄爱无虑小样其佩号张作霖的土匪式的立人，以过去的事实证明了此次广东黄埔军官学校招入128名上海各学校学生都抛弃了要离开了父母兄弟姊妹去找奉离无毋急了奉涌波的想种方法阻止，但是青年们终是斩断了羁绊，一键轮船向南去了，抛弃大小奇生涯去做小兵的生活了所以广东的军队也都青年革命份子都是很可爱的五人之爱人都是明瞭本身利害及公众利害的奋觉青年奋起精神向敌的路上去，

原来人都要死的老班生病死了一咏一咏的得多痛苦把他恒的自我有什么意义，果若为了公众国家战殴牺落在敌人手里一刀的砍或一铁一个的孔突快得多哩现到这里，有得自己的生命没有什么忌惜了生有何乐死有何辱把敌人敌己的心提得十三高如其我迎路可走了那也只有一条了。

今日我很疲乏了因为昨早上的钟起未直到现在晚上十点正还没有空过没有休息过，所以虽有许多话要说心恼得不能写了，现在望你再不要因为我强弱你的颈髮而懊恼了，它之剪去魂成在着遥而挥发倡的一件事了你的眼睛一定要医的望再不要因金钱或悲观的关系而不去医治，望早经医肝我也一体在心的事。

1925年6月21日（农历五月初一）来信原件影印

昨天写了一张就睏了现在我继续的写下去。

现在我完成了一个穷鬼，一个真正的无产阶级。有上次所借的债未还清而这次向倩文去了当时你已看见了我的鞋袋袋除了他人借夫的一块钱以外连一个铜板都没有在这样穷的状况中衣衫破衣襟裤因为我的衣裳都是四年前做的了裤子破得东一个洞西一个洞简直不能穿了穷者的状态暴露得十二分本来实心的穷士新——我根不愿觉出穷的真——现在把真面目都一一地颈露在别航上的相识的人有了沈志昂的裤子东一个破裂西一个补绽无意春而上露一点何其如此的衰因为他们完全不知道沈志昂已成了一个漂流的青年了那时我满面都羞了羞耻心，嘴上假装和人谈话装不理睬地悄悄地把褲摺起来把破的補的壓在下面欺騙人就我的衣服完全未破。但是外衷的領襯得追常同说这样还是少可是再後，成了破了亦影響也是是暴露外西了不得不要从新也把是的生在家中做的新大衣拿去抵押，摇动父親七凭造出任我们小团自动向各店拿账题可是账请又成一问题又加以我逆去之来又不能十分打裁缝来做公开的饭做和同的衣服，而且时间又来不及，所以在家要做衣已成无可能的新地了但是室间或親素我說朝扳的臉孔半夺不止的警告已便我向他要线的事跃打得粉碎了又加以上寒吉的状况一—向我们告诉但是对了……如何呢那要有若干我家庭不穷了我却想到又无乏克了母爱况憔悴而且又现又不在家裏所以不得不此無用也成子掂了年呪輝，同志者件亦衷但持端兴更向运上大路上吉光走去至我划錢走了線忘麼樣這我不能打樣因為想到此地往上当迴技了只是如你一樣壞一天抹一天罷了。

我是不是硬化的也是軟化的如念麼延我我念宣反抗環境念不如我的精神存处加以不吉而封朋我我則工不去而反抗之，所以我現在属于如此環境之作我怨更硬便我的志向往革命路走遇到此處不得不便而走除了為量假革命事業希望我家兄還更要身受的壓迫更宣言。我決不回顧了。

我的苦處置于天外了我的希望也置于天外了但是当我勇敢的硬進時想起了付如好保信中一滿滿浅地聆瞌時我的精神等于至清消了長哭一聲去了缺氣，瘫着的痛哭向同寫政箝神都以為長擺了我的家人怎麼樣呢！

什麼無胎之鬢姻——寫到此我真燈炮了是見又一点了的……是廿一日寫的一服期星者

有我了别人那一个是能永久爱助你呢，苟其我一旦两眼一瞪而倒的时候你的身旁这世界了你们母子二人将如何呢你又不能独自生活程度又甚幼稚让二地苦海人生一世就此久沉没了吗在这点我还挣扎着起来不断向苦战线上搏我至抗其他一切闲气的人，因为他们经是要消闲我不致因我而辜负他们本身了也他们说我看可以拋弃我没有什么满意的地方。

我现在身受了一个大问题只是一件事成功必先但过种困难一个人有得志的一天在光必有失志的时候我现在正是如此的我定要想到我的事业心定能成功有共定有得志的一天我定要努力奋斗我定不是天死现在的困难就是将成功的征兆现在的失志我是将来得志的预兆现在的牺牲就是将来达到目的的代价亲爱的玖琴妹你在现在万勿悲观以尽没有希望只要努力努力一定有得志的时候到了得志的时候你想怎麼情景别一个说我那那一个说不是心裏羨慕那一个再不爱信到现在的料病的差錯了玖琴妹你在这个时候你还有酸痛痛吗还有不满意的呻吟吗满脸笑容在面貌上起应至十年之后想到此处我们尤其更当努力奋斗啊！

这种磨难在青年时候为立起该有的我不怪我什麼命运不好我不抱怨我这无风了等很废我们现在正当要成我们的战鬥了和一切环境战鬥战勝了他们总使靠着我们的料用代价得到我们的给你是奋的给你俱得自己经佛的写其专靠祖产的遗产吸取旁伯者之血汗作大錯的淫樂这是完全无价值而丧人格的成了社会上的蟊虫将来老将看你比青年共加厲等倍哩。

无边无际的話浸布回将天空地涸的滔滔聚于纸永无载盡的一天三张纸也给你何以使我写满腔的話只是……待临時的當表到死時才覺作人生一世的鸣九十古之遗憾又等别之以為痕痕完。——(妹你一定不差如別人一樣的見解対我嗎) ——都是我心窩的細知。

你不看报纸的吗就是看这种不可靠的消息言论很容易欺人的也不是一定要看的必要但是根据就可以不看国家社会与战場軍事情勢一定要曉得的在鄉間没人告訴你也沒有人可以有確實的告訴你所以感觉很困難目標我每星期或西星期或一個月把國内的大概報告一下使你明瞭時勢的经過。

我的右眼又常红了每到晚上更糊塗大門是家中带來的嗎？

現在身子尚好，请勿念！

我現在万暈北薄弱不能物質上幫助你直接送到教堂只能精神上幫助你期提倒快到那等。現在不远了祝你前途光明！！！

你的志昂手書二十一日辰

1925年6月21日（农历五月初一）来信原件影印

1925 年 6 月 27 日

玩璆爱姊，如吻：

前禀父亲书，谅亦已阅过。校中已定七月一日放暑假，同学纷纷归家。学生会因此推代表留校办事，膳食费由会中供给，其他应用，自备。志昂亦推入其内。志昂初本甚愿，后观同学中都以争执意气为重，对于大事为轻，且专能口谈，不能实办。种种重职，都推志昂身上，其余毫不负责，此志昂所深痛者也！

近日奉军络续南下，名为卫国卫民，作援助沪案①之后盾。安知军阀狼心难测，岂在时局混乱之中，而再作江浙之战耶？近报载卢永祥内调任用②，张学良督办江苏，就以形式而观，明知张作霖扩充其个人势力，以其子发展江苏，使江苏属于奉派势力之下，再进取浙江，倘浙江孙传芳不让，又酿成江浙之战，且现闻氽来庙③洙泾等处，有浙军占驻，一旦爆裂，受苦又在上海松江附近各处。呜呼痛哉！国事蜩螗④，人民未醒，徒以少数热血

---

① 沪案：指"五卅运动"。1925 年 5 月 30 日，上海群众游行示威，抗议日本纱厂的资本家枪杀领导罢工的共产党员顾正红，到公共租界时遭到英国巡捕的开枪射击。共产党领导上海各界罢工、罢课、罢市。各地纷纷响应，形成了全国性的反帝高潮。
② 卢永祥内调任用：1924 年 10 月江浙战争卢永祥大败，北京直系政府下令免去卢永祥浙江军务。卢逃亡日本。不久闻讯张作霖大军南下，打败齐燮元，即回国，被任命为直隶军务善后督办。
③ 氽（tún）来庙：遗址在金山朱泾镇温河村，今归松江区泖港，旧名氽来庙。相传泖港氽来木佛头像，建庙供之，名望日盛，久之代泖港。
④ 蜩螗（tiáo táng）：纷扰不宁。

烈士牺牲，亦不足救存亡危急之中国也，痛哉，痛哉！

沪案未有解决，而镇江九江汉口又起；沪案汉案未解决，而宁波厦门广州又继起。英日态度强硬不改，蔑视中国人民轻于鸡狗，任意残杀。凡有血性者莫不发指怒愤，力图自强；而有猪民尚言语冷淡，反对热心救国者，实属可诛！呜呼！华人何甘心为外人惨杀耶？近非但英日无理辱我，而他如法兰西等，口称理者，在广州亦参入杀我，而小弱之葡萄牙国亦来杀我。可观各国皆视中国非国，视华人非人，凡华人有何面目耶？广州外人枪杀华人，我华人学生军，尚有一线之志气，才能作抵抗，打死一个法商人。这是华人甚有光辉者也，足表华人非皆病死者也！呜呼！我中国苟人民皆有如广州学生军之勇略，不致有今日也，愿人人奋醒！愿人人奋醒！

此次除少数女学生外，其他奔走号呼者，皆男子也。固也，男子是中国国民，当尽国民之责任；然女子亦中国之国民，亦宜尽国民之责任，岂宜坐视耶？然女子何独是冷血，盖因数千年恶礼俗所压制，不能使女子有发展之能力。且使女子在社会上不能占地位，所以无发展之地方，此种恶礼俗皆起于帝国主义。（即皇帝制度，专制阶级不平等的制度）由此观之，帝国主义实为女子之大仇敌也。现高唱打倒帝国主义，而女子更宜热心打倒。唯现无团体组织，精神散漫，不易实行。故我愿女界快组织团体，用合作之精神实行。玩璆，你是明白者，当不用志昂多述，仅望你向几位女同志发起组织中国女权协进会，宗旨打破旧礼教，提倡女子解放，男女平等。女子有选举权，作种种之救国运动，教化未开通之女子，志昂竭力协助。此会倘能成立，虽仅限于一隅之地，而在一隅之地之文化及妇女，必进步不鲜，各处皆能如是，中国女子在社会上必占重要地位！不致如今日也。近年上海北京虽已有此种之会，但各处响应极鲜，势力不大，收效较难。志昂极力提倡，愿我爱，或协同徐史云①先生，托其向各处征求同志组织。因史云先生交际较广故也。

家中谅均安？第五校谅亦将放假？余不多谈，草此，敬请

刻安！②

沈志昂谨上

六月廿七晚

阅读参考

1925年6月27日的信内容大体有以下三点：

一、暑期工作的安排，学生会留校一事，他对这样的工作环境不够满意，就不了了之。

二、国内形势和国家命运。这是沈志昂最关心的。五卅惨案后，各军阀以维护治安为名趁机扩张势力，矛盾错综复杂，混战一触即发，江浙战事迫近松江奉贤地区，家乡又将罹难。他连呼"亦不足救存亡危急之中国也，痛哉"；他深感"国事蜩螗，人民未醒，徒以少数热血烈士牺牲，亦不足救存亡危急之中国也！"

由沪案引起的全国一系列爱国行动，惨遭帝国主义残酷屠杀，连小小的葡萄牙也肆无忌惮地屠杀中国人。华人学生军（黄埔军校学生）奋起反抗打死法商一人。沈志昂为之呼号叫好，他赞为"甚有光辉者……愿人人奋醒……"

---

① 徐史云：汤瑾友，朱文熙之妻，后从医，为小儿科医生。
② 刻安：旧时书信中问候祝颂用语，书信末尾常用。

由此，我们又一次看到了其为国为民的崇高的赤子之心。

三、妇女解放运动，这也是沈志昂一贯重视的革命内容之一。他的观点十分精辟。万恶之源在于封建礼教及其执行者封建皇帝制度。是它扼杀了女子发展才能的机会，压制了妇女的社会地位。他一贯认为女子是一股非常重要的革命力量。他希望汤瑾组织"女权协进会"。这想法固然有点天真。他尚未认识到妇女解放亦须共产党来领导和组织，否则在强大的封建军阀势力面前是十分脆弱的。但他对妇女才能和力量的高度评估，并寄予极大的希望，这是十分先进和正确的。但看九十年以后的今天，妇女的力量地位，不论在科技、文教、医卫、金融、国防……和男同胞同样是一支不可或缺的力量。不说全国单说奉贤，如果有一天，本区全体女同胞同时休息一天，整个奉贤区立即会全面瘫痪。

现实证实了沈志昂九十年前的卓见。

四、北伐节节胜利，国民革命军势摧枯拉朽。沈志昂专用两段来描述大好形势，光明前景，为国民革命高唱赞歌，他被革命胜利鼓舞着，他盼望的打倒帝国主义，消灭封建军阀，指日可待了。"中国兴起来了！"他欢呼，"我的心被热血冲动了。"

我们看到了一颗纯粹的爱国之心。

五、关于北伐战争简介，1924年1月在孙中山领导下，中国国民党在广州召开第一次国民代表大会，实行联俄容共政策，1925年改组大元帅府成立国民政府，以黄埔军校学生组建国民革命军。1926年2月，共产党提出出兵北伐，推翻军阀统治。7月4日广州国民党中央通过《国民革命军北伐宣言》，目的打倒国内以军阀为首的一切帝国主义之工具。7月9日蒋介石就职国民革命军总司令，誓师北伐，主要目标：

一、直系军阀吴佩孚，占湖南、湖北、河北、陕西。控制京汉铁路，拥兵20万。二、皖系军阀孙传芳，占长江中下游、闽浙苏皖赣五省联军总司令，率队20万。三、奉系张作霖，踞北京政府，占京津、直隶（河北）、热河东北三省，拥40万兵。另有山东军阀张宗昌，兵10万。

国民革命军8个军，10余万人，兵分三路：

一路入湘。5月21日，任唐生智为北伐前敌总指挥，率四、七军进入湖南，以叶挺独立团为先遣队。在共产党的配合下，势如破竹，经汀泗桥、贺胜桥两次激战，吴佩孚主力被基本击溃。10月10日攻克武昌，12月以汪精卫为首的国民党中央党部和国民党政府迁都武汉。（沈志昂到武汉正是这时候，一片喜气）

另一路攻取江西，主要攻击孙传芳。11月8日占南昌。1927年1月进军浙江，2月8日占杭州，月底基本肃清浙江孙传芳军，继而会攻上海南京。3月21日周恩来等领导上海工人举行第三次武装起义，激战30多小时，消灭孙传芳军3千多人、武警2千多人、缴枪5千多支，占领上海。3月22日，宣布成立上海特别市临时政府，25日武汉国民政府正式批准任命。

另一支国民革命军第一军何应钦军长，由广东出兵福建，1926年12月9日占福州，12月占领福建全省，继续向浙江进军，继而攻上海。同时和江西武装陆军会攻南京，1927年3月24日占南京。3月26日蒋介石到上海，4月12日蒋介石叛变，利用青红帮袭击工人纠察队，解除其武装。三天中，捕杀共产党员及革命群众5百人，失踪5千多人。4月17日建立南京国民政府，对抗武汉国民政府，并进行清党，将共产党员从军队内清除，取消党代表及政治编制。宁汉分裂后，武汉方面即下令开除蒋介石党籍，解除其本、兼各职，予以通缉。南京政府则下令通缉二百名共产党员。双方拔剑张弩，大有战争一触即发之势。5月，经李宗仁、朱培德斡旋，避免宁汉开战，决定暂时分头继续北伐，第一次北伐进入第二阶段。

武汉政府继续北伐，攻入河南与威胁武汉政府的奉系军阀作战，6月1日与冯玉祥会师郑州。南京政府继续北伐攻入山东，消灭张宗昌、孙传芳残部。

5月17日，武汉国民政府第十师师长夏斗寅叛变。

6月，汪精卫以共产国际指示根本危害国民党的生命为借口，开始分共。6月11日，汪精卫、冯玉祥在郑州会议上策划分共，与国民党中央商议与共产党分离方法。唐生智开始搜捕共产党人。6月27日，武汉解散工人纠察队，迫共产党人辞去国民政府任职。7月15日，武汉党政军大规模清党，宁汉合流，8月25日迁都南京。第一次国共合作失败。

玩瑽愛卿如晤：

前稟父親書諒亦已閱過，校中已定七月一日放暑假，同學紛紛歸家，學生會因此推代表到校辦事，膳食費由會中供給，其他亦用自備，志昂亦推入其內。老昂初本甚願後觀同學中都以爭挑意氣為重，對於大事為輕，且專能口談不能實辦，種種重職都推去昂身上，其篠毫不負責此志昂野深痛者也。

近日奉軍絡續南下，名為衛國衛民，作援助滬策之後盾，安知軍閥狼心難測，豈再在時局混亂之中而再作江浙之戰耶？近報載盧永祥內調任用，張學良督辦江蘇，就此形式而觀照知張作霖擴充其個人勢力以其子發展江蘇使屬於拳派勢力之下，再進取浙江做浙江孫傳芳不讓，又釀成江浙之戰且現聞奉廟誅逕等處有浙軍占駐，一旦爆裂，受苦又在上海松江附近各處，嗚呼痛哉！國事蜩螗，人民未醒，徒以少數熱血烈士犧牲，亦不足救存危急之中國也，痛哉痛哉！

1925年6月27日来信原件影印

沪案未有解决，而镇江九江汉口又起，沪案汉案未解决，而宁波厦门广州又继起，英日态度强硬不改，蔑视中国人民轻于鸡豚，任意残杀，凡有血性者莫不髪指怒愤，力图自强，而有猪民尚言谈冷讽反对热心救国者，宣属可诛。呜呼华人何心为外人侮杀耶？近非莫日无理辱家，而他如法兰西等亦称理者在广州亦参入杀我，而小弱之葡萄牙国亦来杀我可叹，各国皆视中国非国，视华人非人，凡华人有何面目耶，广州外人鎗杀华人我华人学生军尚有一线之志气才

1925年6月27日来信原件影印

065 沈志昂烈士家书 1925年

能作抵抗打死一個法商人,這是華人甚有光暉者也,足表華人非皆二病死者也。嗚呼我中國商人民皆有此廣州學生軍之勇略,不致有今日也。願人人奮醒,願人人奮醒。此次除少數女學生外,其他奔走號呼者皆男子也,固此男子是中國國民當盡國民之責任,然女子以中國之國民亦宜盡國民之責任豈宜坐視耶?豈女子何獨是吟血盡數千年惡禮俗壓制,不能使女子有發展之能力,且使女子在社會上不能占地位,所以無發展之地方,此種惡禮俗皆起於帝國主義(即皇帝制度,專制階

1925年6月27日来信原件影印

级不平等的制度。由此观之，帝国主义实为女子之大仇敌也，现高唱打倒帝国主义而世子更宜热心打倒。惟现无团体组织精神散漫，不易实行，故我愿女界快组织团体，用合作之精神实行玩器，你是吗，同志当不同志昂多述，仅望你的发信女同志赞起组织中国女权协进会宗旨打破旧礼教提倡女子解放男女平等，子有选举权作稳之之救国运动教化未开通之女子，昂竭力协助此会俩能成雅催限於一隅之地，而在一隅之地之文化及妇女必进步不鲜，各处皆能如是中国子女

1925年6月27日来信原件影印

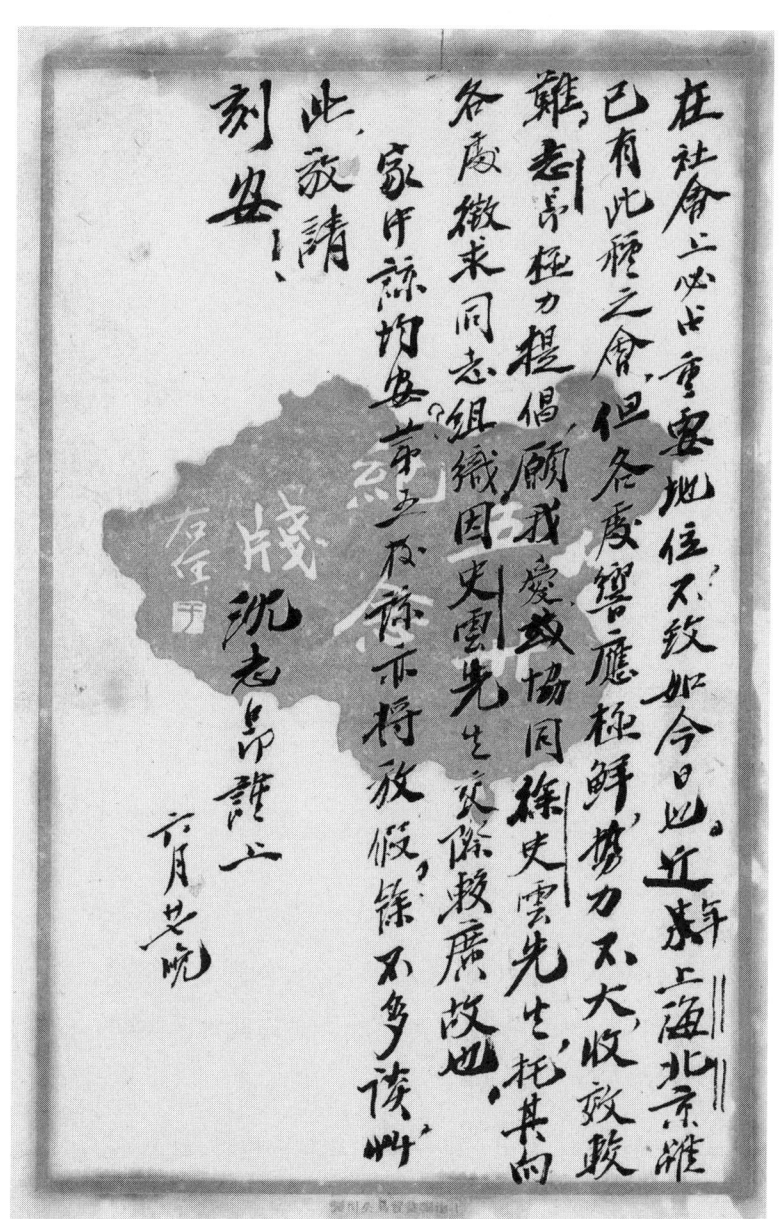

1925年6月27日来信原件影印

1925年8月19日（农历七月初一）

亲爱的玩璆姊：

前次信谅已收到了。

近来我患病毫无精神现正请医生医治。

你的眼有否痊愈，身子好吗？

家中都好吗？

沈志昂七月初一日晨

阅读参考

6月21日信中说"我的右眼又发红了，每到晚上更糊涂，大约是家中带来的"。由此可测，中间他回家过一次，汤瑾或许已染病。这封信问及此事。

身体有病，又许久未通讯，即便仅写几句，也聊表挂念之情。

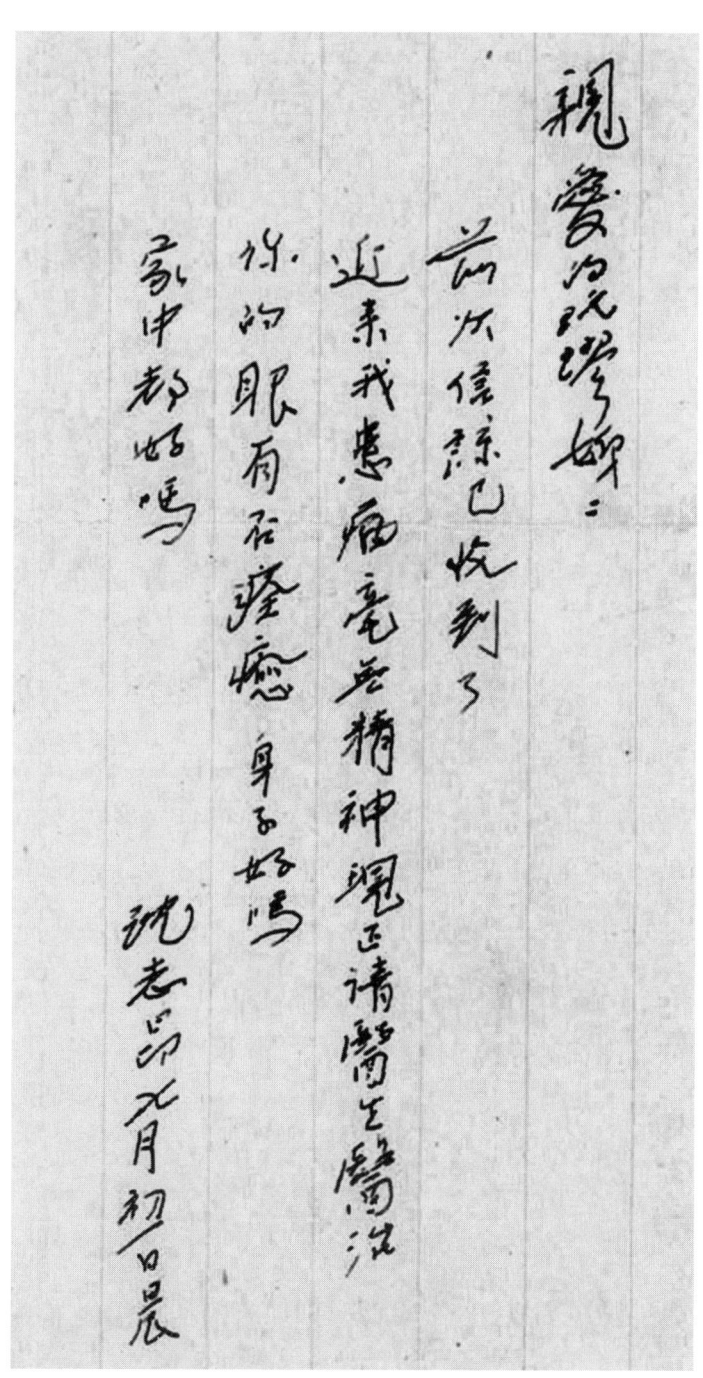

亲爱的沈瑞娜：

前次信谅已收到了。近来我患病毫无精神现正请医生医治。你的眼有否医愈，身子好吗，家中都好吗。

沈志昂 七月初一日晨

1925年8月19日（农历七月初一）来信原件影印

1925年8月

亲爱的玖妹①：

多天没有看见，想念得很，你的身子好吗？没有爷娘的孩子，虽然在家里，到那一个人怀投宿！形吊影只，徒然增多苦泪，这是我虽远离，而常在心头挂念的。

你是无蟹脚的孩子，再没有爷娘来管理你一切的事，都要由你自己去奋斗，战胜一切困难，将来尚有一望。

我对于你有很大的希望，你不要再像我们样子，前途没有一些希望，永远做乡间家庭狱中的囚犯，一些没有真真自由；所以我要望的有志气，学问上要用功，不负我千万的使你入学。

望你身子保重，开学早些到我处。

玩璆

阅读参考

玖妹，即汤瑛，汤瑾最小的妹妹，时年14岁。汤瑛5岁丧父，12岁

---

① 玖妹：汤瑾最小妹妹汤瑛，时年14岁。

亡母,姊妹离散。汤家只有一个很凶狠的嫂子,还有一个堂叔,汤瑛要帮他带孩子。是沈志昂坚持要汤瑛读书,设法报入南桥女子高等小学(今南桥小学)求学,最终汤瑛考入松江七县女子师范,毕业后任小学教师。此信假汤瑾之名督其奋进,早日由法华桥汤家来沈家,准备开学去南桥就读。短短几句,对玑妹处境内怀殷忧;对其学习关怀备至。而沈志昂自己才是高二的学生。

亲爱的玉人妹：

多天没有看见，想念得很。你的身子好吗？没有爷娘的孩子，虽然在家里，到那一个人便找病，形单影只，枝叶增多苦楚，这是我离远时常在心头挂念的。

你是些残脚的孩子，再没有爷娘来管理你，一切的事都要由你自己去奋斗，战胜一切困难，将来必有一望。

我对於你有很大的希望，你不要再像我们样子，前途没有一些希望，永远做乡间家庭狱中的囚犯，一世没有真自由。所以我希望的有志气，学问上要用功，不负我千万的使你入学。

望你身子保重，开学早些到我处。

志昂

1925年8月来信原件影印

1925年10月6日（农历八月十九）

玩璆爱姊，如吻：

中秋佳节，谅与玖妹归家矣。前书未得就见，故未有复也。是日昂与二友"周游新世界①"，周绕数次，未见佳趣之游艺，惟倚栏俯视大马路②汽车往来不绝，实令人暗慕也；跑马厅外人对对作球戏，中国人在旁拾球，奴隶之役，不禁感然。观之有时，恋恋不能舍去。至夜，观中国武术，有小孩男女二，年约十岁左右，用刀枪棍等武器作对子打手，有时势将刺死或杀死，而竟未有微伤，令人深佩，而女孩较又佳。由是观之，女子之体，本非弱于男也，今所以弱者，因装窈窕而未有锻炼也。其所以成窈窕之习者，源于旧礼教之束缚也。故旧礼教者，实女子之大仇敌也！凡已觉悟女子，应起革除。时至十点钟始出，归寓所，一轮皓月，当之于空，团圆无缺，令感离人之蜜情也！当时
姊观之，作何感想耶？谅与昂同情焉？

姊此次归，不知与小姊③，瑜姊姊④，小妹妹⑤，有否相叙？玖妹读书费

---

① 新世界：1915年落成的"新世界游乐场"，在今南京路西藏路，市百一店对面。
② 大马路：指南京路。
③ 小姊：汤瑾的二姐汤静希。
④ 瑜姊姊：汤瑾姊汤瑜。
⑤ 小妹妹：汤瑾妹汤瑅。

用，昂已筹划定，学费叔叔①已允免，书籍费朱文鱼②负责，只有膳杂费十九元，今年可有租米上交出，惟明年上半年请

姊等三位担任，小姊、瑜姊姊、昂已去信，请各担负六元，其余七元当请姊担负。知我之

姊，虽多负责，必慨然允也。昂此次不幸③，以至今日，详情想已知悉，谅必解亮矣。昂等考此次所以如是者，罪首章行亮④陆殿扬⑤。章行亮念有师生之谊，暂且不骂，陆殿扬已致书大骂。信去，久日未见回信，此信是昂所作，虽不大好，但骂得甚爽快，兹录后：

殿扬先生鉴：溯自欧化东渐，教育为立国之基。慨我中国，在萌芽之时，屡遭风雨暴阻。我辈学子不幸，正处其时，辄感挫折之苦，郁怨满腹，诉之与谁！同人自入四中，由旧制而改新制，光阴经济具亏，原图学成至用，不以为计。幸喜毕业，只有一年，何料今秋省署以经费困难，突以我高三停办。吾校长视学业之重，设法保转他校，同学等亦解亮省署实状，不以经济友谊为念，既允转学，凡苏省中学，皆宜照旧直收录，无用经入学试验。而贵校⑥刻薄刁滑，不以省令转学之列，固定试验。吾同学自问学力，考试不足难也，屈允贵校专制之法。如是同人等以为商妥，谅无问题发生，故即期欣然就道，以期父母悬悬之望。岂料狐狼百变，籍口操行问题，与前反复。同人受制于下，不得不以请求之式，陈述四中评操行标

---

① 叔叔：指沈志昂叔沈俊才，时任南桥女子高等小学校长。
② 朱文鱼：沈志昂本乡好友。
③ 此次不幸：即沈志昂被四中变相开除一事。
④ 章行亮：生卒未详，时任太仓第四中学校长。
⑤ 陆殿扬：1891—1971，拟此时任江苏省立南京第一中学校长，兼东南大学英语教授。
⑥ 贵校：拟指江苏省立南京一中。关于沈志昂去南京为续学一事，所有信件及汤瑾从未提及，但从此信中隐约可见。"欣然就道""悬念跋涉之难"，还有 10 月 12 日信中："为何一中以转学证书退还？"此处一中应是南京省立一中。又 12 月 23 日信中"曾作金陵姑苏过客"。又 10 月 28 日信中，章行亮对沈志昂说："我唯有与一中交涉。"由此，沈志昂等才和陆殿扬发生关系。

准与贵校不同，恳念长途跋涉之难，父兄期望之切，特列通融；且章校长亦来电证明，教育厅致函收录。安知狼心铁石，不近人情，虽言若聋，终陷同人于失学之地。金钱光阴精神损失尚小，名誉损失为大，谚云：名誉人生第二生命也，先生当明此义，今以同人名誉置于扫地。青年前途光明，尽于先生之计，不知先生有何良心耶？先生苟以贵校操行主重，则当章校长商洽之时，宜以说明，使章校长早致知同人，同人当另行设法，不致长途跋涉，为贵校距（拒）绝门外也。先生不知照于先，何为厉行于后？先生教界人物，应知青年学业为重。如此成心，有惭言教育二字！且教育者，教其不善而至善，育其善者而致之成。世界各国，正提倡革除学校开除学生之列。先生善英文，名著中国，谅世界文化潮流，深染于脑，而先生办学，以学生操行丁等，即行除名，转学学生操行丁等，当然不收。先生守法固严，安知操行不良青年，放流于外，不利社会，再无教育灌溉，更使不良，则此为教育之良策乎？为教育之真义乎？不知先生自命深染西洋文化之新，在何处耶？操行之甲乙丙丁，无天平以秤，无一定标准以定，皆各出于师长之目光耳。孔子为师以颜渊①之言行为贤，若盗跖②为师，颜渊之言行，不若孔子之称善也。由是考之，操行之评定甲乙丙丁，未可深信也；而现深信以学生之操行丁等，即行除名，不知为师长者，操行若何耶？先生为省主校长，知识过人，谅当知此义，不追同人言也；惟同人历观为师长者，行不正，品不立而责学生丝毫不融。如学生不服从学校，则学校当局必作责或开除，而为学校当局者，是否服从教厅耶？前次蒋维乔教育厅长撤换，沈彭年继任，省立各校长全体反对，口称辞职，不受公文

---

① 颜渊：公元前521—前481年，名回，字子渊，春秋末鲁国人，孔子学生，贫居陋巷，箪（dān）食瓢饮而不改其乐。孔子称赞他："贤哉，回也！"
② 盗跖（zhí）：相传为春秋末期人，名跖，柳下屯人（今山东西部），旧说为天下大盗，故曰盗跖。庄子说他率九千人，横行天下侵暴诸侯。

之决。及沈彭年正式上任，而省立校长仍依然不动，未闻一因沈彭年而解职也。公文不受问题，似受似不受，凡利己者俯首接受，不利己者挺身不受。以此深思考虑，省立校黑幕重重，省校长人格扫地，同人在人格扫地之下，操行丁等而不收录亦宜也。况兼之狼心铁石乎！以此当苏省教育之局，苏省教育前途无望矣！叹吾同人，为苏省学阀下之牺牲！而误人数十万子弟者，更何心哉？亡羊补牢未晚，祈先生三思之；毋误人矣。特布区区①，尚候回音。

信已录完，

姊观之如何？忆昔

姊常言欲购尺牍②，现昂已代购就《交际大全》寄上，

内中尺牍方面之种种用语皆有，可时时翻阅，

较其他尺牍为妙。昂近身尚适，勿念。

父亲寄下款已收到。此星期内已上课③，谅

玉体亦健，家中均安，敬请

秋安！

最爱志昂谨上十九日夜

阅读参考

因沈志昂等积极组织太仓学生联合会，参加五卅爱国运动，当局者和

---

① 区区：自谦之词。
② 尺牍：当时指导人们怎样写信的书。
③ 已上课：沈志昂是年秋考入上海私立南方大学附中就读高三。

校长们对这些"行为越轨"或"赤化"分子，必除之而后快。但又畏于社会舆论，不敢公然开除。于是谋划了一个"两全其美"的良策，一方面以省里的经费困难为借口，四中停办高三；一方面校长章行亮虚以（与）委蛇，允诺保荐转至江苏省其他省立中学续学，暗中将沈志昂等五位同学操行品性列入丁等。这样各省立中学可按规定拒收，达到变相开除的目的。

沈志昂等被逼得走投无路了。显然陆殿扬等低估了沈志昂等，他们是谁，他们"胆大妄为"，蒋介石也敢骂，不管你陆殿扬名声有多显赫，他们必然"致书大骂"。骂得痛快淋漓，可以作为一篇优秀的驳论文来阅读。

书信的第一层，简述他们这辈青年学习道路的坎坷，好不容易到高三，忽遭停办；所幸校方承诺保转他校，照旧收录，毋庸经入学试念。这一层是交代事件的缘起。

第二层从陆殿扬横生枝节，耍尽花招和沈志昂等"屈允""请求"两方面边叙边议。首先指出其"刻薄刁滑"。其次揭露其"虎狼百变"与前反复；第三，斥其不念长途跋涉，不顾章校长来电和教育厅致函，一意孤行"狼心铁石，不近人情，虽言若聋，终于陷同人于失学之地。"这过程的叙述实际上在揭露陆殿扬怎样一步步地"陷"的过程；也充分表明了同人以学业为重而步步忍让，以致被逼上绝路的过程。两相对照，谁是谁非，不言而明。叙事简洁，扣准要害。继而指出其严重后果：不仅失学，且置名誉扫地，影响光明前途；故意作弄学生，令长途跋涉成徒劳，错失另行设法之机会。"如此成心，有惭言教育"。

从"且教育者"起，进入第三层，从陆殿扬所谓操行为重批判其错误言行，揭露其鄙贱虚伪的人格。陆首先违背教育宗旨，也违背他宣扬的西洋文化之新；以颜渊、盗跖为例，证明操行评是无客观标准；举对待蒋维乔、沈彭年事件上，包括陆殿扬在内的省立校长们，见利忘义，言而无信，出尔反尔，由此可见：校长人格扫地，直指陆殿扬行不正，品不立，大胆断言江苏教育前途无望矣，继而进一步讥讽揶揄吾辈在他们领下，"操行丁等而不收录，亦宜也。"讽刺辛辣，陆殿扬原形毕露。

全文层次清楚，叙议结合，一层一个结论。有无可辩驳的逻辑力量。沈志昂毫无顾忌，摆出了革命青年挑战者的架势。陆殿扬不敢回复半句。

沈志昂熟练掌握文言文，遣词造句，可谓得心应手。行文散偶间用，琅琅上口。有些句段很精彩。如"先生不知照于先，何为厉行于后？"偶句诘责，铿锵有力，直击要害。又如，"且教育者，教其不善而至善，育其善者而致之成"，不单精辟，且可诵可吟。一个高二学生，能有如此文言功力，成此佳作，诚属不易。今高考试卷，此类作文可满分乎？

玩琴愛卿如晤，中秋佳節諗與玠妹歸家矣。前書未得就見，故未有復，迎是日昂與二友遊新世界，周繞數次，未見佳趣之遊藝，惟倚欄俯視大馬路汽車往來不絕，宴令人暗慕；迎此馬廳外人對之作球戲，中國人在旁撿球奴隸之役，不禁感然，觀之有時應之不能捨去，至夜觀中國武術，有小孩男女二人約十歲左右，用刀鎗棍棒武器作對手打斗，有時勢將刺死殺死,而竟未有微伤,令人深佩,而世孩戮又佳,由是观之,女子之体,本非弱於男也,今所以弱者因装弱之故而未有锻炼也,其秀以成弱弱之习者源於旧礼教之束缚也。吸旧教礼者实女子之大仇敌也!凡已觉悟女子应起革除时至十月钟始出归家,一轮皓月当之作空团圆无缺,令感离人三蜜情也,雷时妤观之,作何感想耶?谅与昂同情焉?

1925年10月6日（农历八月十九）来信原件影印

妳此次歸，不知與小妳瑜妳之小妹々有否相叙？小妹
讀書費用昂已籌劃定，學費叔々已允免書
籍費朱文與負責，祗有膳雜費十九元，今年
可有租米上交，出惟旺年上半年請
妳等三位擔任，小妳瑜妳之日印已壽像請各擔負
六元，其餘上元當請
妳擔負，知我之
妳雖多負責必慨然允之。昂此次卒業，以至今

旦详情想必知悉，谅必谅亮矣。昇等鉴此次听讼如是者，罪首章引虎降启扬，有师生之谊替且不骂陆启扬已致书大骂信去，久日未见回信此信甚异所作雖不大好，但骂得甚爽快奇锋后，"启扬先生荃潮目欧化东渐，教育为主国之基慨我中国在萌芽之时屡遭风雨暴阻我辈监学子不奉正厲其时辄感挫折之苦鬱怨满腹诉之與谁同人自今日起由舊制

1925年10月6日（农历八月十九）来信原件影印

向改新制,光阴经济具属,原图学成至用,不以为计,幸喜毕业,祇有一年,何料今秋有暑以经费困难突以我高三修办苦,较长视学业之重,设法保转他校同学等无解,先有暑皇状,不以经济友谊为念,慨允转学凡苏有中学皆可照旧士收录,无庸经入学试验,而责俊刻薄可谓,不以省令转学三列困会,试验尤同学自问学力,考试不是难必屈允贵校寿制之法,如是同人等以为商妥,谅无问题,发生故即期欣坚就道,以期父母赐之至望,尘料狐狼百变,籍以操行問題與前反復同人受剝於下不得不以請求之式陳述四中評擇行標準與貴俊不同殊念長途跋涉之難父兄期望之切特別通融且章校長未來電証以教育應致函收錄並知狠心鐵石不近人情體言若聲終沦同人於失學之地金錢光陰精神損失尚小名譽損失為大諺云名譽人生第二生命也先生當此義今以同人名譽置於掃地青年前途光陰盡于先生之計不知先生有何良心所忍先生苟以貴校操行主要則當章校長商洽之時宜以說服使章校長畏敢知同人同人當另行設法否致長途跋涉

1925年10月6日（农历八月十九）来信原件影印

为贵校距绝门外也，先生不知鉴于先，何当属行于后，先生为教界人物，迄知青年肄业为重，如此成心有惭言教育二字耶，教育者教其不善而至善，育其美而为教之成本影各国正揭橥革除学校开除学生之列，先生善英美名著中国诸亚罘文化潮流深染于脑，而先生力学以学生操行丁等即行除名辞学学生操行丁等，当毋石收先生守法固严，奈却操行不良青年故流於外不利社会，再无教育灌溉，使不复，则此为教育之良策乎？合教育之真义乎不知先生自命深染西洋文化之新

1925年10月6日（农历八月十九）来信原件影印

在何處耶？操行之甲乙丙丁並無一定標準，以究竟系出於師長之目光耳。孔子為師，以顏淵之言行為賢者，盜跖為師，顏淵之言行不若孔子之稱善矣。由是考之，操行之評定甲乙丙丁未可深信也。兩視深信以學生之操行，丁等即行除名為師長者操行若何耶？先生為校長，賠識過人，餘苟如此義不進同人言也。惟同人應視為師長者，行不正則不立，而責學生不順從學校，則校為局，必作責成開除，而為學校當局者是否服從教育廳耶？前次蔣維喬教育廳長撤換，沈彭年繼任者立名校長全体反对，以称辞职，不受公文之决。及沈彭年正式上任，而有之校长术依然不动。未闻一因沈彭年而解职也，公文不受问题，似受似不受。凡利已者俯首接受，不利己者挺身不受，以此深思考虑，有之校里莫善有校长人格扫地同人在人格扫地之下操行了等宜处在人格扫地之下操行了等而不收录，亦宜也。况更之狠心铁不手以此当苏省教育之同，苏有教育前途无望矣，叹吾同人为苏省营闲下之牺牲而误人数千万子弟者，更何心哉，之手捕牢未晚，祈先生三思之，母误人矣。特布函之尚候回音。

1925年10月6日（农历八月十九）来信原件影印

信已录完，妳觐之如何？忆昔妳常言欲购尺牍，现昂已代购就《交际大全》寄上，内中尺牍方面之种种用语皆有，可时时翻阅，较其他尺牍为妙。昂近身尚适勿念，下款已收到，此星期内已上课，谅父亲大人玉体亦健，家中内要敬请秋安！

最爱 志昂谨上 十九日夜

1925年10月6日（农历八月十九）来信原件影印

1925年10月14日（农历八月廿七）

秋姊姊，爱鉴：

昨天接到华翰①，且喜且怜！惟我后又寄的信，及《交际大全》一本，信上未提及，不知收到吗？

你寡居家中，工作是一分钟不能离的，什么权利给你呢？更谈不到优待哩！每天所给你的三餐，是终日工作的代价，比庸用（佣）的仆人，还不如哩！有什么话可讲呢！奴隶的人生！奴隶的生活！可怜！

别人看你是个很笨的人，是个懦弱不敏的人，闹你也不知，骂你也不觉，不没一些反抗的能力；倘若打你，恐怕你身上觉有痛，不知打是什么！唉！亲爱的玩璆呀，惟有我是知你的心里的呀！你未尝不知道是侮辱呀，未尝不知道是奴隶生活，不过免些多事罢了，暗里流了几滴泪，叹了几口气，总是过去了。俗谚云："好马有人骑，好人有人欺"。我觉得你太和善了，太没有声势了。你知道吗，你以为做得好，但是俗人好的地方不看的，不好地方非常留心的；而且是见有势力的，因怕不敢说声坏，见可以欺的，处处说坏得利（厉）害。你看当齐燮元②得势时，那一个敢骂他，个个拍他马屁，及至失败了，不去拍他马屁了，并

---

① 华翰：敬词，称对方的书信。
② 齐燮元：参阅1925年6月21日信注。

且说他什么坏，什么坏。我从前总想做人要和平些好，现在看来决不可做和善的人了。玩璆，近觉得做好人有好的效果吗？我并不要你做坏人，我以为有理的地方，不能让他人张势的，应该努力反抗。我近更深信青年的革命精神决不可少的，无论在学校，在家庭，在社会，有腐败的地方，应起来革命。玩璆呀，你应该振作革命精神，不要屈受种种压迫。

我此次的事①，因为不甘受无理的压迫，和之反抗。但是我并不因此次挫折而减少我神圣的革命精神，更使增加万事一定要经我们青年的革命，对于作事的精神，更甚激烈，对于一般腐败的，更其看不过；无论如何攻击我，反对我，总是勇往的不怕；况此次小挫折哩。玩璆，你现在不要以为我苦，我自命还不算苦，真真（正）的苦后日正还要多哩。俗谓："吃得苦中苦，方为人上人"。我不自命做人上人，但是深信有血气的青年，吃苦是应该的。我们一级里有一位同学，学问冠全校，与我抱同一的宗旨，现在处的地位，比较还苦得多哩。亲爱的玩璆呀，我一点的不苦，请你不要念我，我不过很可怜你的苦！

亲爱的玩璆，我俩的光明，还有一日可出现吗？四面密也似的黑暗，绕得何处可寻的我们之路！在风雨暴击之中，那时可脱呢？只是耐苦罢！冠群的光明，我们再不可遮蔽了。我俩是终身的伴侣，没有一点客气，没有虚伪，互相鼓励，组织完美的新家庭，打破一切恶俗。

校中课程虽少甚严重，每月行考试，校中当局对于我们很看得起，二师②

---

① 我此次的事：指其被太仓中学变相开除。
② 二师：江苏省立第二师范分校，民国11年创办，学习陶行知先生晓庄师范办学方针，致力培养乡村小学教师。民国二十一年6月改为江苏省立黄渡乡村师范学校。

已去过，士林弟①等都会晤，余不累累，下次再述。祝你前途明星！

你最亲爱的志昂

八月廿七日

阅读参考

经过革命实践和被学校变相开除，他有一个很重要的心得："深信青年的革命精神决不可少的，无论在学校、在家庭、在社会。"

他从汤瑾的劳动内容、家庭地位、生活待遇等方面分析，让她觉悟到封建家庭对她的迫害，最后鼓励说"你应该振作革命精神，不要屈受种种压迫"。

在学校，"因为不甘受无理的压迫，和之反抗。但是我并不因此次挫折而减少我神圣的革命精神"这神圣的事，应和 6 月 21 日信中所说是同一的。吃苦，于有血气的青年是应该的。

他革命的意志在挫折中却越来越坚定，也让我们看到了革命青年的骨气。

---

① 士林弟：汤瑾表弟，黄士林。其当时就读于黄渡乡村师范学校。

秋坤、爱鉴：

昨天接到华翰，且喜且怜！惟我後又寄的信，及交际大全一本信上未提及，不知收到吗？

你赛居家中，工作是一分钟不能离的，什麽权利给你呢，更谈不到优待哩，每天所给你的三餐是终日工作的代价，比庸用的僕人还不如哩！有什麽话可讲呢，奴隶的人生，奴隶的生活可怜！

别人看你是个很笨的人，是个懦弱不敢的人，闹你必不知，骂你还不觉，不没一些反抗的能力，倘若打你恐怕你身上觉有痛，不知是什么，唉！亲爱的玩嫖呀惟有我是知你的心裏问呀你未尝不知道是侮辱我未尝不知道是奴隶生活，不过免些多事罢了，暗裏流了几滴泪，叹了几口气，总是过去了，俗语云:"好马有人骑，好人有人欺，我觉得你太和善了，太没有声势了，你知道吗，你以为做得好但是见有人好的地方不看的不好地方非常险心的而且是见有势力的因怕不敢说声坏，见可以欺的处处说坏得利害。你有当弃赘元得势时你一個敢罵他個个拍他馬屁，及至失敗了，不去拍他馬屁了，並且說他什麼壞什麼壞。我從前總想做人要和平些，好好現在看來決不可做和善的人了。玩琛，近覺得做好人有好的效果嗎？我並不要你做壞人，我以為有理的地方不能讓他人張勢的應該努力反抗。

我近更深信青年的革命精神決不可少的無論在學校在家庭在社會有腐敗的地方亦起來革命說琛呀你應該振作革命精神，不要屈受種々壓迫。

我此次的事，因為不甘受無理的壓迫，和之反抗但是我並不因

1925年10月14日（农历八月廿七）来信原件影印

此次挫折而减少，我神圣的革命精神更使增加万倍事，一是囹圄我们青年的革命对作事的精神更甚激烈，对于一般腐败的更其有不过。无论如何攻击我反对我总是勇往的不怕况此次挫折哩玩琴，你现在不要以为我，我自命还不称苦，真的苦后日还要多哩。你谓吃得苦中苦，方为人上人，我难不敢想做全人，但是深信有血气的青年吃苦是应该的我们复裹有一位同学学问冠全校，与我把同一宗旨现在庆的地位比较还）苦得多哩。亲爱的玩琴呀，我一点而不苦，请你不要念我，到很可怜你的苦！

亲爱的玩璆：我俩的光阴还有一月可出现吗？四面密匝似的黑暗，饶得何处可寻的我们之路，在风雨暴烈中卿时可脱呢？只是耐苦罢罢，我们我们再不可退缩了，我俩是终身的伴侣，没有一点客气，没有虚伪，互相鼓励，组织党美的新家庭，打破一切恶俗。

校中课程难少甚严重，举行考试，校中当局对於我们很看得起，师已去过士林身寺，都会晤条不忠恳之下，只再述，祝你

前途光明！

你最亲爱的志昂 八月廿七

1925年10月28日（农历九月十一）

父母亲大人膝下①敬禀者②男不幸发生意外之事，经济名誉光阴精神具受损失，亲族邻人谅皆洞悉。倘无完美解决挽回名誉。男宁愿流落他乡，无面目见本乡父老之决，三位同学亦抱此义。

初六日于火车别

尊颜，谅

大人安然至家矣，男至太后，晚往见章校长，面皆露急迫之貌，章校长见之甚骇，以经过情形告之并询何以操行列入丁等，章校长满口言本学期均列丙等，并无丁等，男以前三学期并无丁等，今既无丁等，为何一中以转学证书退还？章校长无言可对，惟言不知其故。斯时语声甚烈，吕黄二君③几至拍桌。至半夜后无结果而退。翌日下午又往，逼章校长负责介绍相当学校，章校长不敢负完全责任，谓汝等倘有相当学校，余当竭力援助，惟一定保入学校不敢担保，倘汝等逼我，我唯有与一中交涉。男等意谓一中决不再回头，他省校开学已久且必知此事。即去亦不妥。本校师范部不能插班，商决至上海自行设法。初八日逼

---

① 膝下：子女幼时常依傍在父母之膝，承受父母的欢爱。这是传统上子女给父母写信开头的固定格式。

② 敬禀者：旧时小辈对长辈、下级对上级言事曰禀。

③ 吕黄二君：沈志昂四中同学。吕发言，青浦人；黄健英，黄渡人，他们同时被学校开除。

索分数单，见单上操行一行第四学期"丁"已改"丙"字，三位同学亦皆改为丙字。初九日至上海报名入南方大学，南方大学校长江亢虎① 虽犯复璧（辟）歉（嫌）疑，但学校比其他私立校较好。初十日试验，准得取入学部高三。该校费甚大（上海私立学校皆如此），与四中不可比矣。学费三十四元②，膳宿费伍十元，杂费六元，讲义费二元（一学期）。男为经济起见不住校内，另租房子。现已租定在闸北长安路通安里一四三八号，距校约半里，房金每月四元，半膳食十四元，半年（四个月算）计算共七十四元。以三人均分（屈君未取）约二十元，可省半数。惟床榻桌凳等零星杂物皆无，均自购备。幸黄君之堂兄在沪经商，距不百步，可设法，不见甚困难。此次

大人给三十元除数日内住食车费等用外，所余仅近二十元，男以此已交学费，但该校以费未缴清不能上课，黄吕二君今日起已上课乞

大人至少即寄下五十元，以免男荒学业，余言再禀。男身尚健，望家中勿念，肃此敬禀恭请

金安

男志昂谨叩　十一夜

来信寄上海闸北长安路大成南货号或通安里一四三八号楼上

阅读参考

又是一场斗争，章行亮以为用欺骗手段打发沈志昂等人走了，谁知他

---

① 江亢虎：1883年生，江西弋阳人，日本留学生，是中国社会党创始人，也是无政府主义者。1922年创办南方大学及附中，自任校长。1925年2月致书废帝溥仪，请求觐见，支持复辟。抗战期间任汪伪国务委员伪考试院长。日降，国民党判其无期徒刑。1954年死于监狱。

② 学费三十四元：相等于当时市区小学教师一个月工资。

们又回来质问他,使他心虚而"甚骇"。沈志昂等揭穿其两面派卑劣面具,假装糊涂,敷衍,耍滑头,什么"汝等倘有相当学校,余当竭力援助,惟一定保入学校不敢担保"。在沈志昂等人逼问下,章行亮无可抵赖,不得不将他们的操行改为丙等。原来评定丁等确是阴谋暗箭。陆殿扬、章行亮狼狈为奸,实为英日帝国主义迫害爱国青年的帮凶。

考入南方大学附中,徒增许多费用和生活上的麻烦。这也是对革命青年的迫害。

父親大人膝下敬稟者男不幸遭生意外之事
母親
經齋名譽光陰精神具受損失親族鄰
人諒皆洞悉倚無完美辦法挽回名譽男寧
願流落他鄉堂而目見本鄉父老之決三位
同學以抱此羞愧初六日于火車別
尊顏詠
大人安此至家矣男至太後晚紕見章校
長西背露怠迫之親章於長見之甚駭
以經過情形告之並詢何以摉行列入丁

等章校长满口言本学期内列丙等並罚丁等男以前三学期並無丁等今既無丁等为何一中以将学证书退还章校长誓言可对惟言不知其故斯时语声甚烈召黄二君签至相桌至半夜後無结果而退翌日下午又往遇章校长負責公然相骂学校章校长不敢負完全责任谓池寺倘有相當学校余當尽力援助惟一定保入学并不敢擔保倘池等遲疑

我惟有與甲交涉易寺意謂一再決不再回頭他有於甲堂已久且必知此事吓去亦不要本校師范部五能插班高決至上海自行設法初八日過索分數單見單上操行一行茅四堂期丁巳改丙字三位同學亦告改為丙字初九日至上海报名入南方大學南方大學校長江元虎雖犯復辟愆疑但學校此其他私立於松好初十日誠驗准得取入中學新高三該校質甚大

（上海私立学校皆如此）学回中学英学费三十四元，膳宿费伍十元，杂费六元，讲义费三元（学期）男为经济起见不住校内另租房子现已租定在闸北长安路通安里四三八号距校约半里房金每月辈元半膳食古元半年（四个月班）计柝共七十四元，以三人内分（屈辰来沪）约二十元可有半数惟床榻桌凳寺零星杂物皆无须自赡俻幸黄启之堂兄在沪经商诨不为步可设法不见甚因难此次大人给三十元除数日内伙食车费等用外所馀仅近二十元男此此款已交学费但该校以费未缴清不能上课奠兹君今日起已上课气大人至力即寄下五十元以免男苑学业俟言再禀男身尚健望家中勿念肃此敬禀

金安

诸

男 志昂谨叩 十一夜

来信寄上海闸北长安路大成南货号威通转生西三公馆上

1925 年 10 月 31 日

玩璆爱姊,如吻:

我每在寂寞无人时候,种种地思想一层一层地起来;那么无论做什么事,没有心绪了。越思越烦恼,问天不应,问地不知,问自己也不知怎么样才是?就是想压制他,终是办不到。好似神筋(经)病式的哭也不好,笑也不好。在这个时候,我别无法子,我只想写信给你,求你安慰我;但是不知从何写起,总是写不出一句。

我记得时常和你说,我总不愿与世浮沉,抱定这宗旨,在家乡因某种的关系,不能发展,故无论什么苦,离去家乡,使我自由一些,容易一些。但是近年的趋势环境,比较来一年坏一年,我的力量有限的,不知能否战胜?

从前我虽然没有一天可逞心了,但家乡及外界还舆论好(舆论还好);自此次事来,在外界明白事理的人,完全了解我们很正当很坦白的态度,不过家乡方面是否可了解?请你代我考查一下。他们对于我的议论怎么样?告诉我。我现在比前更激烈了;我预备入党了;用奋斗的精神,与反对派争。倘使家庭不赞我,阻止我,而我不能抵抗,那么我惟有一条路走。

一般糊涂者说,现在读书越读越坏,所以不肯放子弟出外读书。因为现在读书是为明白改良社会的,为公众的,非前清时考秀才考举人为私人名利的，所认的宗旨不同。从前只会守旧的，原是就是，原非就非，盲从主义，所以无进步。现在读书一方面谋知识，一方面改进社会。一般社会之老蠹虫，当然要铲除。于是他们说坏现在读书者了。倘使有血性的青年，他们见之非常恨，若没有血性的懦弱青年，比较恨得好些。你看是不是？

秋姊姊，上面与你毫无关系，不过我心中有如此话而已；无地可写，所以写给你看看。我现在把几个标点符号，说一说；因为很有用处的，写信作文都要用的。

"，"用于未完意之句，如一般社会之老蠹虫，

"。"用于完意之句，如无论做什么事，没有心绪了。

"："用于一句开下文之意，如玩璆爱姊，如吻：某某说：

"；"用于其意可完而未完之句，如我只想写信给你，求你安慰我；但是不知从何写起，总是写不出一句。

"？"用于问句，如你看是否是？你知道我吗？

"！"用于感叹句，如唉！我的前途可怕！

『』与「」用于引句或说的话，如孙中山说：『革命尚未成功，同志仍需努力。』教师说：『汉朝有个马援说：「好男儿当死沙场。」何等勇敢。』

……省略记号，如今天我看见汽车，电车，外国人，……

＿＿＿表示人名，如孙中山 吴佩孚 孟子

＿＿＿表示书名，论语 孟子

＿＿＿表示地名，上海 北京

——即括弧（　）今天星期日—阳历十月三十一日—

标点符号不过这几样，很易容（容易）的。校中现正举行月考，大致尚不难。校中只有女生一人，在高二，名字尚未知。前日开三周纪念，甚好看；比南桥二高廿周纪念，闹热多矣。我身子尚好。你好吗？家中都好

吗？余言再谈，祝你

奋进！

你最爱的志昂谨上三十一号

明天邮票要加为四分了

来信行次请写来整齐一些

阅读参考

"男不幸发生意外之事"前后经过两个多月的奔走纷争，到十月底终于尘埃落定：沈志昂等五位同学被赶出江苏省所有公立中学，被迫就读于上海一所收费昂贵的私立中学。他们失败了，这确是"意外之事"，他们怎么会想到在南京路没有被英帝国主义巡捕抓去杀害，却在自己国人手下遭到暗算。这是帝国主义对革命青年迫害的延续。陆殿扬等成了帝国主义军阀统治的"志愿者"。他愤怒，他不幸，真理在手，据理力争，没用；委曲求全、恳求，在狼心铁石面前也没用。明明是反帝的爱国之举，当局者应该支持，不想遭此暗算，诚属意外。他思绪纷繁"问天不应，问地不知"。原本想远离家乡，以求自由发展，可外面一年比一年坏。

此次意外之事，家乡必有所闻，不免产生读书越读越坏之议，他要申明现代读书人的责任，取得家人的支持。按沈志昂愈迫害愈反抗的性格，"我现在比前更激烈了；我预备入党了；用奋斗的精神，与反对派争"。这也许就是他所说的唯一的一条路。萌发了入党的初衷，是沈志昂革命史上又一里程碑。

玩琴爱妹如晤：

我每在寂寞无人时候，种种地思想一层一层地起来，邱麽无论做什麽事都有思绪了。越烦恼，问天不应，问地不知，问自己也不知怎麽样，才是就是想压制他，终是辨不到，好似神经病式的哭也不好笑也不好。在这个时候我别无法子，我祇想写信给你求你安慰我，但是不知从何写起，总是写不出一句。

我記得時常和你說,我總不願與立浮沉,抱定這宗旨,在家鄉因某種的關係,不能發展,故無論什麼苦,離去家鄉,使我自由一些,但是近年的趨勢環境,比較來一年壞一年,我的力量有限的,不知能否戰勝?

從前我雖壑沒有一天可進心了,但家鄉及外界還輿論好,自此次事來,在外界明白事理的人,完全瞭解我們很正當很坦白的態度,不故家鄉方面

1925 年 10 月 31 日来信原件影印

是否可瞭解？請你代我考查一下，他們對於我的議論怎麼樣告訴我，我現在此前更激烈了；我預備入黨了；用奮鬥的精神，與反對派爭，倘使家庭不贊我阻止我，我不能抵抗，那麼我惟有一條路走。一般糊塗學究說，現在讀書越讀越壞，所以不肯放子弟出外讀書。因為現在讀書是為明日改良社會的，為公眾的，非前清時改秀才改舉人為私人名利的，所以認的宗旨不同，從前祇會守舊的原是就是,原非就非,盲從主義所以無進步。現在讀書一方面謀智識,一方面改進社會。一般社會之老蟲需要剷除,於是他們說壞現在讀書者了。倘使有血性的青年他們見之非常恨若沒有血性的懦弱青年比較恨得好些,你看是不是?

秋妹,上面與你毫無關係,不過我心中有此話,西已無地可寫,所以寫給你看。我現在把幾個標點符號,說一說,因為很有用處的,寫信作文都要用的。

，用於未完意之句，如一般社會之老讒頭話；用於完意之句，如無論做什麼事沒有心緒了。：用於一句閱下文之意，如玩琍愛妳，如吻：某人說；用於其意可完而未完之句，如我祇想寫信給你求你安慰我，但是不知從何寫起，總是寫不出一句？用於問句，如你看是否？你知道我嗎？！用於感嘆句，如唉！我的前途可怕。「」用於引句或說的話，如孫中山說："革命"與"了"

1925年10月31日来信原件影印

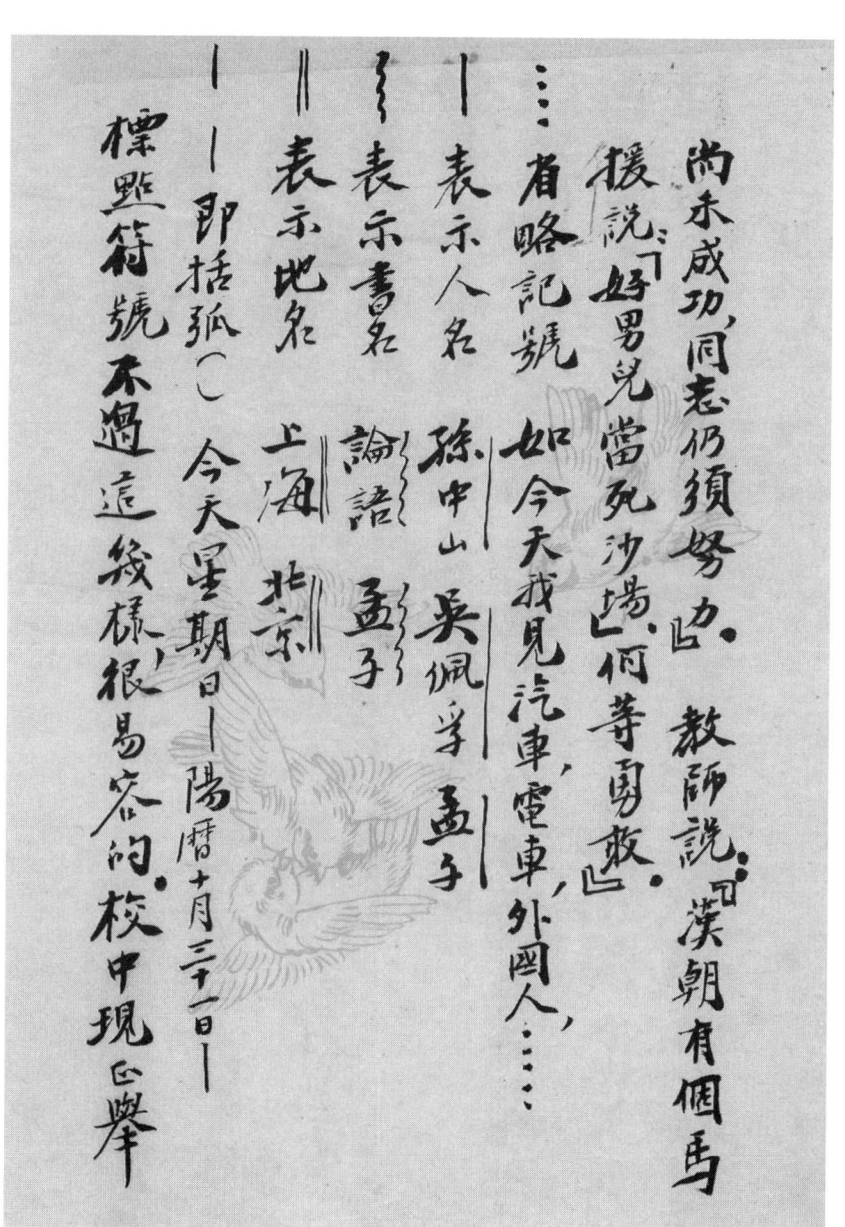

尚未成功,同志仍須努力。」教師說:「漢朝有個馬援說:『好男兒當死沙場,』何等勇敢」

⋯⋯省略記號

——表示人名 孫中山 吳佩孚 孟子

＝＝表示書名 論語 孟子

～～表示地名 上海 北京

——即括弧() 今天星期日——陽曆十月三十一日——

標點符號不過這幾樣,很易容的校中現正舉

如今天我見汽車電車外國人⋯⋯

1925年10月31日来信原件影印

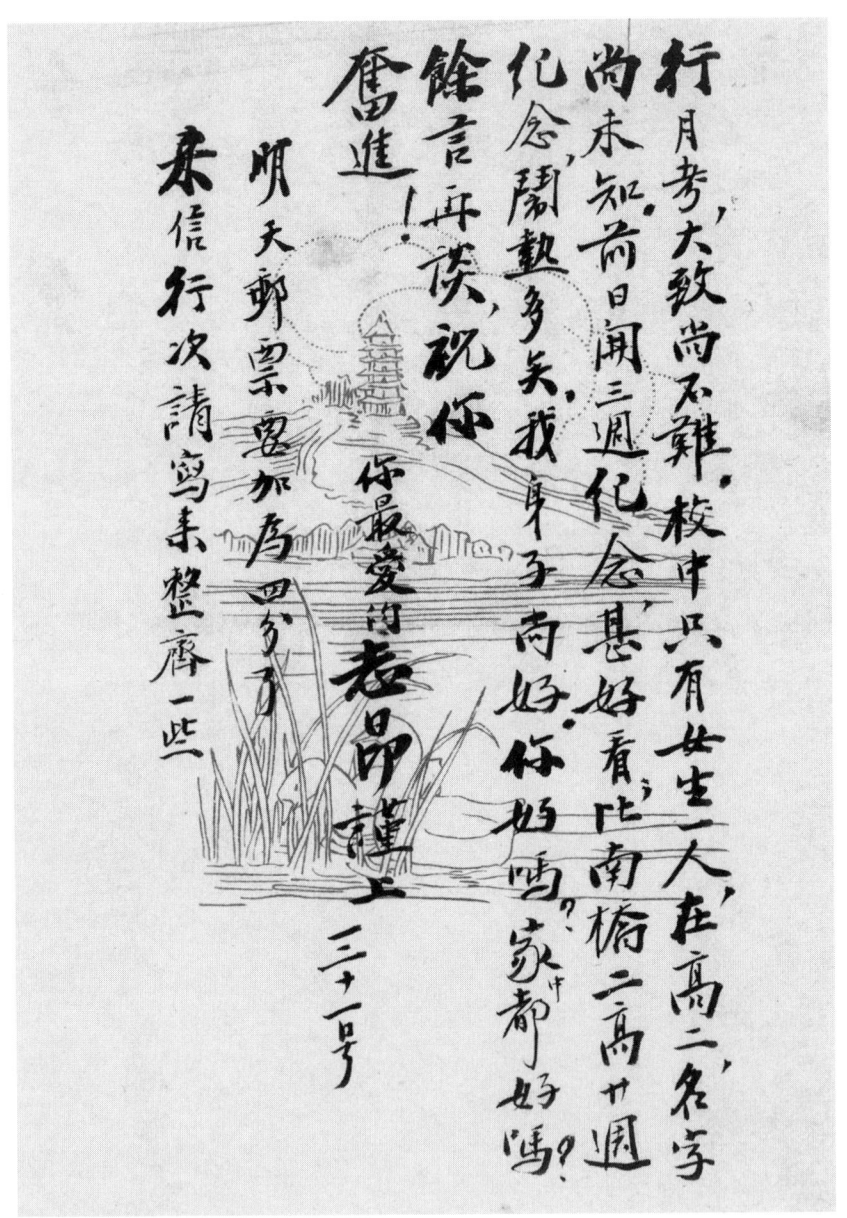

行月考,大致尚不難,校中共有女生一大在高二,名字尚未知,前日開三週化念,化念閣熱多矢,我身子尚好,你好嗎?家都好嗎?甚好看,比南橋二高廿週

餘言再談,祝你

奮進!

你最愛的 志昂 謹上 三十一号

明天郵票要加為四分了

來信行次請寫來整齊一些

1925 年 12 月 23 日

玩璆姊姊，爱鉴：回忆别自菱花新谢，曾作金陵姑苏过客①，岂不懊然！而今已朔风冰雪，侵入肌骨矣。在此有季光阴，未吻未见，虽有些无聊鱼雁②，安能叙早夕诉心之欢。遥遥一水，两隔相思，付之同流；难识何日水枯河涸，终此相思！

姊之爱人现健而患冻疮，未知我之爱人如何耶？数日一次离言，安能如终日闲闲一室之切心哉？幸冻疮初起，无难行走，请勿忧虑。夫人生不过数十春秋，抑徒耗社会之供给，终短期生活耶？抑在此期内，尽心力而作为，不负生我供给耶？消极与积极争攘之间，当积极所有胜也，不思则糊涂度日，一经深思考虑，艰难重大，未能有一时之安也。我身将孰是？我国家将孰是？我不知。

姊更将孰是也？前途茫茫，岂因茫茫而怕为耶？唯有以毅力奋斗；虽失败亦不为耻也。中山先生尽四十年之革命精神，百折不回，达其目的；虽革命尚未成功，然其影响已震全球。此我辈深宜师之也。我决谢绝畏艰贪逸，与波上下，作社会之蠹虫。

姊已与我相伴有年，更终生心灵之交换。我知
姊心已明而口不敢言，力不能为也。我反对夫唱妇随之说，

---

① 曾作金陵姑苏过客：指沈志昂为入学一事暑假期间经苏州到南京省立一中。
② 鱼雁：往来信件。

我不愿

  姊随我，愿与我同唱，我与

  姊同随也。虽力不足，智不及，然此非固定，可学而进之。学者非专

  在学校，随处皆是；学校不过是机械式之读书处耳。万祈毋抱消

  极态度。前日

父亲归，适值寒风冷雨，又兼雪花纷飞，未知福体安适否？冠群性似

  好武，亦可谓佳，受区区热水之伤，亦宜也，不足为患。家中谅平安，

  临书神驰，不尽所怀。恭请

冬安！

                志昂手泐①

                冬至后一日

阅读参考

  遭受挫折，很自然会深思"我身将孰是？我国家将孰是？""姊更将孰是也？"这些问题确是艰难重大，使他未能有"一时之安也"；这些问题固然前途茫茫，但他还要以孙中山为师，以毅力奋斗，百折不回。

  他尊重女性，夫妻之间也不提夫唱妇随，只是与姊同随。在行款上，凡遇"姊"，虽平辈也一律"抬头"（另起一行顶格书写）。

  信用文言文写，文辞流畅。细读第一段，写景抒情，精练含蓄，真有点唐人小说的韵味。

---

① 泐（lè）：通"勒"，本意铭刻，引申为书写，旧时平辈或对小辈以"泐"代"手书"两字。

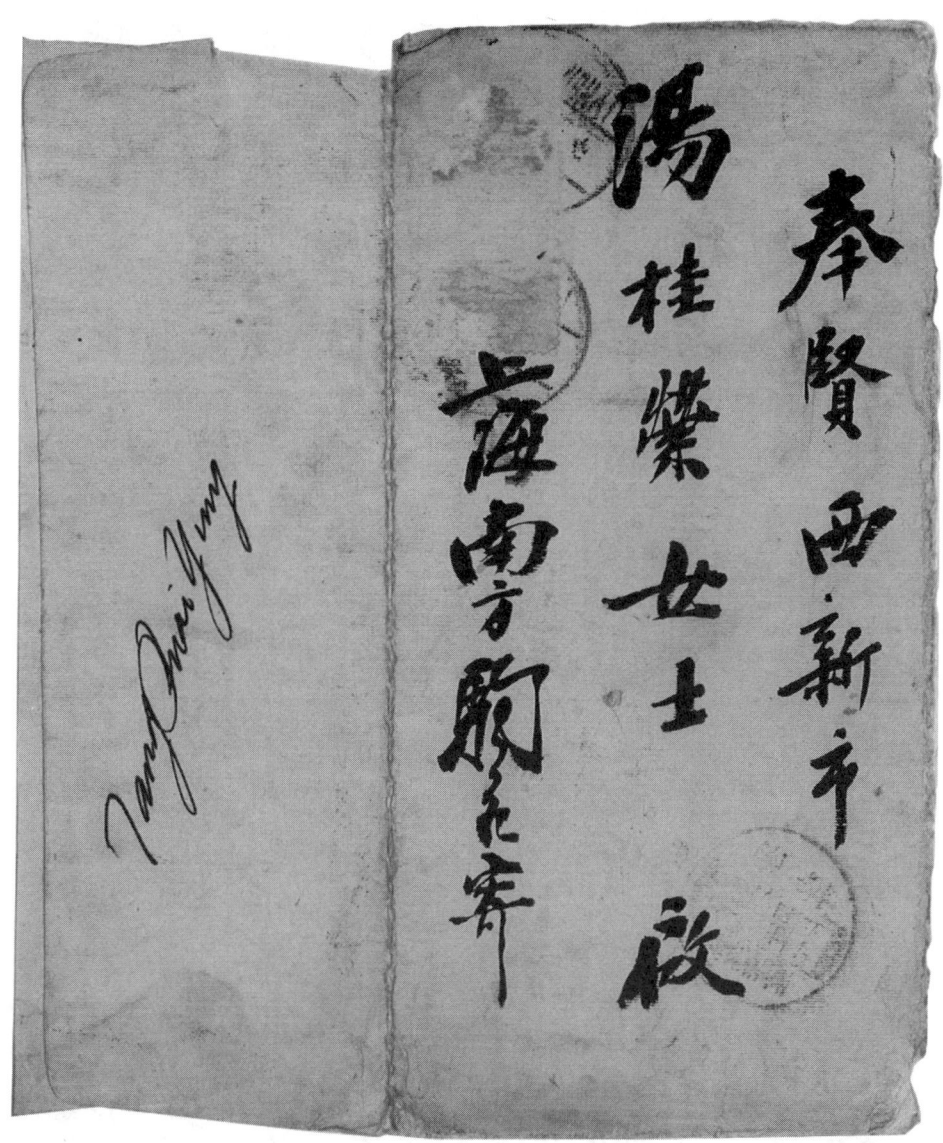

1925年12月23日来信原件影印

玩瑯娜々愛鑒回憶別目荾花新謝曾作金陵姑蘇過客豈不慨然而今已朔風冰雪侵人肌骨矣在此有李光陰，未可未見雖有些剛魚雁安能敘早夕話心之欲遂々一水兩陽相思付之同流雖識何日永托何淚終此相思娜之愛人現健而患凍瘡，未知我之愛人如何耶？數日次離言安能如終日閑々一室之切心参書凍瘡初起無雜行走請勿憂慮夫全生不過數十春秋柳從耗社會之供給終短期生活耶？柳在此期內盡心力而作為，不負生我供給耶？消極與積極爭儀

1925年12月23日来信原件影印

之間，當積極所有勝，必不思則糊塗度日，一經深思考慮艱難重大，未能有一時之安，我身將就是我國家將就是我，妳將就是我，不知妳更將就是也。前途茫茫，實因匹夫怕為邪惟有毅力奮鬥雖失敗亦不為恥，必以中山先生盡四十年之革命精神百折不回達其目的，雖革命尚未成功，其影響已震全球，此我輩深宜師之，此我決謝絕晏安貪逸，與波上下作社會進步蠹，妳已與我相伴有年，更終生心靈之交換，我知妳心已明，而亦不敢言，力不能為，此我反對夫唱婦隨

之说,我不愿
姊随我,愿与我同唱我与
姊同随处难,力不足智不及,此非固定可学而进之
学者,昨寿在学校随处皆是学校不过是机械式之读
书处耳,高祈妹抱消极态度,前日
父亲归适值寒风冷雨,又兼雪花纷飞,未知
福体安适否?罹掌性似好武,亦可谓佳,受压怠熟
水之伤亦宜以不是为虑,家中诸事安,临书神驰
不尽所怀,恭请
冬安

　　　志昂平阳冬至后一日

1925 年 12 月 23 日来信原件影印

1926

那时也醒觉了,我不是痴了,确是为民众争利益的一个革命青年。

1926年1月4日

玲珴爱姊,如吻:顷接
情云①,敬悉一是②。阳历新年,沪上各校,皆放假三天,作无聊穷度之欢。昂在斯时,实不愿贺污秽之禧,穷步终天,求革命之途。每览大厦草棚,新貂破布,美肴谷壳,(见道旁有一老妇以谷壳作餐)金钱阶级之愈趋愈远,使昂大有憾焉!思想之倾向,环境之压迫,更使昂不得不再求学识,以改造资本无产阶级之恶社会也。现今资本家压迫似石,我人皆受其苦,恐私产之社会,其破裂不远矣。岂不然哉?唯有人面之动物,受此压迫之苦,尚甘心从服,反对革命,诚不可救矣!窃③恨中国人面之动物太多,凡事不易改革,且亦流致弊,不能若俄国之大革命也!昂素抱此赤心,打破人面动物之恶习,尽力改革,其成功失败不敢计也。故五卅以后,南京苏州失败以后,更决心加入国民党左派,攻击若右派之反革命也。吾姊与昂同心同情,同志同行,深愿亦同加入也;以尽为人民,对社会应负责任也,昂在南方④不敢自言用功进步,惟知个人于社会之切,

---

① 情云:古传说雁足传书。李清照《一剪梅》"云中谁寄锦书来",云,代信。
② 一是:一概。
③ 窃:表个人意思的谦词,也可以理解为私下里。
④ 南方:南方大学附中简称。

姊等渴望之深，未有放肆淫①怠；尽力于学问而已。唯专以教本死读为学问，徒成两脚书橱。昂绝不主张，所不为也。昂近来醉心于革命事业，私人情绪琐事，然未有忘也，唯恐徒增苦泪懦志而已！专此敬请

冬安

沈志昂顿② 一月四日

阅读参考

这是一篇元旦观感。在这一岁之首，沈志昂不愿贺污秽之禧。污秽者捐大厦草棚，新貂破布，美肴谷壳之贪富悬殊、阶级压迫。面对这样的"环境"，他"穷步终天，求革命之途……改造资本无产阶级之恶社会"。他真的醉心于革命了。由于改革之急切，对那些尚未觉悟的被压迫民众，不免产生怨怒之情。

阅读全文，我们很明显地感到沈志昂接受了一种新的思想教育，他能用阶级分析法，剖视社会现象，意识到改革要从社会制度根本着手，"恐私产之社会，其破裂不远矣"。私产社会破裂后该建什么社会呢？他没有说，或许不便说。

五卅运动失败之后，他意识到革命要有组织，决心加入国民党左派。"深愿（汤瑾）亦同加入"。抱着这样的志向，当然不能闭门读书，成为两脚书橱了。

这是家书，但已不是一般的家书了。

---

① 淫：过多。
② 顿：顿首之简略，顿首，磕拜。用于书信结尾署名之后，表敬辞。

"私人情绪，琐事，然未有忘义，惟恐徒增苦泪，懦志而已。"懦志者，影响革命意志也。唯恐引起汤瑾误会，用文言委婉申述，含蓄有致。其核心还是以革命为重。

同样的环境，同样的所见所闻。在沈志昂立即化为革命的需求，想到自己的责任。这是值得我们深思和探讨的。

玉琴爱姊如晤顷接情云故恙一是阳历新年滬上各校皆放假三天作些聊寄度之欢。昂在斯時實不願賀污穢之禧窮吾終天求革命之途每覽大廈艸棚新貊破布美有穀獻（見道旁有一老婦以穀哉作餐）金錢階級之愈趨愈遠使昂不得不再努讀以大有礪焉思想之恫伺環境之壓迫更使改造資本與產階級之思社會也現今資本家壓迫似在我人皆受其害恐私產之社會其破裂不遠矣豈不然哉惟有八面之動物受此壓迫之苦尚甘心從服反對革命誠可嘆窃恨中國會之動物太多凡事不易改革且易流致弊不能俄

1926年1月4日来信原件影印

國之大革命也！即抱赤心打破人面動物之惡習，盡力改革其成功失敗不敢計也。故五卅以後南京蘇州失敗以後更決心加入國民黨左派，攻擊右派之反革命也。吾與昂同心同情同志同行，深願亦同加入也，盡為人民社會應負責任也。昂即在南方不敢自言用功進步，惟加倍人於社會之切。

妙等渴望之深，未有敢肆懈怠，盡力於學問而已。惟賢以教不死，讀為學問，徒成兩脚書櫥，昂絕不主張，所不為也。昂近來學於革命事業，私人情緒頊事未有忌必惟恐徒增黃渡懶志耳！率此敬請

冬安

沈憲昂卄一月四日

1926年2月16日

我最爱的玩璆姊姊，如吻：

前几次来信，封面上都写错了。与邮局交涉，几乎成相骂。以后请只写上海闸北长安路通安里一四三八号，不要写长安路通安里大成南货号，因为通安里内没有大成店，大成靠在长安路，所以决不可两处混写，易致差误；或写到上海麦根路①南方大学附中亦可。

我俩很相爱的，离别当然说不出的难言情绪。但是我们不能贪融洽之乐，忘掉一切吗。一年（生）一世腐烂在乡间吗？所以姑离向外，求前程。倘有达目的一天，我俩永远在一块，融洽的家庭，真正的愉快，比现在束缚中的团聚，还要胜多哩。我们求光明的路罢！

我知道现在和从前的女子，在地狱式的家庭中很苦的。自己的一身自由，都卖去了，茫茫地前途，还有什么希望！你当然是牺牲下者之一个，我何尝不可怜。可是我一个人能力薄弱，不能把全体女子拖出火坑，又不能把你救出，这是我常徘徊于心头的大事。旧教太残忍，数千年来女子害尽于中，你看是不是？受旧礼教的压迫，你当然也是极利（厉）害之一，但比你还甚的，就我们目睹的不少。可是她们自己不知道，糊涂的以为女子是应

---

① 麦根路：今淮安路。

该这样,可怜不可怜?我们悔当癸亥年①是各自逃了,绝不是有今日这样牺牲,可恨的礼教捆得我们太紧了。誓死不忘的仇敌,总有一天被我们打破!

如我这样于社会没有益处的人,还是少一个好,徒然消耗许多供给,造不少粪,生命之轻重如草芥。这痛肺的咳嗽病,听他达到肺痨的地步,有什么医治的价值,并且医治要钱的,无钱的人,那里医得起呢!听其死罢活罢。我对于死并不怕,也并不自惜,不过如河中水泡,短期的生命一现罢了,没有什么大不了的事。知道某人尝(曾)在地球上做过几年造粪机器的罢了,完了。只是孤独的你和冠群,少了一个亲热的关系人了,你的责任加重了,你的生活或者冷寂了。我也没有什么话,听其自然罢。春假虽然放一星期,我有什么必要回来养病呢?

冠群的抚养,都由你担负了,我问自己非常惭愧,你忍(任)劳忍(任)怨。小生命延长将有一年了,我很感谢你的。不过小弱的生命是效我们的覆辙吗?做旧礼教的牺牲吗?可怜的小弱的生命!

学校里的情形和去年稍进步;同学方面,能了解人生观很少,徒成几座两脚书橱罢了;教育方面也只能教死书罢了。时已半夜,谅你入黑甜乡了。你想着我在写信给你。希望你珍重!

你不忘的人书于二月十六日半夜

阅读参考

寒假结束,开学不久,于汤瑾难免生发离愁别绪,他一方面安慰她,

---

① 癸亥年:1923年。这一年秋,沈志昂考入太仓省立第四中学,如果这年各自逃走,离开家庭上学就无1924年的结婚,也就没有家庭的羁绊。

暂时的离别是为向外发展，求真正的愉快。另一方面十分同情汤瑾的情绪，只能做一个地狱式的家庭妇女，深受旧礼教的压迫，后悔不在癸亥年（1923年结婚前一年）各自逃走，这样可避免家庭牵掣，不至于家庭琐事孩子抚育全落在汤瑾一人身上。但还是给予信心："总有一天被我们打破的。"沈志昂对封建礼教、封建家庭刻骨仇恨，矛头始终针对着它。

他怀疑自己得了肺痨，这在当时是富贵病，是绝症，情绪受影响。

我最爱的玩琤婀之如吻：

前几次来信封面上都写错了，与邮局交涉几次，改相骂以后请根写上海间北长安路通安里四三八号，不要写长安路通安里大成南货号，因为通安里内没有大成店，大成靠在长安路，所以决不可，两处混写，易致差误或写到上海麦很路南方大学附中亦可。

我俩很相爱的离别，窦然说不出的难言情绪，但是我们不能贪融冷之乐忘掉一切吗，二年二妥腐烂在乡

1926年2月16日来信原件影印

間嗎！所以姑離向外來前程倆有達目的一天我倆永遠在一塊，胡塗的家庭真正的愉快比現在束縛中的團敘還要勝多哩，我們求光明的路罷！

我知道現在和從前的女子在地獄式的家庭中很苦的。自己的一身自由都賣去了，況且地前途還有什麼希望！你當然是犧牲下者之一個我儞當不可憐，可是我一個人能力薄弱，不能把全體女子拖出火坑又不能把你救出這是我常排徊於心頭的大事，舊教太殘忍數千年來女子害盡

1926年2月16日来信原件影印

榨中，你看是不是受舊禮教的壓迫，你當然也是極利害之一個，比你還甚的就我們目覩的不少，可是她們自己不知道糊塗的以為女子是應該這樣，可憐不可憐？我們悔當初亥年不是各自逃了，決不是有今日這樣犧牲，可恨的禮教捆得我們太緊了，誓死不忘的仇敵，總有一天破我們打破。

如我這樣於社會沒有益處的人還艇少一個好，徒然消耗許多供給這不少蒼生命之輕重似草芥這痛肺的咳嗽病，聽他達到肺癆的地步，有什麼醫治的價值並

1926年2月16日来信原件影印

且醫治用錢的，無錢的人那裏醫得起呢！聽其死罷語罷了，我對於死並不怕也並不自惜，不過如何中水泡短期的生命一現罷了，沒有什麽大不了的事，知道其人當在地球上做過幾年還算機器的罷了。完了，祇是孤獨的你和冠羣少了一個親熱的關係人了，你的責任加重了，你的生活或者冷寂了，我也沒有什麽話聽其自然罷。春假雖然放星期我有什麽必要回來養病呢！

冠羣的椿萱，都由你擔負了，我問自己非常慚愧，你怎麽

1926 年 2 月 16 日来信原件影印

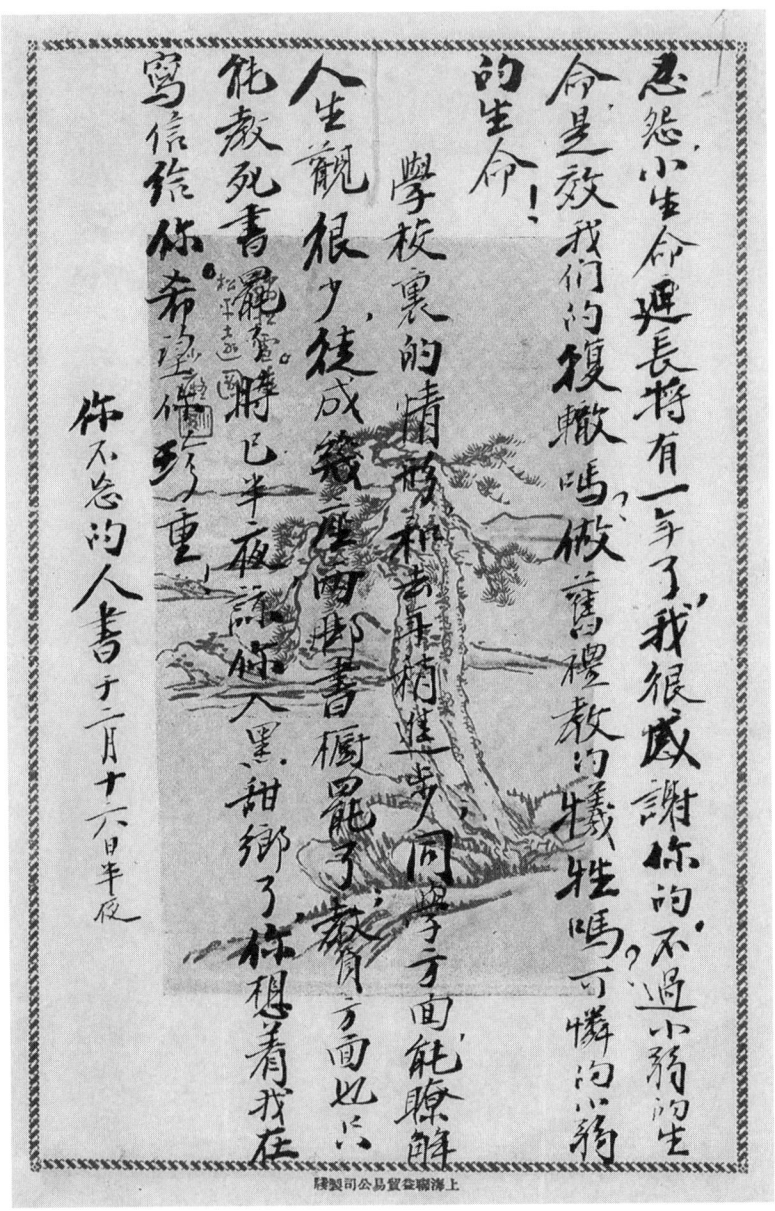

志昂小生命延長將有一年了,我很感謝你的,不過小弟的生命是效我們的復轍嗎?做舊禮教的犧牲嗎?可憐的小弟的生命!

學校裏的情形和去年相差無多,同學方面能瞭解人生觀很少,徒喚奈何而已書櫥罷了,教育方面必以能教死書時已半夜燈前入夢鄉了你想着我在寫信給你,希望你珍重

你不忘的人書十二月十六日半夜

1926年2月16日来信原件影印

1926年2月27日

亲爱的玩璆姊姊：

我并不希望我的生命长。但也并不糟蹋自己身体。因为我的身体，不是我自己的，是社会的；于社会既没有好处，当然没有一定要存在的必要。

我问自己的良心非常不安。因为自七岁起，继继续续地耗了十余年时光、金钱，没有一些可贡献出来，何怪被资本阶级压迫下的父亲不满意了。但是我是……，也想到生产几个钱，活活自己行动；可是在这恶劣的社会中，在未改革之前，那里能够从他们手中得一只饭碗呢？苟其父亲能代我寻到一只饭碗，我岂是愿饿死而不去就呀。

到杭州去，又在脑中幻想了，不知在短期的生命里还有一天能实现吗？不过此次杭州虽不能去，可是到黄渡宣传一下，为公众得益不少，其好处倒比到杭州大。因为杭州不过个人游玩的利。

你的信因为五天没有到校，所以今天始看见；一方面虽然增了不少欢喜，一方面把我心肠都割断了。处此环境之中，只有叹了几口气罢！

哔叽长衫收到了。纽子用黑色很合意。不过衣料颜色很深了，记得我的衣料颜色比士贵哥的轻，恐怕衣料换错吗？

你说要到上海来看我，我十二分希望的。说没有伴侣，那恐怕总有的吗？只是你能够来吗！

唯瑆

二月廿七日

信封上面你的名及地方不必写得详细

阅读参考

自责于社会家庭没有贡献。在大大小小封建军阀及其帮凶的统治下，要谋求一只饭碗是非常难的。沈志昂高中毕业，在上海的暑期工作结束后，在时任奉贤县第一女子高等小学校长的叔父那里谋到代课教师一职，但因他宣传妇女解放思想反对封建礼教，其叔父怕得罪当地乡绅，影响其职位，婉言辞退。这也证实了他的论断："在这恶劣的社会中，在未改革之前，那里能够从他们手中得一只饭碗呢？"饭碗和革命，他选择了革命。后在南桥陈家祠堂私立奉贤县初级师范学校代课。这里有些进步青年和沈志昂宣传革命思想，被视为危险分子。要革命，他只有一条路，走出这恶劣的环境，去黄埔军校。

亲爱的玩琼姊：

我并不希望我的生命长。但此并不糟糕自己身体。因为我的身体不是我自己的，是社会的。倘若社会既没有好处当然没有一定要存在的必要。

我问自己的良心非常不安。因为自七岁起继续地耗了十余年光阴，没有一些可贡献出来，何怪被资本阶级压迫下的父亲不满意了。但是我是……也想到生产几个钱活自己行动可是在这恶劣的社会中，在未次革之前，那里能够

1926年2月27日来信原件影印

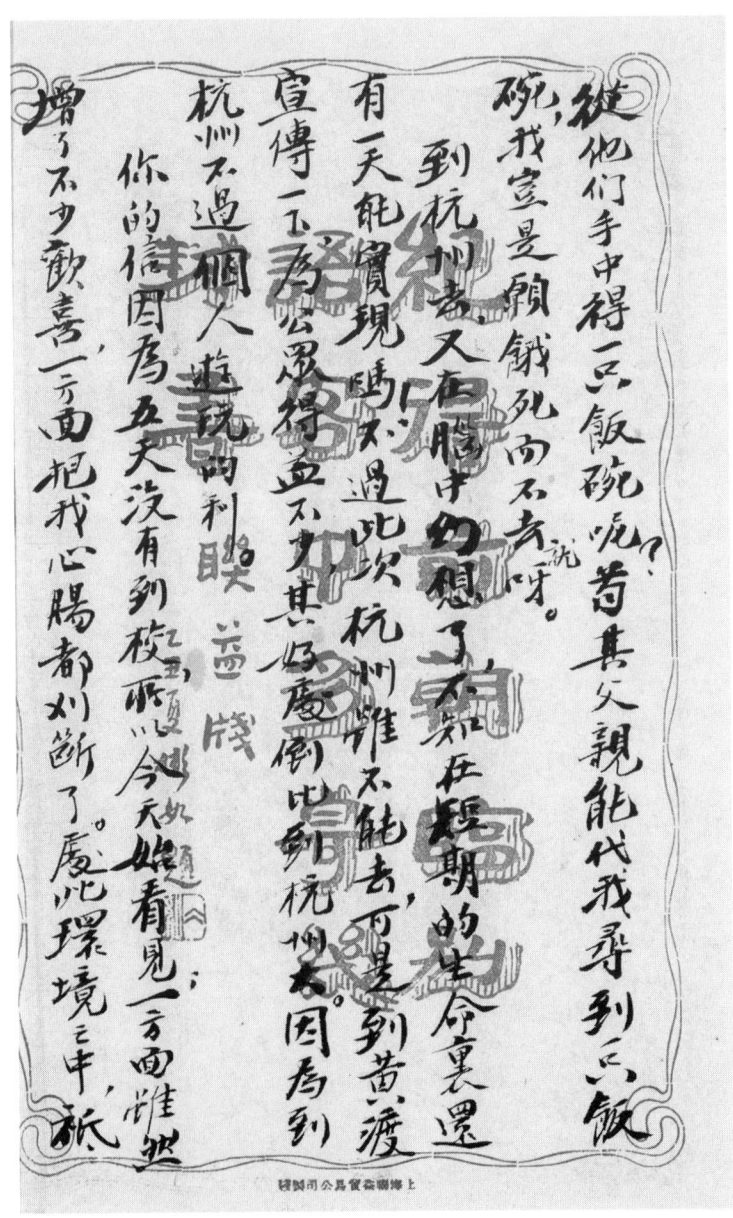

1926年2月27日来信原件影印

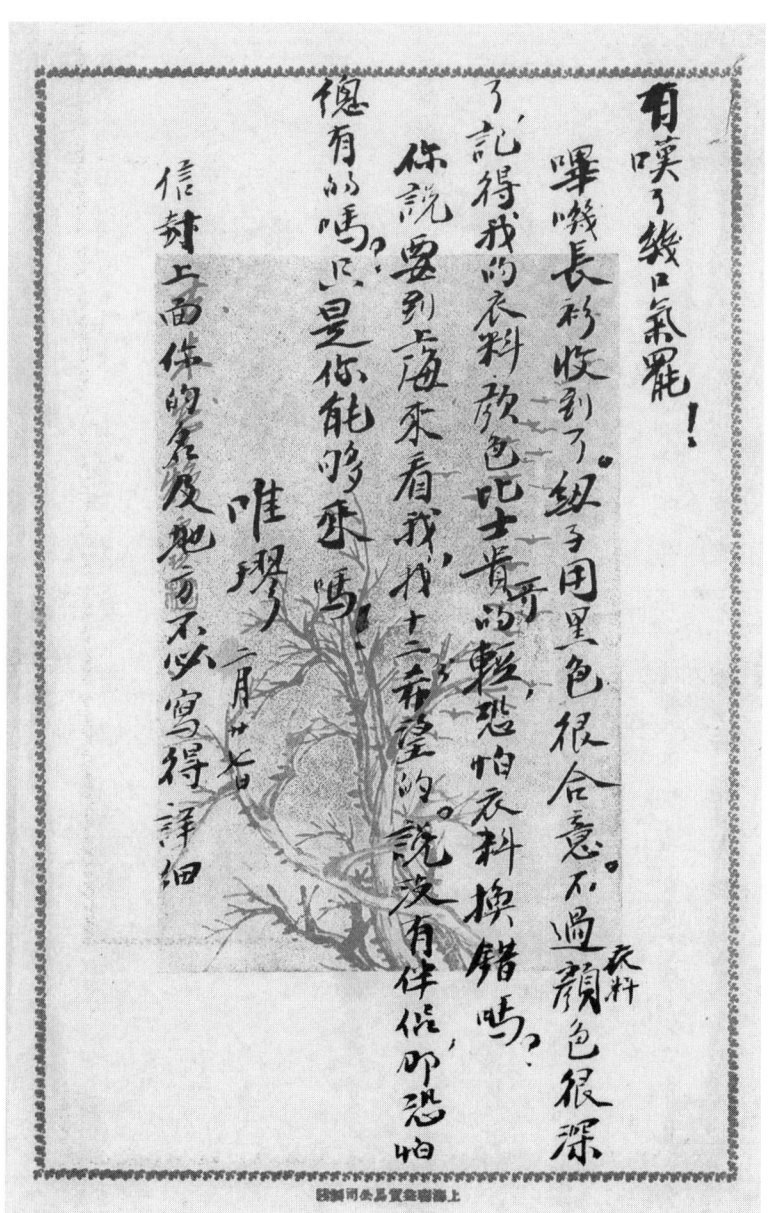

1926年2月27日来信原件影印

1926年6月21日

父母亲大人膝下敬禀者前接

训谕敬悉下半载待机而动，男所寄食之大成南货号，因零星生意，利息甚微，又以店主不守本分，以至亏本，已于本月初十日盘给他人，故男再不能住在闸北，现迁至英租界同孚路①大中里四百六十九号，以后有信可专寄至此处，校中定于六月廿九日举行毕业礼，发给文凭而须缴文凭费大洋伍元及同乐会费大洋肆元。

此等学校敲诈国内学校可称皆是而又因毕业对于交际应酬费用较为增多，望

大人于日内，或托朱文熙②带下，以付所需。

　　肃此敬请

金安

男志昂谨禀
六月二十一日

---

① 同孚路：今上海石门一路。
② 朱文熙（1906—1967），他在1929—1932年间任国民党奉贤县党部执行委员。

阅读参考

六月廿一日来信,因一些琐事须禀告父母。一是生活不安定,另租房屋住宿。二是毕业前发生的临时费用须接济。上海私立学校费用惊人,发一张毕业文凭要大洋五元,同乐会费四元,合计大洋九元。当时工人工资每月三到八元,农村小学教师每月工资二十到二十六元。据汤瑾口述,当时做一个时节,如清明节、中秋节,只需一元大洋。规格是一桌客人老八样。就以书来说,当时,书较贵,因为发行量少。1926年东亚书局发行的胡适考证、陈独秀写序的六卷本《红楼梦》大洋三元三角。商务印书馆出版的32开400页,道林纸本《胡适词选》大洋一元六角。怪不得沈志昂称之为"敲诈"了。

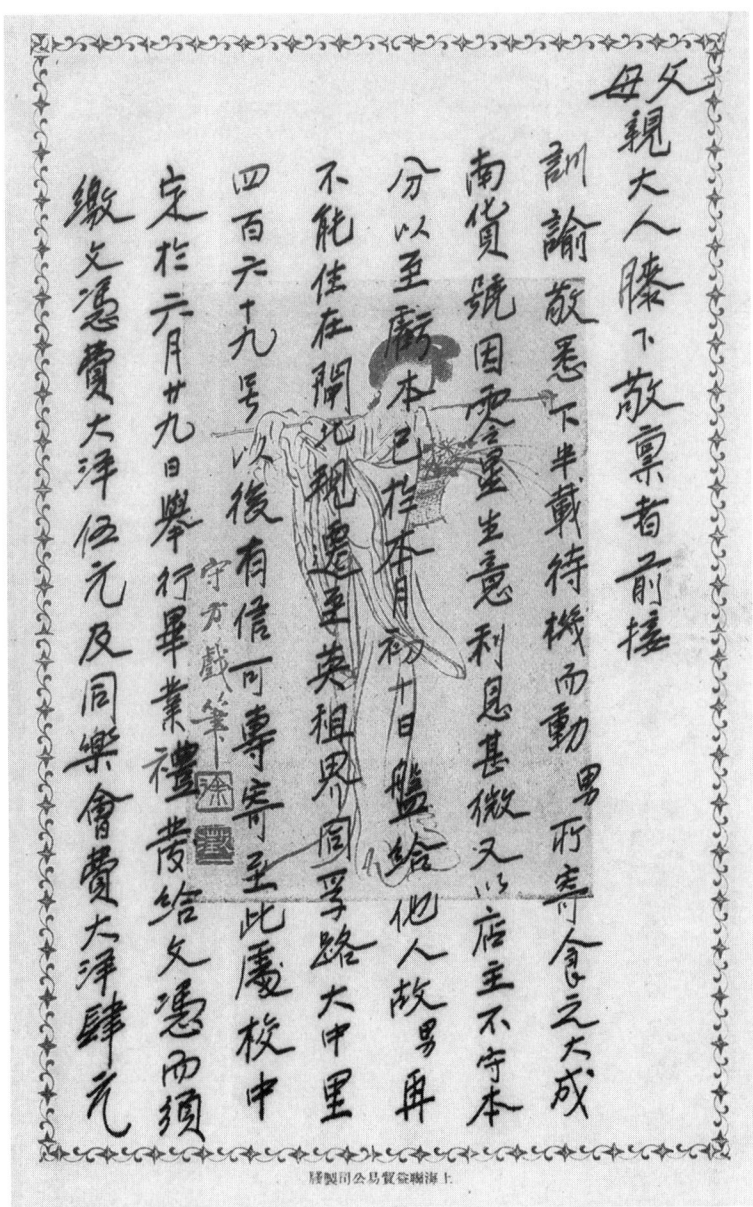

父母親大人膝下敬稟者前接訓諭敬悉下半載待機而動男所寄會之大成南貨號因虧空蛋生意利息甚微又以店主不守本分以至虧本已裹不能在閩北，現遷連江英租界同孚路大中里四百六十九号，以後有信可專寄至此處，校中定於六月廿九日舉行畢業禮，望給父憑而須繳，父憑費大洋伍元及同樂會費大洋肆元

守方載筆

1926年6月21日来信原件影印

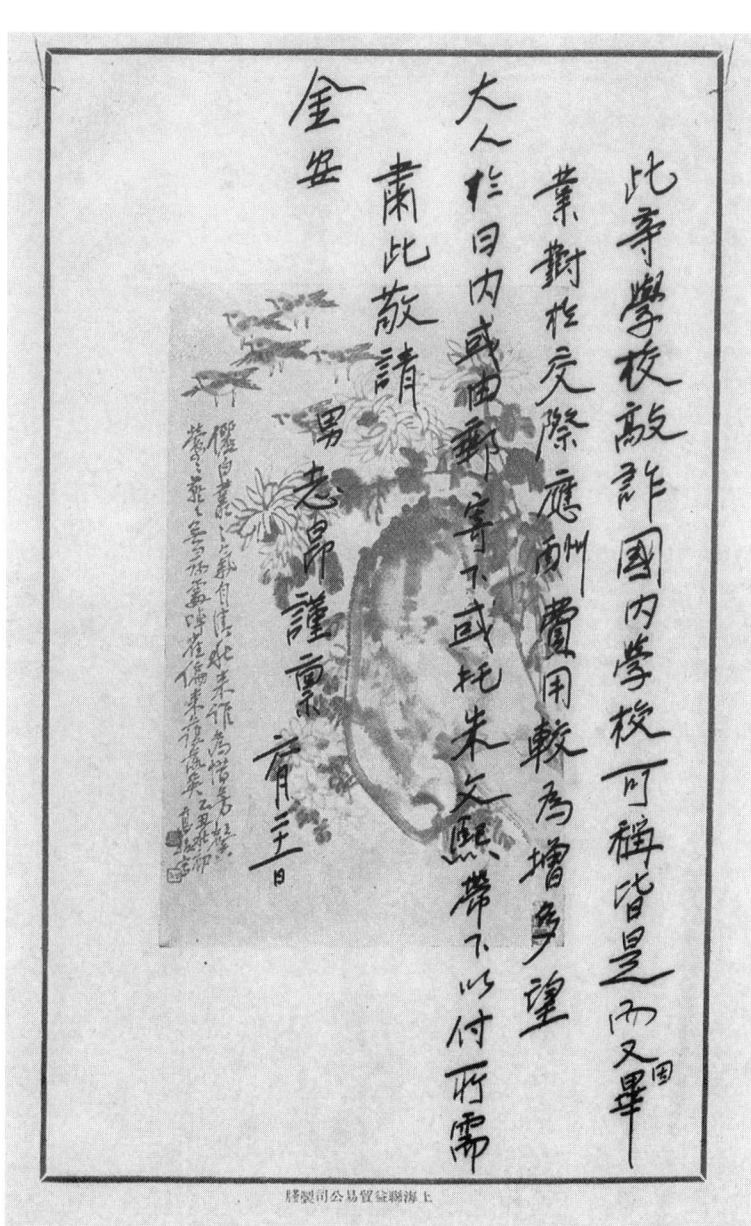

1926年6月21日来信原件影印

1926年6月25日（农历五月十六）

亲爱的玩璆姊姊：

你的信接到好久，我延至今朝始答复，很抱歉的。

处于帝国主义军阀重重压迫之下，今年的五卅，当然不能有热烈的表示；也难怪南桥没有领导的人的方地了。

我的忙暇，适与普通学生相反。前因怕父亲责备我多事，不说出来，现在老实说，父亲看我没用，我在外边无论到什么地方，总做些事体出来；而且别人很相信我的。在太仓因为我们几个人很会闹事，而不敢直接开除，以致全体解散。到上海，自星期一至星期五，人家很忙事的时候，我正除上课外，没有事。自星期五至星期日，人家暇的时候，我适忙的时。故上次离开了你，到上海，一到校中未上满一课，就有人叫我商量本校对于五卅的表示，因此在一星期中，积极筹备，差不多大半责任都由我负责的，上课都不能完全上，所以更没有时（间）写信给你了。五卅这天，我们到南京路上，去年打死人的地方讲演，这天第一个讲演，要算我了；外国巡捕到我手里夺去二方演讲旗子，但是没有把我拉进去。在午后自十二时起至二时，南京路两旁布满我们演讲队，形势非常好看。到二点钟各演讲队开始演讲，东西南北皆是，又有邮务公会自由车冲过，两旁高声大呼打倒帝国主义，这时南京路几十万群众，民气非常激昂，形势如临战场，但是外国巡捕不敢开枪,这是去年五卅一年后,民气激昂,帝国主义已畏惧了。后来到四时半,宣告四散。这时无论冷血动物,也要变为热血了。

六月二十九号,我们行毕业礼,不过行罢了,我不能马上回来;因为在上海还有一些事;或者今暑假不能回来,也说不定。请你不要望我。我现在住在英租界同孚路大中里四百六十九号,在父亲信上已说过。你来信可寄此处,不过外面要写"他人不得私拆",因为这处信很多的,旁人以为公事的信,随便要拆的。

我是很对不起你的,使各自凄冷度日;其原亦是环境所逼迫,不得不如此!我们要和环境奋斗!你既做了家庭之牺牲,那我也应该做国家之牺牲!我俩身体虽离开,但我俩精神,仍团结在一块!今朝只写了不多几句,容下次详细的写罢。现奉上我们的指导者①三张,望你努力!望你意志康健!

你的志昂
于五月十六日晚大雷大雨时

阅读参考

来信似乎只叙述了近半年来的经历,仔细品味,却很有意思的。

父亲说他没用,他很不服气。"我在外边无论到什么地方,总做些事体出来,而且别人很相信。"看看他到了哪些地方做了什么事:

一、到太仓,"我们几个人很会闹事,而不敢直接开除,以致全体解

---

① 指导者,未详,估计是宣传资料之类。

散"（高三毕业班停办）。真够厉害了，言辞之中充满了自豪。他们干了什么事？组织学生会，带领学生参加五卅运动，去上海南京路和帝国主义面对面斗争。

二、到上海，"人家暇的时候，我适忙的时"。他不像普通学生，像职业革命者了。一到学校未上满一节课就有人来找他商量纪念五卅运动一周年活动。他负了一大半责任，是个主角。五卅那天又去了去年"打死人的地方"，毫不惧怕，今又重来，英雄气派，而且"第一个讲演，要算我了"。南京路布满我们演讲队，吸引了几十万群众，"民气非常激昂……帝国主义已畏惧了"，"这时无论冷血动物，也要变为热血了"。这是他所做的事情的最大成功。

看，字里行间充满了自豪、自信、自许。这是他自认的有用，自视为不是两脚书橱的当代人物。殊不知道你越说有用，在当时当局者看来越是无用。你们这一伙是赤化分子，是捣乱分子。老秀才父亲看来自然也是有害了。老秀才要儿子好好读书，毕业后在社会上谋得一官半职，享誉一方；做父亲的脸上也光彩，能予家庭经济接济。可现在秀才先生的儿子弄成这样，真有点哭笑不得，还自夸有用哩。沈志昂的有用无用的标准，用现在的话来说的三观，已和当时正统标准截然相反了，双方不能相容了。很明显，国民党左派和共产党那里才是他这有用之才的用武之地。

他的住址又变了，这个地方怎么信多，"还有公事的信件"，莫非是一个什么秘密机构？

据汤瑾口述，此后他参加地下党举办的工人暑期夜校，当教师，整个暑假不回来。回来后，一天晚上偷偷地告诉她参加了共产党，嘱其严守秘密，否则有杀头之祸。回来时还带回来一双白皮鞋，说是用暑期夜校工作酬劳费买的，要穿着它踏遍革命道路。这双皮鞋一直保存到"文革"时期。

親愛的玩瓊姊姊：

你的信接到好久我延至今朝姑答復很抱歉的。
處于帝國主義軍閥重重壓迫之下今年的五卅當然不能有熱烈的表示也無怪南橋沒有領導示威的人的方地了。
我的忙殷適與普通學生相反，前因怕父親責備我多事不說出來，現在老實說父親看我沒有用我在外邊無論到什麼地方總做些事體出來，而且別人很相信我的在太倉因為我們幾個人很會鬧事而不敢直接開除以致全體解散，到上海自星期一至星期五人家很忙事的時候我正除上課外沒有事，自星期日人家假的時候我適忙的時放上次離開了你到上海一到校中未上滿一課就有人叫我商量本校對于五卅的表示因此在一星期中積極籌備差不多大半責任都由我一個人負的上課都不能完上，所以更沒有時寫信給你。五卅這天我們到南京路上去年打死人的地方講演，這天有一個講演要稿我了外國巡捕到我手裏奪去二方演講旗子但是沒有把我拉進去，至午後自十二時起至二時南京路兩旁布滿我們演講隊，形勢非常好看。到二點鐘各演講隊開始演講，東西南北皆是，又有郵務公會自由車衝過，兩旁高聲大呼打倒帝國主義，這時南京路幾十萬群眾民氣非常激昂，形勢如臨戰場，但是外國巡捕不敢開鎗也沒有這是去年五卅一年後民氣激昂，帝國主義已畏懼了。後來到四時半宣告四散，這時無論言動物也盡變為熱血了。

六月九號我們行畢業禮，不過行罷了，我不能馬上回來因為在上海還有一些事或者今暑假不能回來也說不定，請你不要望我，我現在佳在英租界開單路大中里四百六十九號在父親信上已說過，你來信可寄此處不過外面要寫"他人不得私拆"因為這處信很多的，旁為公事的信隨便要拆的。

我是很對不起你的，使各自渡日其原来是環境所逼迫，不得不如此，我們對環境奮鬥，你既做了家庭之犧牲，那我也應該做國家之犧牲，我俩身體雖離開但我俩精神仍團結在一塊，今朝祗寫了不多，餘句客下次詳細的寫罷。現奉上我們的指導者之張望你努力！望你意志康健！

你的志昂
五月十六日
晚大雷大雨時

1926年7月15日（农历六月初六）

我亲爱的玩璆姊姊：

在蝉声振耳的时候，那流浪的孤鸟，还没有归巢了，引起了闲人奇异吗！

是的，情感的动物——人类——处处的生活，都感觉到心灵的反射；无论柔弱者也有时的钢（刚）强，钢（刚）强者也有时的柔弱。人类的性情和能力，决不能一眼看煞的啊！虽若十二分无用的人，倒是一旦反抗起来，无法取（处）理的，不过情感之力，还超过理智，把理性的毅力压服了。但是，人类究竟除了情感以外，还是有理性的。苟其情感不能压服理智，而理智马上反抗起来，这也是很普通之理。如弄皮球一样，抚抚弄弄，皮球很和善的混来混去，但是用了力一拍，马上跳起来。由是可晓得，凡是要顺从自己的欲望，对于所望者，一定要温和慈善的手段，神秘的训练，感化他，用压迫的手段，终免不了要起反抗。所谓"杀人者，人杀之；害人者，人害之。"譬如父对于子，父不用慈爱的心对之，必有不孝之子起来反抗。夫对于妇，不是互相亲爱而以压制之手段，妇虽被礼教束缚，也要有打破旧礼教的反抗。满清压制中国，专制了二百多年，然而也有武昌起义，推翻满清。军阀压制农民，也有红枪会起来反抗。学校当局压迫学生，近年学生起来学潮闹得多少利（厉）害。国际的资本家压迫无产阶级，而今有国际的无产阶级联合起来打倒国际的资产阶级。所以压迫是压迫不倒的，压迫愈利（厉）害，反抗力也愈大。物理学上有一定律说："压力愈大，反抗力随之而也大"。所以要制服人决[不]可以压迫可以服的。故谚说得好："以力服人，非心服也，以德服人，乃心服也。"这是可为野心家之诫。我是受过种种压迫的人，什么经济的压迫，军阀的压迫，旧礼教的压迫……压迫的种种滋味，已尝周到了，不过从前虽受了压迫，但未觉悟到，未知道到，所以还是糊糊涂涂地莫明（名）其妙的过去，人家看来真真（正是）个好孩子，其实真真（正）笨虫。但是现在醒了，人类的理性，因之而勃发，与种种的压迫者，都要一个一个反抗起来，情感已是打破了。

虽然人是情感的动物，也是理智的动物。我近来觉到凡是不能先讲情感而后讲理智的。先讲情感而讲理智者，其所得的理智必不准确的，而其情感必不神圣的，亦不愉快的。先讲理智而后讲情感，这的结果是起于真正的理智，而得的真正的情感，双方确是真是神圣的。所以我近来的主张，是先讲理智而后讲情感的，苟其理智讲不通，那么无情感的可讲，情愿把情感牺牲，不情愿把真的理智牺牲而得的是假的情感。心面不和的情感。因此而论到中国的状况，现在的中国，是受国际帝国主义者蹂躏了此如地步，军阀之压迫人民，学阀之压迫学生，资本家压迫无产阶级，旧礼教的压迫男女青年，旧家庭陷害子女，种种地目不忍睹的惨状，使我时时心惊肉跳，因之在黑暗之中求光明的地方，不得不起来革命，革帝国主义之命，革军阀的命，革学阀的命，革资产阶级的命，革家庭的命，革一切的命，求国家之光明，求社会之光明，求无产阶级之光明，求男女青年之光明，这种应该革命，是我的理智了。因之合我的理智的——就是赞成革命者——我就和他发生情感，不合我理智者，就是从前有情感的，也因之而消灭。这是我已锻炼至极坚的意志。

当然革命是要牺牲的，倘使要个人做官发财而革命，那不是真真地革命，乃是反革命。这类人就是国民党右派，国家主义派，我绝对反对的，我们应该以群众利益为自己利益，以群众生命为自己生命，为主义而生，为主义而死，一个铁石的青年人革命家。我前尝（曾）对你说："我是为社会上谋幸福的一个人"。我的身体不是我自己的，是公众的，倘使为公众利益而要我身体死的时候——但是精神终不会死——我当不辞的，向前走。牺牲了我个人，得到群众的利益，我的做的。

我的话只可以对你说，因为你受我宣传的，对别人说，非但不肯听我的话，并且还要说我痴了，其实我没有痴，我比他们明白好几百倍了，他们还糊糊涂涂吃了黄连还不知苦，我也并不是天生如此，实在被环境压迫到如此，使我不得不起来反抗。苟其我是帝国主义者之中一个，我那是也不会如此，也是一个很反动的压迫人者。这是完全环境造成者，但是也不能说只有我一个是这样，如我同样者，不知其多少了，在中国起码有五十万罢。

我们的势力很大，不但在中国有这样多的人，在各国也有这样多的人，你看近日报上载有唐生智①攻进长沙，蒋介石誓师北伐②，我们的胜利指日而可待了。我们还有什么怕呢？你看见吗？天时帮助我们，发了大水，使我们顺水而下，直取长沙。我们的军士，勇敢的杀！杀！杀死许多敌人，满枪，满刀，满衣的鲜血，都是我们的军士为国民争利益的工作，灿烂的国旗党旗，照耀于青天白日之下，对面的敌人战栗地畏怕，我们的民众唱起来，"打倒列强！打倒列强！除军阀！除军阀！国民革命成功！国民革命

---

① 唐生智（1890—1970），湖南东安县人。1914年保定陆军军官学校毕业，任职湖南陆军混成旅。1923年任湘军第四军军长。1926年3月任代理湖南省省长，表示拥护孙中山三大政策，愿意参加北伐。1926年春参加中国国民党。6月2日任国民革命军第八军军长兼北伐军前敌总指挥，率部北伐，配合叶挺独立团在湘南湘北全线出击，7月2日占领长沙。

② 北伐：又称第一次国内革命战争。1926年7月1日广东国民政府发表《北伐宣言》，7月9日举行北伐誓师典礼，蒋介石就职国民革命军总司令，并誓师北伐。

成功！齐欢唱！齐欢唱！"那时也醒觉了，我不是痴了，确是为民众争利益的一个革命青年。

听呀！革命军队的号子"大等的"地吹起来了。革命的青年军人，勇敢的跑拢来了。排队开步走的向战场去杀敌去。革命的军人个个雄纠纠（赳赳）地向前，没有一个畏惧的退后来。因为他们都知道负救众民的使命，所以用尽万分气力去杀杀杀敌。在一杀（刹）那间，血肉横流，敌人都被革命军人杀死了。革命的军人满身满刀满枪满衣的血迹，向前追赶，把国内的军阀个个杀死，国外的帝国主义者个个心碎胆裂，中国民气未死了。中国兴起来了。他们也不敢再用哀的美敦书①，不平等条约来压制我们了。无产阶级的国民，也不再受资产阶级压迫了。全国的光明冲（充）满天地间！革命的军士何等荣耀，革命的军士功何等大，但是革命的军人责任何等重！努力的前进，杀完了敌人然后罢，救出民众于火坑之中而后责尽。于是解了血甲，放弃枪炮，沐浴了身体，回到家乡，满脸得意的笑容，和最亲爱的爱人，深深地拥抱了接吻！

亲爱的玩璆，我的心被热血冲动了，我的路已向前去了，落后的你，我不得不回转头来，拉了你一同走罢！革命之路，已满路光明了！亲爱的玩璆，起来罢！不要再流泪而呻吟了！只流泪呻吟，没有用的。环境决不因你流泪呻吟而就好了，一定要用万分的勇敢起来和万恶的环境宣战，而后有打破的希望。

亲爱的玩璆，人生的兴趣，是用感情来培养的，在冷酷的地方，你当然要我回来，我也如你一样的。在清晨起来，看了报，得到什么消息好坏，与我心里的喜快同时相和起来。但天天靠近先施公司，新新公司，永

---

① 哀的美敦书：最后通牒的音译。

安公司，这样华丽的东西，三人二人成群的争先夺前的进去，满载的买了归，但是无钱的我，走过了这一段金钱万能的地方，两眼只是空空地望望罢了！锣鼓敲得这样忙，满面涂着红粉白粉的卖身女子，站在台上，咿哇的戏骗游客心里，这种声音，震聋了我的耳鼓，玩璆，我从来不喜看这种卖身的戏剧，所以天天听到这种声音，使厌恶极了。我在乡间，听暑蝉的声音，天然的风景，在竹荫下，和你谈谈，那时何等乐意呢！所以我决于日内，要回来了；但是日期还没有决定。

玩璆姊姊，前头我走的时候，棉花方种，稻苗未出水，有些黄麦未刈，可是现在田间正是青青了，耘稻锄草的工夫谅很忙吗？我谅你这几日天天在田间做工作，满面汗，满红脸，一步一步在很凶的太阳之下来往来往，但是得到的报酬有多少！

很杂乱的话，怎能尽纸张写！我俩的心给昨天的霹雳的电打在一块了，我俩的身体由分离，而又聚拢来了，自然之爱神，正在我俩头上歌颂："漂流的神鸟，南一只，北一只，南北之大洋，起了大风大雨，把迷途之神鸟，仍送他俩集一块罢！他们的光辉，再振起来，他们爱心，再合起来，然后放出了温日，和风微微地吹荡，光明之将来，永远留扬，哟！去罢，来罢！飞翔起来，飞到了青云，唱起和谐的歌来！"

志昂
六月初六日五时

阅读参考

信的最后一段开头说，"很杂乱的话，怎能尽纸张写"。有关革命的话，沈志昂确是说不完的,但并不杂乱,他思路十分清晰,很有逻辑力量。

信一开头就说柔弱者和刚强者"决不能一眼看煞的啊","一旦反抗起来,无法取(处)理的"。这里的柔弱者和刚强者是指被压迫者和压迫者,所谓感情之力是指在忍无可忍,震怒而起的时候。同时也指出人类也有感情之外的理智,在理智指导下的反抗是普通之理。以下举了压迫和反抗的事实,又说到自己"压迫的种种滋味,已尝周到了"。言外之意,我所以要革命的道理,就是这样。接着是论述情感和理智的关系,其实这里的理智真正内含是革命。他用正反论证,证明"先讲理智而后讲情感"而得的是真正情感。结论是"因之合我的理智的——就是赞成革命者——我就和他发生情感。不合我理者,就是之前有情感的,也因之而消灭"。态度鲜明而坚决。这等于公开宣布:"我沈志昂革命第一",我可以"为主义而生,为主义而死",为做官发财那当然是假革命,乃是反革命了。

信的后半部分是他听到北伐的好消息十分振奋。北伐的口号"打倒列强""除军阀",正是他梦寐以求的,他充满了光明的憧憬:"我的心被热血冲动了""我不得不回转头来,拉了你一同走罢!革命之路,已满路光明了"。看,他对革命如饥似渴,他还能"归巢"吗?

1926年7月15日（农历六月初六）来信复印件影印

1926年7月15日（农历六月初六）来信复印件影印

沈志昂烈士家书 | **157**
1926 年

1926年7月15日（农历六月初六）来信复印件影印

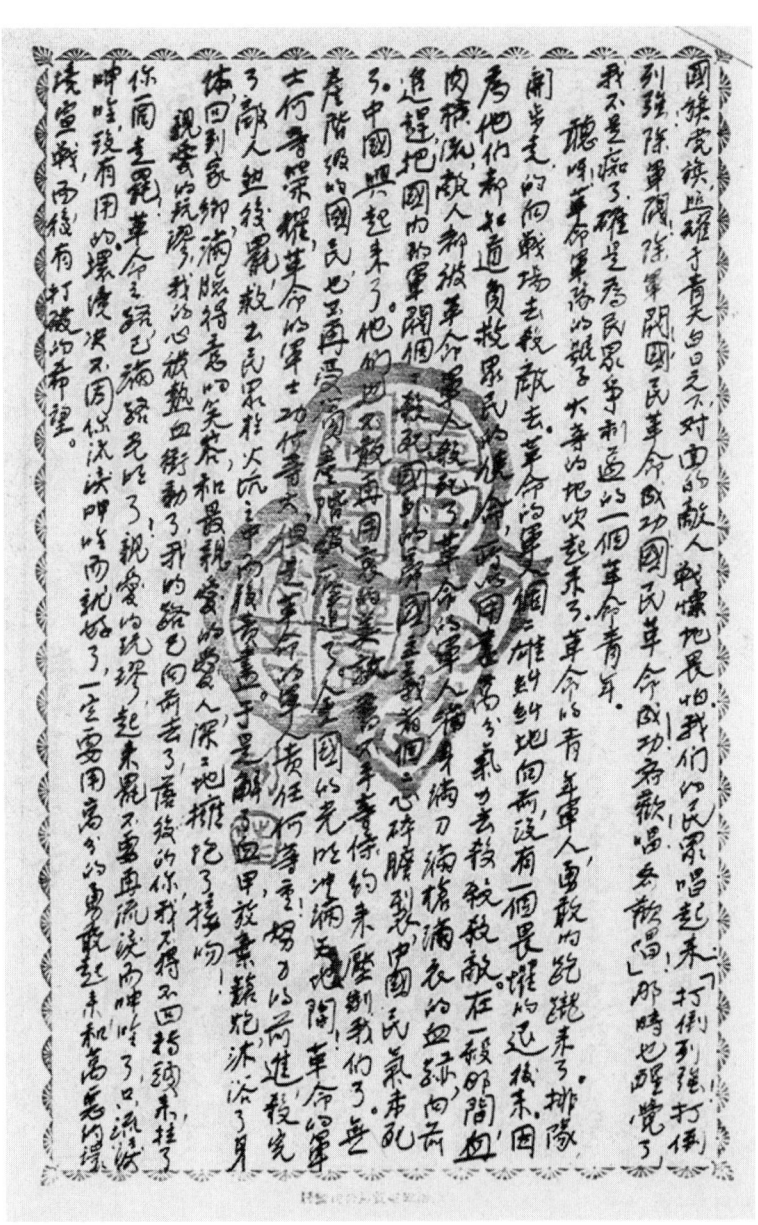

1926年7月15日（农历六月初六）来信复印件影印

親愛的玩珍女：

人生的興趣，是因感情未培養的在這酷的地方你當然要找回來开也如你一樣的，在清晨起來看了報得到什麼消息都壞與我心裏的妻快同巷相和起來，但天天靠近光絕了司新三公司永垂写遠樣華麗的東西三人三人感覺的爭先肯高的進去滿頭淚了哥但是要我的我走過了這一段金料萬能的地方兩眼只是空。地望三罷了，那鼓敲得遠樣態滿畫畫看紅花的愛身如寄託住唯的戲騙的客心裏這種聲音魔鹿雪，我出我最驚事我絲來為春風送一陣響動的戲展愛天，聽說那時等香候感惡經了，我来鄉間擴靈歸路等天地的風景在竹桑喜洗何多我央扎肉要回春了但是日期還沒有決定。

玩學呢姐哥頭我走種稻蓮花也們種著黃麥未現在田間正茂盛了耘稻勳章的农夫，并遠也有天子天在田間做工作鞠西汪漏紅朧一步一步在眼光的太陽中來往佳巨是得及他們的愛心再含起来很離乱的話的，我們忍不住源源的神鳥阔有事少！

天象龍奏了，自然之愛神，正在搖們。一個這星雲，南北之左洋，起了大風来雨，把道速之神鳥，仍送他們集一塊罢，他们的身顾由分雛而

然後放出了過日和凡徹。地吹高，喜悅之將水遠留揚，啊，去罷，来罷，飛翔起来，飛到了番雲，唱起歌船的歌来！

志印宥初六日三时

1926年7月18日（农历六月初九）

玩璆姊姊：

我们很不幸，生在这个时代，这个环境之中！——是国际帝国主义侵略中国状况之下。

我们不是吸烟，赌博，喝酒，终日作乐；或死读书，死种田，不知国家的危险。我们确知道中国的危险。我们既做了中国人，又没有钱去入外国籍，做外国人；我们是生为中国人，死为中国鬼，亡中国当然是亡我们中国人的中国，我们做中国人的，是不是情愿做亡国奴，已死的祖宗，做亡国鬼？当然是不愿做如印度朝鲜人的亡国奴；那么当然要救我们中国的，更其要救将亡而未亡的中国的急要。凡是有血性的中国人，那一个是敢说我不要救中国，情愿做亡国奴。

勾结英国帝国主义者之直系军阀①吴佩孚，勾结日本帝国主义者之奉系军阀张作霖，以中国人民的生命财产权利，送给英日帝国主义者，作英日帝国主义者培养他们，而他们孝顺英日帝国主义者之答报品！他们派了走

---

① 直系军阀：北洋军阀派系之一，因其首领均为直隶省（河北省）出身，便被称为直系军阀。早期首领是直隶籍军阀冯国璋、曹锟，后吴佩孚为首领，其下有孙传芳。1922年直系打败了奉系军阀，控制了北京政府充当英美帝国主义侵略中国的工具。1926年吴佩孚、孙传芳部先后被北伐军打垮，次年被消灭。

狗，在北方有直系的田维勤，王维城，王为蔚，奉系张宗昌①，张学良，褚玉璞，及无主暂食直系小狗阎锡山②，消灭代表人民的国民军。在南方有赵恒惕，叶开鑫，贺耀祖，董政国，宋大霈，消灭广东国民政府。北方的国民军③，南方的国民政府，确是为民众谋幸福的革命的军队。为了谋民众幸福，要打倒害民众的英日帝国主义者之走狗吴佩孚张作霖，尤其现在最暴横的吴佩孚。所以广东的国民政府，有几月准备，毅然的出师北伐，委蒋介石为国民革命军北伐总司令。

人民众仇的吴佩孚，是理应消除；所以湖南的战争，天助人助，国民革命第八军唐生智军队已进占长沙，而又进攻湘阴岳州，又加以广东北伐军声势浩荡，向湖南江西进发；而北方的国民军，虽奉直军队夹攻了几个月，而还不能攻下。现在吴佩孚正在生死关头，南有北伐军，北有国民军，恐吴佩孚之倒，可指日而待了。张吴倒后，国民革命成功后，我们中国就稳固了。

我们虽然不能拿了枪，直接加入北伐，打倒国贼直系奉系军阀，救我们中国；但是我们援助北伐军，使北伐军易得到胜利，这就是救国之一种了。所以我们为了救国，故极力援助北伐军胜利。

---

① 张宗昌（1882—1932），奉系军阀头目之一，当过土匪，名声极坏，人称"三不知"将军，不知钱、军队、姨太太有多少；嗜赌成癖，当地人把玩骨牌说成吃狗肉，故806"狗肉"将军。1925年初任苏皖鲁剿匪总司令，1926年初任直鲁联军总司令，1926年11月张作霖为安国军总司令，张宗昌、孙传芳为副司令。张率直鲁联军南下。1927年初调集十余万军队南下援孙传芳。北伐军攻下南京上海后，渡江北进，张节节败退，5月，北伐军攻下徐州蚌埠，张退归济南。

② 阎锡山（1883—1960），山西五台河边村（今属定襄）人，日本陆军士官学校毕业，同盟会会员，组织领导了太原辛亥起义，从此长期盘踞山西，历任山西都督，省长，北方国民革命军总司令。1929年任中华民国陆海空军副司令兼山西省政府主席。抗战期间任国民党军事委员会副委员长，第二战区司令长官。抗战胜利后，积极参加反人民内战。1949年6月任国民党行政院长兼国防部长。去台湾后任"总统府"资政。

③ 北方的国民军：指冯玉祥所部国民军。冯玉祥（1882—1948），中国国民革命军陆军一级上将。1911年辛亥革命时参加滦州起义，1921年7月任陕西督军。1924年发动北京政变，推翻直系军阀的北京政府，并将所部改为国民军，自任总司令兼第一军军长，电请孙中山北上主持大计。1926年9月，在绥远五原誓师，率领西北军出潼关参加北伐战争。

我接了你和父亲的信，我本定明日回家了。奈近日为援助北伐的事很忙，不能离沪。虽然你们很望我，而且冠群病了，田里很忙；但是国家的事大，家庭的事小，所以我不得不缓迟几天——大约一星期——回家，至于冠群及田里，请你支配罢。苟其田里重要，那冠群苦些不要紧的；因为冠群不是富家之子，也是因（应）该吃苦的。你不要以为冠群是有父之儿，那是比不得人家的；老实说，冠群可说没有父了，就是有父，则冠群之父，是为国的，不是为家的。苟其中国亡了，则冠群永远无父了！请你不要痛心！我也再不忍书了。祝你前途幸福！

你最爱的志昂
于六月初九日

阅读参考

书信一开头矛头直指国际帝国主义。帝国主义正是通过武装各系军阀来实现灭亡中国的阴谋的。国共合作统一领导北伐革命正是要"打倒列强""除军阀"。正在寻求救中国之路的沈志昂很自然地把北伐革命看作"救将亡未亡的中国的急要"。

5月，唐生智率第八军进军湖南，在共产党支持下，派叶挺独立团入湘配合，一路势如破竹。7月初占长沙，继续北进。吴佩孚确实处于生死关头。

北伐大好形势，沈志昂热血沸腾，欢欣鼓舞。他要援助北伐军，慷慨陈词："冠群之父，是为国的，不是为家的"，他要丢弃"家庭的小事"了。

于国于民，如此赤胆忠心，牺牲是必然的。

玩琴妹妹：

我们很不幸，生在这个时代，这个环境之中！——是国际帝国主义侵略中国状况之下。

我们不是防烟，赌博，喝酒，终日作乐；或到礼拜，再打牌，不知国家的危险，我们确知道中国的危险，我们既做了中国人又没有钱去入外国籍，做外国人，我们是生为中国人死为中国鬼，在中国当然是爱我们中国人的中国。我们做中国人的，是不是愿意做亡国奴，已死的祖宗做亡国鬼？当然是不愿做如何是朝鲜人的亡国奴，那么当然要救我们中国的更要救醒亡而未亡的中国的急要。凡是有血性的中国人那一个敢说我不要救中国，愿意做亡国奴。

勿论英帝国主义者之直系军阀吴佩孚，句结日本帝国主义者之奉系军阀张作霖，拿以中国人民的生命财产数万，送给英日帝国主义者作英日帝国主义者培养他们，而他们替顺英日帝国主义者之答报品！他们派了走狗，在北方有直系的田维勤，于维城，王为藁，奉系张宗昌，张学良，褚玉璞，和无主管使直奉小狗阎锡山，消灭代表人民的国民军，在南方有赵恒惕叶开鑫，贺跃组童政国，宋大霈消灭广东国民政府。北方的国民军，南方的国民政府，都是为民众谋幸福的革命的军队，为了谋民众幸福，要打倒害民众的英日帝国主义者走狗吴佩孚，张作霖，尤其现在表暴楚的吴佩孚所以广东的国民政府，有几月准备，毅然的出师北伐委蒋介石为国民革命军北伐总司令。

人民众仇的吴佩孚，是亟待除掉，所以湖南的战事，天

1926 年 7 月 18 日（农历六月初九）来信手抄件影印

听人说，国民革命第八军唐生智军队已进逼长沙，而又进攻湘阴岳州，又加以广东北伐军事甚活动，何湖南江西逆贼军北方的国民军与奉直军队夹攻了几个月，而还不能攻下，现在吴佩孚正在生死关头，南有北伐军，北有国民军，吴贼郁等之倒，可指日而待了。吴贼倒后，国民革命成功后，我们中国就能图了。

我们虽然不能拿了枪直接加入北伐，打倒国贼吴奉系军阀，救我们中国，但是我们援助北伐军，使北伐军易得到胜利，这就是救国之一种了。所以我们为了救国，就极力援助北伐军胜利。

我接了你和父亲的信，我本定明日回家了。奉正因为援助北伐的事要办，不能离沪。虽然你们很望我，而且冠冕病了，田事很忙，但是国家的事大，家庭的事小，所以我不得不缓差几天——大约一星期——回家。至于冠冕在田里一起的费用，你更因事重要，那冠冕也生不要紧的；因为冠冕不是官家之子，也是因该吃苦的。你不要以为冠冕是有父之儿，那是比不得人家的，老实说，冠冕可说没有父了，我是有父，则冠冕之父是为国的，不是为家的，苟我中国亡了，则冠冕永远無父了！望你不要痛心！我也再不忍写了，祝你前途幸福！

你最爱的志昂于六月初九日

1927

革命是我们目前最重要的任务。重要的任务，当然要时时提起，革命，革命，革命，革命；我们的生路只有革命。

1927年1月9日

玩璆：

分别了有半个月了，这半个月内，那一个时候，不是想着你，挂念你。因为事没有定当，所以不能作半月旅行的报告。

前头我已二次信给父亲了，谅你当也看见过了。当然也很放心，我在外面很太平。

我这次的离别，不是如前的样子，远，不过百余里；久，不过半年。这次远有二千五百多里，久还不能说，至少，起码三年吧！这个分别，当然比前次悲酸得多，我知道离别时双方不舍的情，很难过的。所以用快刀斩乱麻式的，一概不别而行，免得一个一个告别，一个一个嘱送，增加悲酸的苦情。

到上海的时候，已下午二时了。到各个朋友处告别了一番，当然没有时间了。廿七号晚上十时上长沙号轮船，这次被褥都是文治大学的同学李仲林送的。你看这李君年纪仅十七岁，多少慷慨。川资因为到上海迟了一天，领不到，向朱文熙借的；但是朱文熙也没有钱，于是到朱文熙的朋友袁景熙处借，可是袁君也没有。这时已廿七号夜九时了，距开船只有三四个点钟，多么发急！袁君也没法想，只得袁君把自己的马褂脱下来到典当里当了十块钱借给我作旅费。这钱由朱文熙还给袁君，我们只还给朱文熙好了。你看朋友多少好,比自族还要好几倍。试问自族里弟兄尊长,在我没有钱而要用钱的时候,肯把自己的被褥送,把马褂脱下来当钱借给我吗?唉!我已看穿所谓尊亲自族,那一个是我帮助者,都是小人脾气,一个钱不肯救人的,只好一生一世死[在]三寸地上做自私自利的争夺祖宗遗传下来一寸一分家产的人!!!朋友确是最好的帮助的人!我不知他们晓得这消息后,自己觉得惭愧不惭愧①呢?

我们晓得到武昌很危险的,经过南京被孙传芳②查到了,一定是头保不稳的,所以把卡片及一切东西都撕了,并且还改姓换名。在未过安庆以前,非常提心吊胆。到了九江,是我们的地界了,就大张声势。幸亏到南京到安庆,没有强盗式的兵来检查,总算安心了。

廿八日晨三四时开船离开上海。这时我正睡了,直到天明起身,已景色大变了。自在繁华的上海而变为浩浩荡荡地长江了。在船中很热,差不多可以穿夹的。在船上虽然还不看见陈枕石③,没有一个熟悉的人,但是正好同船的正是也到武昌考学校。起初大家还不敢说出自己的本相,都说到武昌做生意。后经朱文熙、袁景熙送我下船后,又来说明真相后,方大家打在一块,同心照顾,也不觉得寂寞了。

廿八日上午十一时到通州,下午三时到江阴。在江阴方面,长江很狭,如黄浦差不多。对岸的小山很多,可惜在冬天都枯落了。夜十时到镇

---

① 惭愧不惭愧:这里的感慨是有来由的。据汤瑾口述,沈志昂临行前曾向当校长的叔父借十元钱,叔父以开学要在即购置书簿为由婉拒。

② 孙传芳(1885—1935),皖系军阀首领,和张作霖、吴佩孚并称北洋三大军阀。1925年10月起兵驱逐苏皖等地的奉系军阀势力,控长江中下游。11月在南京宣布成立浙闽苏皖赣五省联军,自任总司令,拥兵20万。1927年2月组织兵力阻止国民革命军北伐,被北伐军击溃。3月24日国民革命军占领南京。沈志昂在1926年12月经过南京时,南京尚被孙传芳控制,所以经过时要警惕。

③ 陈枕石(1876—1959),庄行陈五大队人。1927年陈是奉贤教育局督学。早期共产党员。1928年国民党通缉李主一、陈枕石等。陈将家中共产党方面的书籍资料全部烧毁外逃,之后陈失业、潦倒,精神失常,孤身,1959年亡故,享年83岁。

江，廿九日晨四时到南京。此段本有很好的景致，如金山焦山等名胜，因为在夜里，都没有看见。在南京停泊三小时，下午二时到芜湖，对岸的山也好得多了，江面也很阔，四面望去都是渺渺茫茫的水。初次经过长江的人，那里舍得掉这种好风景呢！而且还有岛屿在江心中。长江的水都浑了，无风无浪滚滚的东去，沙鸥翔空徊徘，天高气爽，确是出门正好的时候。夜九时过大通，卅号晨五到安庆，下午四时到九江①。这段景致比前更好，小孤山，马荡山，牯岭雄壮得很。在战争时，都是军队出没于其间的。这是我笔上难能描写出来的，非自己亲眼看见不足料。近九江有江容兵舰在战争时被我军所烧毁，沉在长江中的。这时青天白日满地红的国旗，满映于我眼中了。在九江有许多军人（□□）赴鄂，久仰革命军人的未见的我，初次看见这般军人，很注意。因为眼之光，都射在军人的身上，而很要和他们亲近，他们也很和善的向我们。我住的一房舱里，也招收一个军人，他是第三军里的副官，同他谈战争时情形，很有味。在船上我们上海到鄂的同志和军人开了一次会，在船上向民众演讲。这时船上都是我们势力，大声高谈革命，不是如在南京时候样子了。夜八时到武穴，卅一号晨四时到黄州，十二时到汉口，即渡江到武昌城，满目都是青天白日及青天白日满地红的旗，墙壁上都贴足标语，满街灯彩，使我快乐得不知如何是好。因为武汉人民庆祝元旦及北伐胜利，国民政府移鄂②，来来往往地军人和人民，都团（聚）一处，没有分别的。

我看见这种军人，心里很羡慕，有许多只十六七岁，他们穿起军装，勇纠纠（起起）地很神气，我还这样长衫马褂，表示落后的态度呢！

---

① 九江：1926 年 11 月 17 日国民革命军占九江。
② 国民政府移鄂：1926 年 10 月 10 日国民革命军占领武昌。12 月国民党中央执行委员会和国民政府自广州迁入武汉，继续进行国民革命。

因为校中还要复试,不能进校,住在旅馆里,和我住在一处者,有五人,不觉寂寞,五号复试。

一号至三日为军民联欢庆祝会,各处都有军民联合开会,表演游艺。武昌人民没有看见过电影的,初次看见动的影戏,他们都奇怪起来了。那人的多,真不得了,起码(各处)有十数万,甚至数十万。晚上提灯,长数里的灯笼,真好看极了。我们也到各处去看,并且一号又看阅兵,生平第一次看见阅兵的,得到无穷的快感。又到汉口及各名胜之地,如黄鹤楼等,都去游过。

汉口一月三号因为中央政治军事学校——就是我的校——学生演讲,英国水兵打死人民,各界都起而反对,现在国民政府竟把汉口的租界收回了。这时国民政府的政绩,已足人民欢迎了。

这次复试的有三千多人,而取的仅一千一百人,那是要考取是难的一件事。国文题"试述民主政治之经济条件并用以判明现在中国状况为何种政治制度"。这题难做,未知怎样做法。而政治党的常识测验,又很难,检查体格很严,无论上身下身,都要脱衣检验。我以为没有希望了,——但是就不取,我决不吃回头草——心里多么发急。九号发榜,想不到上海二百十八人中取九十五人,我也在二十余名之内,侥幸极了。陈枕石因有病,未得录取。现尚未入校,等对笔迹后,即可入校。余言俟入校后再谈。

驹若一月九号

阅读参考

读来信人们不由产生疑问,沈志昂出这门,行色何其仓促,川资行李一无准备，以致如此狼狈。这里需要说明一下。

1926年农历十一月上旬，沈志昂在南桥师范当代课教师。一天从报上看到中央军事政治学校来上海招生，第二天他即去上海，由组织推荐报考，隔了几天回来说试题很深，难以录取。半个月后同学朱文熙来信说初试已录取，还得去武汉复试。信寄到南桥女子小学，再趁叔父沈俊才回家捎回来，耽误了时间。沈志昂收到信已是12月26日（农历十一月廿二日）晚上了，第二天必须到上海。晚上去父亲房间要川资，父亲只有二十元。第二天早上离家，汤瑾送到南桥。到南桥向叔父借，未借到；在南桥留影后，即分别。临行，沈志昂将党证藏在棉皮鞋里，身穿长袍马褂，带怀表一只，钢笔一支，不带行李。12月27日（农历十一月二十三日）晚上，登上去武汉的船。

1月9日的信，欣喜之情溢于词表，除了沿途的新鲜风景外，更重要的原因是复试录取和目睹了武汉的一片革命新气象。复试录取，宣告他从此可以走上日夜向往的革命之路，可以自由展施其才能，实现反帝反封建，解救受苦的劳苦大众的抱负。他从上海到武汉，冲出逼迫他的恶劣环境，到了一个全新的自由天地，大有找到了归宿，"今日得宽余"之感。

北伐的胜利，革命的国民政府迁入武汉，国民革命军人、军队的阅兵，数十万人的庆祝活动，游艺会，租界的回收，对他确实全是新的。他被朝气蓬勃的革命气象深深感动和鼓舞，这似乎预示了他的愿景。他就要脱掉"长衫马褂""穿起新军装"焕然一新，投身于这全新的革命了。这里不无青年的天真和浪漫，却是当时一个刚高中毕业革命青年的初心的真实写照，是沈志昂的一片冰心。

琬瑢：

 分别了有半个月了，这半个月内，那一个个时候不是想着你挂念你，因为①事没有定当，所以不能作半月旅行的报告。

 前头我已二次信给父亲了，谅你也看见过了，当然也很放心我在外面很太平。

 我这次的离别不是如前的样子，远不过百余里，久不过半年，这次远有二三日多里，久还不能说，至少起码三年吗？这次分别当然比前次悲酸得多，我知道离别时双方不舍的情很难过的，所以用快刀斩乱麻式的一概不别而行，免得一个个告别一个个嘱送，增加悲酸的苦情。

 到上海的时候已下午三时了，到各个朋友处告别了一番，等到有时候了廿七号晓口十时上长沙号轮船，这次被推都是文治学校的同学李仲林送的，你看这李君与孔僅十岁多少慷慨川资因为到上海连了一天，领不到，向朱文照借的，但是朱文照也没有钱，于是到朱文照的朋友袁景照处借，可是袁君也没有，这时已廿七号夜九时了，距开船祇有三四个点钟多么着急，袁君也没法想，祇得袁君把自己的马褂脱下来到典当裏了十块钱借给我作旅费，这钱由朱文照还给袁君，我们祇还给朱文照好了，你看朋友多么好，比自族还要好，几曾试问自族裏多少尊长在我没有钱而要用钱的时候肯把自己的被褥送，把马褂脱下来当钱

1.

1927年1月9日来信原件影印

信给我吗？唉，我已看穿所谓亲戚自族那一套是我帮助者都是小人皮气，一个声不肯救人的只好一生一妻死三寸地上做自私自利的争夺祖宗遗传下来一寸一寸家产的人，朋友确是最好的帮助的人！我不知他们晓得这消息，会觉得惭愧不惭愧呢？

我们晓得到武昌很危险的经过南京被孙传芳查到了，一定是晚得不稳的所以把卡片及一切东西都撕了并且还改姓换名，到南京在未过芜湖以前非常慎心小但到了九江是我们的地界了就大张声势,奉倒了到南京到芜湖该有强盗式的兵来检查总放长心了。

廿八日晨三四时开船离开上海,这时我正睡了,直到天明起身已景色大变了,自在繁华的上海而变为清冷的长江了。在舱中很热,差不多可以穿夹的,在船上虽在还不看见熟枕凡我有一个熟悉的人,但是正好同舱的正是也到武昌考学校,起初大家还不敢说出自己的本想,都说到武昌做生意,后经朱文照表哥熙送我下船后入来说吐真相后,大家打在一块同心照顾也不觉得寂寞了。

廿八日上午十一时到通州,下午三时到江阴在此江阴乡的长江很狭,如黄浦差不多,对岸的小山很多可惜在冬天都枯落了,夜十时到镇江,廿九日晨四时到南京,此段很好的景致如金山焦山等名胜因为在夜里都没有看见,在南京停泊三小时下午二时到芜湖对岸

1927年1月9日来信原件影印

的山也好得多了，江面也很阔，四面望去都是渺渺的水。我此次经过的长江江以，那里将得找这种好风景呢。而且还有岛屿在江心中。长江的水都混浊而且很深浊的。东南沙鸥翔集的相徘。天高气爽，确是出门正好的时候。夜九时起大锚，卅号晨五到安庆，下午四时到九江。这段景致比前更好，小孤山与盘山特殊雄壮得很。在战争时都是军队出战於其间的，这是我笔上难能描写出来的，非自己亲眼看见不足料。近九江江容兵舰在战争时被我军所烧毁沉在长江中的，这时青天白日满地红的国旗满映于我眼中了。在九江有许多军人——总是都久仰革命军人的未见的，我初次看见这般军人，很注意两眼总是都射在军人的身上而很要和他们亲近。他们也很和善的问我们。我住的一房舱内他佔挍一个军人，他是第三军里的副官。同他谈战争情形很有味。在船上我们上遇到鄂的同志和军人闹了一次会，在船上向民众演讲。这时船上都是我们势力，大声高谈阔论，不异如在南京时候样子。夜八时到武穴，卅一号晨四时到黄州，十二时到汉口即渡江到武昌城。满目都是青天白日及青天白日满地红的旗，墙壁上都贴足标语，满街灯彩，使我快乐不知如何是好。因为武汉人民庆祝元旦及北战胜利国民政府移鄂挂来。此军人和人民都团圆，说有言到的。

我看见这种军人心里很羡慕，有许多只十六七岁，他们穿起军

1927年1月9日来信原件影印

装身纠纠地很神气的我还怎样长於马褂表示清教徒的态度呢。

因为校中还要复试不能进校，住在旅馆裏和我住在一廒者有五人不觉就买些步候试。

一号至三日届军民联欢庆祝会各处都有军民聚会闹会表续游艺武昌人民没有看见电影的初次观劲的影戏他们都奇怪起来了那人东多真不得了起码各处有十数高丈上数十高丈以上挂灯，长数丈的旌旗真好看极了我们也到各处去看並且一步又有看阅兵，生平第一次看见阅兵的得到莫大的快感又到汉口及各名胜之地如黄鹤楼都去遊过。

汉口一月三号国焘中央政治军事学校—就是我的校—告去演讲英国水兵打死人民各号都起而反对现在国民政府竟把汉口的租界收回了是美国民政府的政绩已受人民欢迎了。

这次复试的有三千多人而取的仅一千一的人思想要考取是难的一件事国文题「试述民主政治经济条件並用以判明现在中国状况为何种政治制度」这题难做不知怎样述西既始党的常识测验又很难，检查体格很严无论上身下身都要脱衣检验我当为没有希望了一次失败不败我决不吃回头草一心求多廊荒危。九号发榜想不到上海二百十八人中取九十里八我也二十几。名之的尤幸极了惟我因有病未能录取现内未入校等对举绩终于予入格。馀言候到校约再谈。   霜荒月九号

1927年1月9日来信原件影印

1927 年 1 月 29 日上午

父母亲大人膝下敬禀者在此光阴易度之中，计离

　　福体已有月余矣。男恐

大人悬念之殷，在上海及到武昌后，即递上两禀。九日得录取消息，

　　又致函玩珍，而今已二十余日未见

　　训谕，深疑前信皆未收到，复如昔往太仓之忧①以愁

　　福颜。现在，男已进校，身体甚健，望勿挂念。校中情形尚未详悉，

　　武汉状况前已略陈苟

大人欲知详情在此不能述矣。陈君枕石因病已返，往询可也。古历月之初八

　　日为我姊②文定③，未知刘家④如何情形。冠群爱群⑤具是孩提，玩珍日

　　常有家务之累，安能周致，况玩珍尚欲攻书以备将来之需用，望

大人时时护之教之。吾弟妹正可培植，毋以目前经济困难误其终身也。虽

　　现若有二树之萌⑥，恐将来

大人之终也惟有我弟而已，深望对于吾弟更宜爱之。男之投身于革命，非个

---

① 太仓之忧：未详。
② 我姊：指沈志昂之姊，沈亚雄。
③ 文定：旧时订婚称文定。
④ 刘家：沈亚雄的婆家，柘林刘振民家。
⑤ 爱群：沈志昂之女沈爱群，1926 年农历九月初七日生。1942 年 11 月病故。
⑥ 二树之萌：指父亲生二子，沈志昂和其弟沈志杨。

人之升官发财,实鉴于人民之受痛苦而谋其解放也,虽牺牲,于心亦愿也。

尚有万言俟后一一细禀,家中如何?乡村政治如何?望时赐知,肃此敬请。

福安

来信请寄武昌中央军事政治学校

男沈志昂谨禀一月廿九日

阅读参考

考入中央军校,成了职业军人。此去经年,作为长子,对家庭成员处置必有所思考。但在长者面前又不能过多絮叨,只能略陈己见。信写得十分得体,有关的整段文字只有两百字左右,然而很全面。行文谨慎,字斟句酌,要言不烦。对玩璆要体谅,"护之教之""弟妹正可培植",对年幼弟弟深望爱之。关于自己"实鉴于人民之受痛苦而谋其解放也,虽牺牲,于心亦愿也"。字里行间,殷殷之意,十分感人。

此信用文言文写,所以不加标点。标点是编辑所加。

黄埔军校简介

中国国民党陆军军官学校创立于 1924 年,6 月 16 日正式开学典礼,孙中山宣布训词。因校址在广州黄埔,故又称黄埔军校。校长蒋介石,廖仲恺党代表,叶剑英为教练部主任,周恩来为政治部主任。这所学校是孙中山在苏联协助下建成的。初期的军事课程由苏联顾问负责指导,采用苏联和当时最新的军事理论、军事技术。根据当时迫切需要制定教学内容。政治教育是黄埔军校不同于过去任何军校之处。具体的内容包括有三民主义，党史，经济学概论，政治学概论。迁至武汉后又增加总理学说、宣传技术、各国革命史、工人运动、农民运动、青年运动等课程。

1926年10月北伐军攻占武汉后，蒋介石派邓演达为主任委员筹备武汉分校，将黄埔第五期政治科学员迁往武昌，并向全国招生，有男女生6 000余人。1926年12月初，第五期政治大队、炮兵科、工兵科学生教员器材迁到武汉。此时成立政治讲演班，男女生1 200余名。1927年2月邓演达为分校校长，顾孟余为党代表，张治中为训练部长、学生党代表。（1926年12月初迁入广州政治科500人。1927年1月炮兵科800多人，工兵科400人。）1927年1月19日，命名为中央军事政治学校（黄埔军校）武汉分校。1927年2月12日开学大典，宋庆龄、孙科、董必武出席。2月14日正式上课，录取男生986人，女生195人。先称入伍生，后成为黄埔六期正式学员。全校有男女生6 000余人。

5月17日正式命名为中央军事政治学校，取消分校名称。1926年10月27日，国民党中央决定在两湖书院旧地址设政治训练班，后改为中央军事政治学校政治科。将黄埔五期政治科学员移至武昌就读。

夏斗寅叛变，其军逼近武昌时，军校学生于5月8日奉命改编为中央独立师，女生也编为救护队宣传队，开赴前线，配合叶挺部队击溃叛军。接着独立师又西征杨森叛军，解除了武汉威胁。6月30日汪精卫下令撤销中央独立师建制。7月15日，汪精卫公开宣布分共，黄埔五期被迫毕业离校，一部分参加当地工作，一部分入贺龙叶挺部队。

中央军校，是第一次国共合作的产物，名义上是中国国民党中央创办，实际上是中国共产党掌握的一支武装力量，在北伐革命、维护党权运动、讨蒋斗争中均发挥了重要作用。

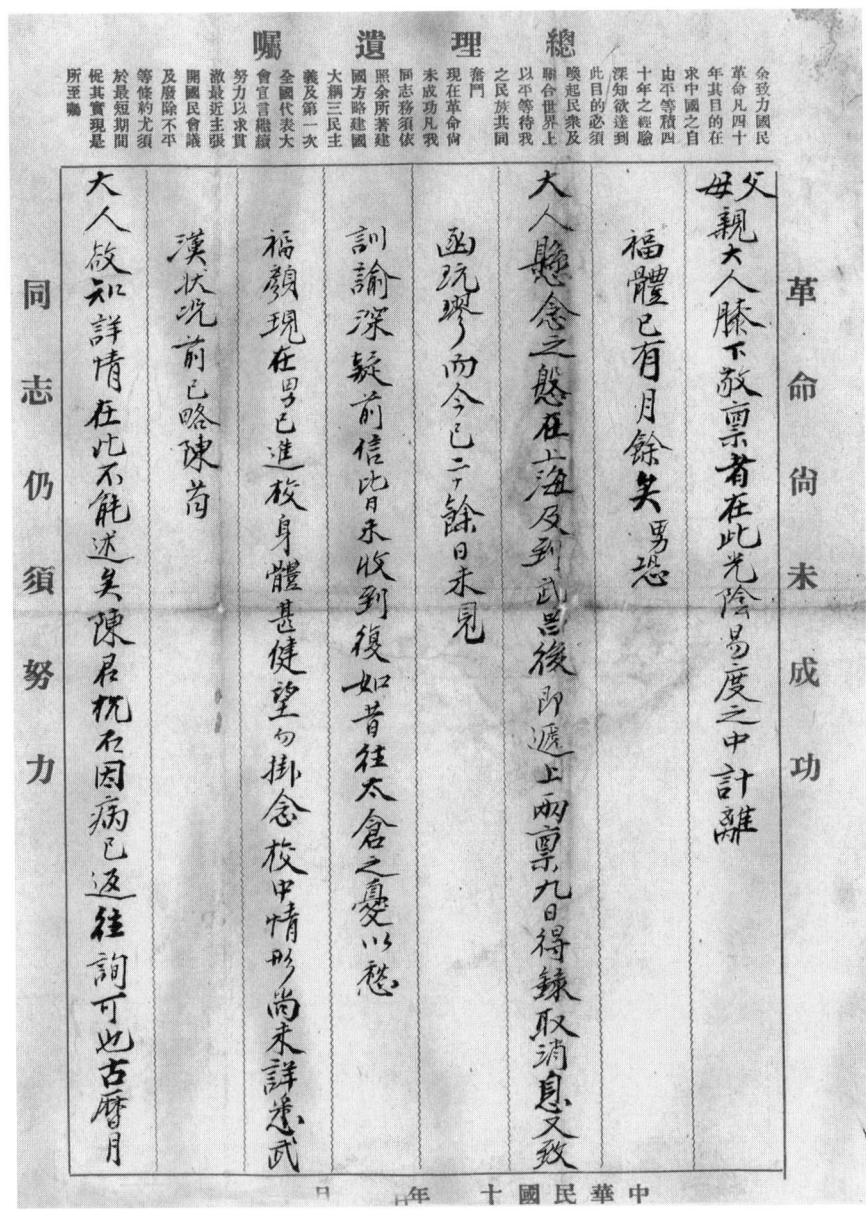

1927年1月29日上午来信原件影印

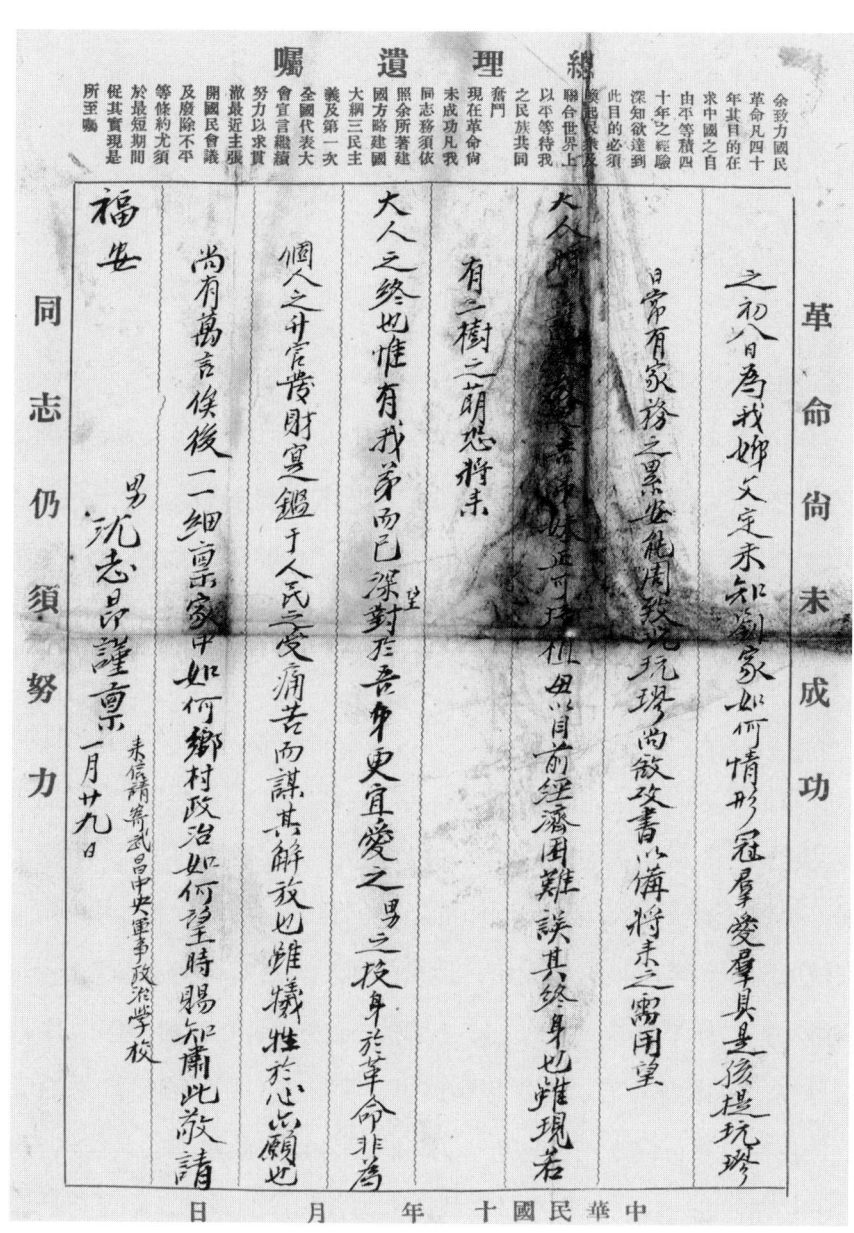

1927年1月29日上午来信原件影印

1927年1月29日下午（农历十二月廿六）

我最爱的玩璆姊姊：

这封信我本来不应该写，因为我今天上午才写信给父亲，我的话暂作一段落。现在要睡觉了，忽然想起你已哭过几次了，我的心弦，顿时激动得十二分的厉害，几乎把我枯涸的泪流出来。但是做革命的，只有流血，没有流泪的。我那能在革命潮流高涨的地方，流一滴泪呢！鼓起我的勇敢，忘记睡觉的需要，和你谈几句心头话罢。

亲爱的玩璆，年年的新年，无论你已嫁和未嫁，我总在家庭中叙天伦之乐。但是这次的新年，相隔数千里之外，和所（素）不相识的人，冷清清地度过罢。非但这次的新年如此，以后还要如此；不知那个时候才破镜重圆，和你过愉快的新年呢！阳历的新年已过去，阴历的新年要到了，看他家他房的和和闲闲地这样愉快，但是你呢？只是对镜空双的吗？你不觉要心酸吗？！你不觉得要哭了吗！？我从前短时期的离别，你尚且要哭，这次谅你一定还要加倍了？我想到这里，那能安心呢？唉！亲爱的玩璆，这不是我有心辜负你，我的思想行为，也是环境逼我出来的。虽然我现在很对不起你，进一步讲，也不是在我；因为我和你的婚姻，不是自己订的，是父母强迫成的。苟其你不和我成婚姻，你决不会有如是的打击。再若不早婚，也不是有这样的不自由，以至你进退两难；但是这事，又不是我俩作主的，是强迫的，我俩具是做旧礼教下之牺牲者！我俩的仇是那个呢？

玩璆，我是很对不起你，我是不负了冠群爱群之职（责），向外边跑了。你有了这二个小孩，要跑终跑不掉；两只脚被细绳缚着。但是这绳的来由是那个缚的呢？最爱的玩璆，你是一个无父无母无兄无弟①的孤零的人！你的姊妹都已分散了。现在你的我又向外跑去了，你的情向那个怀中依托呢？如此小的孩子，那里知道！唉！玩璆，你虽然现在尚未寡，其实际上甚寡孀。寡者尚自由些，还可向娘家跑，你向那里跑呢！你的自由呢！

我现在不说苦楚了，多说徒然罢了！要说以后事实。我决不马上可回来了，你这样的寂寞，请你叫玖妹在假期中常住在你一块。她又可温习功课，又可领领冠群爱群，帮助你的工作，并且你要督促玖妹用心读书，苟其她有幸福。我不死，我总帮助她成功。你不要灰心，请你对于学问还是要比什么要重要，以后的机会很多的。我在外非常自爱，因为我晓得我死后你怎样呢？！我十二分重以生死；万一我实在短命而薄命死了，我为革命而牺牲，为公众谋幸福而牺牲，虽死亦荣，于心亦愿。你苟其实爱我，不应为我而哀悼，该继我而起，并教二孩亦继我志，我死甚乐。自后你要决定再嫁，不可守孀；苟守寡而使你受累，这是不是你爱我了。冠群属你姓，爱群属我姓。这是以后的事。玩璆，将来革命成功之后，我们决不会有此痛苦了。我们苟求除痛苦，非革命不可。再讲一句，我们革命，也为自己谋幸福而革命。亲爱的玩璆，你的姊②嫁的乡下守财奴，你是嫁的革命青年，我现在问一句：嫁于那乡下的守财奴好呢？嫁于革命的青年好？你

---

① 无父无母无兄无弟：指汤瑾12岁丧父，18岁丧母，16岁时哥哥汤爻病逝。两姊姊，一姊姊静希，从小被亲戚领养，另一个即汤瑜。一个妹妹汤瑅在母逝世时16岁，即去已订婚的漕泾周家，堂姑妈家做媳妇。另一最小的妹妹，汤瑛，即玖妹在南桥小学读书。

② 姊：指汤瑾姊，汤瑜，嫁给漅缺周姓地主人家。

愿意嫁那一种人？

　　这一次为我最草率的写给你的信，但是言语都是实在的。我远望你自爱，远望你自爱！现在没有什么话了。以后再谈，恭祝你康健！进步！

你时时不忘的志昂于十二月廿六夜十二时（农历）

以后来信请寄武昌中央军事政治学校（字要写来好的（点））

阅读参考

　　每逢佳节倍思亲。

　　在这国人最大的节日来临之际，汤瑾料到不能和丈夫团聚，这是第一次而况丈夫又远在千里之外，自然倍感凄凉，不免多次哭泣。心有灵犀，沈志昂夜不能寐，灯下走笔，给予同情、宽慰，并致歉疚，接着"要说以后事实"。

　　春节，要请玖妹来陪伴。对于玖妹，他始终关怀备至。因为不仅是姊妹，更重要的是被封建礼教、宗族欺凌的弱者，所以他说"我不死，我总帮助她成功"，事实上也真是这样做了。接着说到自己，因有家庭责任，会非常自爱，不必担忧。但毕竟是军人，不讳言牺牲，一旦牺牲，在我"虽死亦荣，于心亦愿"，你也要继我而起。在对汤瑾和两个孩子的处置中，我们看到了他维护女权，尊重女性人格，在儿女姓跟随谁等方面其思想观念十分开明先进，难能可贵。

　　上下午两封信，一封信给父母，一封信给汤瑾，都谈到了家事处置，是一个革命者的情怀，沉挚中含有几分悲壮。

我最爱的玩琴妹：

这封信我本来不应该写，因为我今天上午才写信给父亲，我的话暂作一段落。现在要睡觉了，忽然想起你已哭过几次了，我的心弦顿时激动得十二分的厉害，几乎把我枯涸的泪流出来。但是微革命的心有流血没有流泪的我，那能在革命潮流高涨的地方流一滴泪呢，鼓起我的勇敢忘记睡觉的需要，和你谈几句心话罢。

亲爱的玩琴，今年的新年，无论你已嫁和未嫁，我总在家庭中叙天伦之乐。但是这次的新年相隔数断之外，和而不相谛的人不清的度过罢。然仕这次的新年她以後還要如此，不知那個時候才破鏡重圓，和你過愉快的新年呢！陽曆的新年已過去，陰曆的新年要到了看他家他守的和。開。地這樣愉快，但是你尖是對鏡空嘆的嗎？你不覺要心酸嗎？你不覺要笑了嗎？我想到這裏那能甚心呢。嗟！的離別，你尚且要哭，這次諒你一定還要加倍加，我從前短時期親愛的玩瑧，這不是我有心辜負你，我的思想行為也是環境逼我出來的雖熟我現在很對不起你，也不是在我育因為我和你的婚姻不是自己訂的是父母強迫成的，苟其你不和我成婚姻你決不會有如是的打擊，再尚若不早婚也不是有這樣的不自由以至你進退兩難，但是這事又不是我倆作主的是在

1927年1月29日下午（农历十二月廿六）来信原件影印

道的，我俩具是做着的礼教下之牺牲者，我俩的坑是在那個呢。

玩琑了，我是很对不起你，我是不负了冠厚慶厚之职，向外边跑了，你有了这个孩。要跑也不掉，两只脚被细绳缚着，但是这继续的来由是那分缚的呢，最爱的玩琑你是这个無父無母無兄無弟的孤零的人，我的姊妹都已分散了，现在你的我又向外跑去，唉！玩琑，你虽然，现在尚未离其堂你的情向那個懷中依托呢，如此小的孩子那里知道回向那里跑呢，往向那里跑呢，你如有自由

除止甚离嬬。离者尚自由些罢。

我现在不说著楚了，多说徒然罢了，要说此後事实，我決不马上可回来了你这样的。

寂寞，清东叶狄如妹无在假期中常住你一块，他又可温习功课，又可领：冠厚慶厚勤中助你

你曾作，并且你要督促玖妹同心读书，当其她有幸福我不死，我总帮助她成功，你不要灰心请你对于学问还是要心什么要重要，心好的机会很多的，我在外非常自爱，因为我晓得我死得你怎样呢，我十分重以生死，万一我实在短命而薄命死了，我为革命而牺牲，为公家谋幸福而牺牲，死点荣于心不愧，你苟其实爱我，不应为我而哀悼，继我而起，益教二孩达继我志我死甚乐，自后你决定再嫁不可守孀，苟守孀为以促你爱景这是不是你爱我了，冠屠属你姓爱，屠属我姓，这以后的事玩笑，将来革命成功之后我们决不会有此痛苦了，我们苟衣除病苦外，革命不可再讲，问我们革命也为自己谋幸福而革命。亲爱的玩保你婚嫁的卿守财以你是嫁的卓命青年，我现在闲了，有嫁子卿

1927年1月29日下午（农历十二月廿六）来信原件影印

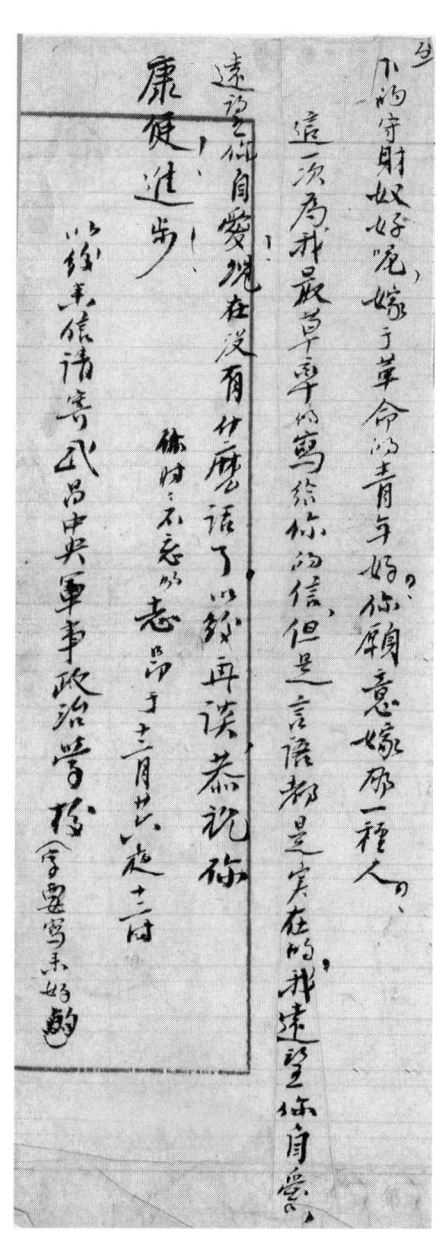

1927年1月29日下午（农历十二月廿六）来信原件影印

1927年2月7日

亲爱的玩璆：

请你不要念我了。别离人生当然有的。不过我们没有长路长时的离别，所以这次的别离□□无比痛苦了。其实我们总是在压迫之下，牺牲之中，别离□□如此，不离别也是如此。在这恶社会为改革成功之前，没有幸福可言。我也不是因恶社会的压迫，而把我一生幸福情愿牺牲。在我可能之中，把我的幸福夺回转来。要夺回幸福，就要打破恶社会，建设新社会。这种手段就是革命。所以革命是我们唯一的生路。

你所受的压迫，当然比我更厉害，你的革命性，照理也该比我强。但是事实方面，因为压迫太厉害，不容易反抗，这是你没有革命表示，也是一个（□□）过你要觉悟，不要因为压迫厉害没有希望而消极了。苟其确是消极，而愿把自己的幸福牺牲了，那没有法救。你看上海地方，英帝国主义和孙传芳压迫得很厉害，而罢工的风潮闹得愈厉害，甚至钮铁生①暗中联络军队，工人，学生，店员，党员，在战争戒严之中，举行暴动，上海独立，归在青

---

① 钮铁生（1870—1965），名永建，字惕生，又作铁生。上海马桥人，近代资产阶级革命家。清末举人，后留学德国陆军大学。1905年参加同盟会，1926年任北伐军总参议和中央特派员潜入上海，配合北伐革命军。北伐期间，上海工人在共产党领导下发起三次武装起义：第一次在1926年10月23日，第二次在1927年2月21日，一、二次均失败，第三次在3月21日，起义成功。三次起义钮永建都参加了。

天白日旗帜之下。这已证明凡事只要努力去做，成功是不难的。

在资本制度压迫之下，如玐妹这般穷苦，本来没有读书可言。但是我们良心冲动，帮助她在万难之中，跳出了虎阱，送她入校。今年暑假论理要毕业了，毕业以后怎样呢？升学吗？金钱，停止吗？可以，但是我为了同老学究①——你的姑夫黄承轩——赌气，并且要打破这资本制度的社会，张（长）我们的气，不能够使她停止。要帮助，一定要帮助到底。一定要她再升学。以我的主见，毕业后考四只学校松江七县女师，上海第二师范，及务本女子中学，苏州第二女子师范。这几校也并不好，因为价钱比较便宜些，半年至多六十元。这费呢？除自己每年有四五十元②外，我已托朱文熙向教育局去借。倘使你有钱给她，那最好。等我一年后毕业了，一切都由我想法负责。总要使它成功为止。在这半年内，你千万叮嘱她要用功进步，张（长）自己的气。

我的话在这里作一结束。以后再说。祝你
前程光明！

沈志昂于二七纪念日③下午五时

阅读参考

黄承轩是汤瑾、汤瑛的姑夫，家在法华关帝庙，离汤家很近，是当地

---

① 老学究：旧时指迂腐死守封建礼节不通世事的浅薄的读书人。

② 四五十元：指八亩田的租米收入。汤瑛母逝世前分给两最小女儿汤瑛（12岁）、汤瑅（16岁）各八亩土地，后陆续将八亩田卖去，维持汤瑛读书至松江七县女师毕业。

③ 二七纪念日：1923年2月1日，京汉铁路各站工会代表在郑州召开总工会成立大会。吴佩孚派军警阻扰。总工会组织全路2万工人大罢工。2月4日，罢工开始，全线瘫痪。2月7日，曹锟、吴佩孚进行血腥镇压。江岸分会委员长共产党员林祥谦和总工会法律顾问施洋惨遭杀害。

乡绅。汤瑛父母双亡时，仅十二三岁。黄知她有八亩土地，又年幼无知，可任其摆布，企图诱骗她做童养媳，配给他小儿子。这举动正触犯了沈志昂深恶痛绝的封建礼教迫害妇女的敏感神经，怒不可遏，竭力主张玖妹读书，跳出陷阱。"不要落他笑口里"（见 1927 年 4 月 6 日信）。沈志昂对玖妹升学十分关心，除了在给汤瑾的信中反复叮咛外，还不止一次写信（参阅 1927 年 4 月 6 日给玖妹的信）给她，一直到牺牲前最后一封来信还在询问玖妹读书费用。对弱者的关爱，令读者感动不已。

亲爱的玩嘢：

请你不要念我了，别离人生当然有的，不过我们长路长时的离别那以这次的别离算苦了。其实是我们总是在压迫之下牺牲之中别离，如此不离别也是如此。在这恶社会未改革成功之前没有幸福可言，我也不是因恶社会的压迫而把我一生幸福情愿牺牲。在我可能之中把我的幸福拿回抢来，要拿回幸福就要打破恶社会建设新社会，这种手段就是革命，所以革命是我们唯一的生路。

1927年2月7日来信原件影印

你所受的压迫当然比我更厉害,你的革命性照理也该如此,但是事实是方面因为压迫太厉害不容易反抗,这是你没有革命表示的是一个真理。你要觉悟,还要因为压迫厉害没有希望而消极,苟其确是消极而愿把自己的幸福牺牲了,那没有话说。你看上海地方受帝国主义秘密压迫得很厉害,而罢工的风潮闹得愈厉害甚至钢铁生腊中联络军队工人学生店员党员在战争戒严之中举行暴动,上海独立归在青天白日旗帜之下,这已证明凡事祇要努力去做成功是不難的。

在資本制度壓迫之下，她八妹這般窮苦本來沒有讀書可言，但是我們良心衝動，昂功她在萬難之中挑出了處附送她入校，今年暑假論理要畢業了，畢業以後怎樣呢？升學嗎金錢停止嗎？可以但是我為了同老學究一怕她失黃永祚——賭氣並且要打破這資本制度的社會張我們的氣不能夠使她停止，要幫助一定要幫助底，一定要她再升學。我的主見畢業後考四隻學校江七縣女師上海等

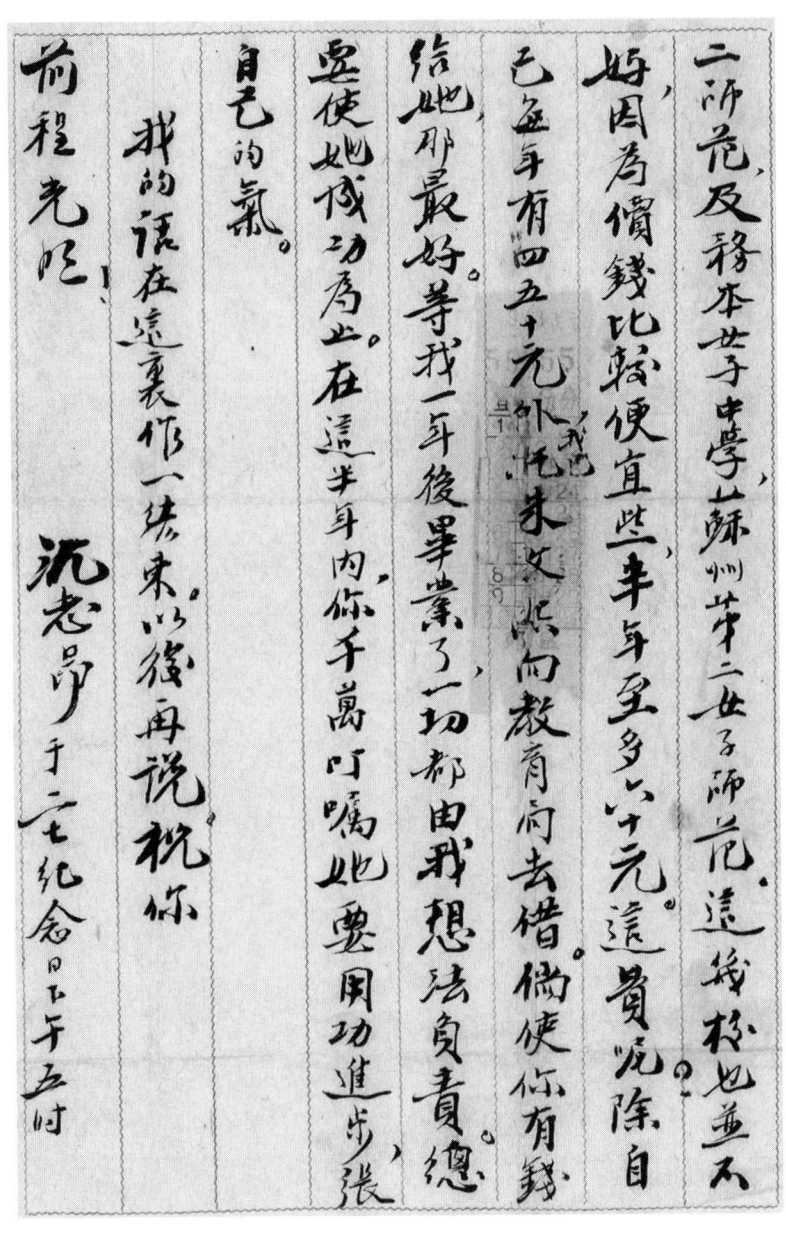

1927年2月7日来信原件影印

1927年3月19日（农历二月十六）

亲爱的玩璆姊姊：

今天接到你的信，使我孤零□□安慰者。我不知你怎么客气起来，称我"驹若先生"了。而最后又说"我要努力"；那你已明白革命是最重要的，也知道应该努力了，我怎敢不努力呢！我深深领受你的祝。

我接到你的信时，我的心灵已紧张起来，跳动起来，总是又是悲观的信，滴滴眼泪的字句；我千万想不到，这次的信，已改变态度，是乐观的信了；那是我何等快慰呢！希望你永久如是。

我总觉得要和你讲的话说不尽的多；但是零零碎碎不知从何处说起。我总是因心绪的关系，时间的关系，纸张的关系，不知道那一句是重要，那一句不重要，胡乱的随便写过去。

我总认你有进步的；在乡下不是一个忠实呆徒了。这次信已比从前的思想进步得多。我希望你要切实的研究。你的将来生活，决不是在农村中间的，不要因目前的环境，抛弃你将来的生活。祝你进步！进步！

玖妹读书问题，我已在前信上详细说过了，现在不再说了。不知这信有没有收到。——附在给弟弟的信里——朱文熙和徐史云的事，我已晓得了，当前朱文熙的信说"姓徐"了，我已料到他所以不肯到武昌来，必定有原因①，而今竟和第十校正式发生密切关系，这事我认为极满意的；正是同你所讲的话一样。我也勉励我俩自身恋爱的程度再增高起来，巩固起来，将来也成和乐的恋爱的新家庭！

我现在怕什么？我还受什么威权压制？我现在对于本乡平素不满意的人，而在那时未曾出气的，我要一个一个痛骂转来，出我平素所积的气。无论他们怎样反对我，我总受不到他们的压迫；将来归来，也决不会受他们的压迫，而且要把他们打倒得一个一个不留存。现在尽他们去反对罢。

现在完全是军队生活，比在家里生活不同。怎样穿衣服，怎样吃饭，怎样睡觉，怎样坐立，都要如小孩般从新学起。无论做什么，都大家一齐的。上操上课当然排班，就是吃饭或吃好饭睡觉，也要排班，立正，向右看齐，报数，所以这种生活，真有趣，你们苟其看见了一定要笑的。校内有二三百女生，她们的服装生活训练和男生完全一样的，不过袖上多一条红边，所以在生人看来分不出是男是女。我们起身差不多是在天未亮前都起身了，这种好习惯，我未有过的。奇怪，我的身体很强健了，每次食量，增加至四碗或五碗了，差不多要比你们一天之食了。

反动的讨赤军阀孙传芳张宗昌，他们很反对女子剪发的。在上海南京等各处剪发的女子，很危险的。在南昌尝（曾）杀了不少剪发的女学生，以为"男子穿西装，女子剪发，有犯赤化嫌疑"。可笑不可笑！你在乡间，受到这危险吗？祝你进步！

沈志昂　二月十六晨

---

① 据汤瑾口述，原朱文熙和沈志昂相约同报考同去武昌。后朱因徐史云关系，决定不去武昌。

阅读参考

沈志昂最欣慰的是汤瑾终于明白革命是最重要的，知道自己要努力了，"在乡下不是一个忠实呆徒了"。汤瑾这种喜人的进步除了平时沈志昂给予的教育启发外，这次沈志昂考入中央军校对她是一个很大的鼓舞。中央军校是第一次国共合作的产物，在当时是最进步的、威信最高的学校，湖北湖南广东的女学生找男朋友也以军校学生为首选。

沈志昂进入军校之后，也欢欣鼓舞。"我现在怕什么？我还受什么威权的压制？"经过一连串的挫折之后，他深知"我的力量有限的"。他不再是散兵游勇了，他要复仇雪恨，"要把他们打倒得一个一个不留存"。这些人未必是有私仇，因为他们是旧社会压迫人民的走狗帮凶。

全新的军队生活开始了，很新鲜，很满意，食量大增。他要从头学起。

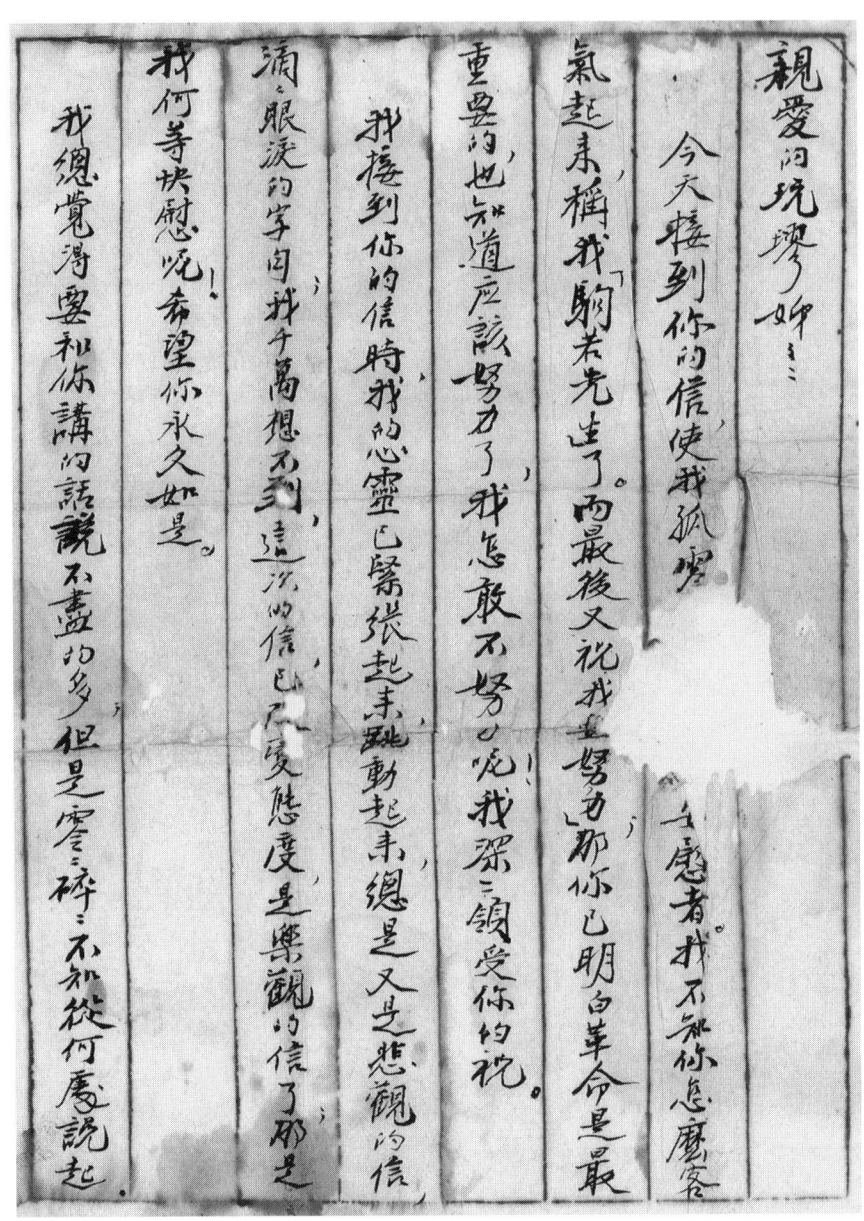

1927年3月19日（农历二月十六）来信原件影印

我总是因心绪的关系，时间的关系，纸张的关系，不知那一句是重要那一句不重要，随便的便写过去。

我总认你有进步的，在乡下不是一个忠实的果徒了，这次信已比从前的思想进步得多，我希望有你要切实的研究你的将来生活决不是在农村中间的，不要因目前的环境抛弃你将来的生活。祝你进步进步！

玖妹读书问题，我已在前信上详细说过了，现在不再说了。不知这信有没有收到。——附在苹：的信里——朱文熙和徐文云的事我已晓得了，当前朱文熙的信说，姓徐的，我已料到他所以不肯到武昌来必定和苹十校正式发生恋爱的原因而今竟

1927年3月19日（农历二月十六）来信原件影印

一切关系，这事我认为极满意的，正是同你所讲的话一样，我也勉励我俩自身恋爱的程度再增高起来，固起来将来也成利[?]不[?]的恋爱的新家庭。

我现在怕什么，威权压制我现在对于本乡平素不满意的人，而在那时未曾出气的，非要一个一个痛骂非出我平素所积的气，无论他们怎样反对我，我总受不到他们的压迫，将来归来也决不会受他们的压迫，而且要把他们打倒一下下不留[?]现在任他们去反对罢。

现在完全是军队生活，比在家里生活不同，怎样穿衣服，怎样吃饭，怎样睡觉，怎样坐立都要如小孩子般从新学起，无论做什么都大家一齐的，上操上课当然排班就是吃

饭或吃好饭睡觉也要排班立正向后看看报数，所以这种生活真有趣，你们能见其趣一

定要笑的校内有三百女生，她们的服装生活动作完全一样的，不过袖上多一条红边，所以在生人看来分不出是男是女。我们起身差不多在天未亮前都起身了，这种好习惯我未有过的，奇怪我的身体很强健了，每次食量增加至四碗或五碗了，差不多要比你们一天之食了。

反动的讨青军阀孙传芳张宗昌他们很反对女子剪发的，在上海南京寺各属，剪发的女子很危险的，南昌曾杀了不少剪发的女学生，以为男子穿西装女子剪发，有犯赤化嫌疑，可笑之乎笑，你在乡间受到这危险吗？祝你进步 沈志昂 二月十六晨

1927 年 4 月 4 日（农历三月初三）

亲爱的玩璆姊姊：

在春光烟妍的时候，身体上当然很爽快。我们天天在操场上操练，觉得我们的热度已经到夏天了。我们现在正在加紧操练，准备到前线去。现在第二次北伐誓师①已定四月五日举行。你看我们工作怎样近？我们的操练怎么不加紧呢。在这次北伐，我们已预料我们一定是胜利的。在第一次北伐②时，我们的军队仅七八万，而把所称常胜将的吴佩孚十七八万兵，打得落花流水。再接攻江西福建，那一处不是我们胜利的。最近攻浙江安徽江苏，孙

---

① 第二次北伐：近代史上第二次北伐一般指 1928 年 4 月 7 日蒋介石在徐州宣誓北伐。蒋联合冯玉祥、阎锡山、李宗仁对奉系作战，击败张宗昌后，张作霖被迫撤至东北，6 月 4 日张作霖被日军炸死于皇姑屯。第二次北伐时沈志昂烈士已牺牲，不可能知道有第二次北伐。拟这里所指是第一次北伐的第二阶段。当时他这样理解，或许当时大多数人这样理解，也是合情合理的。

② 第一次北伐：第一次国共合作期间进行的国内革命战争，其目的是打倒以军阀为首要的国内一切帝国之工具，实行全国统一。1926 年 7 月 4 日广州国民党中央临时全体会议通过《国民革命军北伐宣言》，7 月 9 日蒋介石就职国民革命军总司令誓师北伐。兵分三路，一是以唐生智为北伐前敌总指挥率国民革命军入湘，针对吴佩孚作战。在共产党积极支持配合下，势如破竹，经汀泗桥、贺胜桥两次激战，吴主力基本击溃。10 月 10 日，攻克武昌。12 月，以汪精卫为首的国民党党中央和国民政府迁都武汉。二是攻取江西，主要打击孙传芳部。11 月 8 日占南昌。1927 年 1 月上旬进军浙江，2 月 8 日占杭州，2 月底基本肃清浙江孙部，继而会攻南京上海。3 月上旬攻淞沪。3 月 21 日周恩来等领导的上海工人举行第三次武装起义，激战 30 多小时占领上海。3 月 22 日第一军始入上海。三是第一军在军长何应钦率领下，由广东出兵福建。12 月 9 日占福州，继向浙江进军。1927 年 2 月底占浙江全省，进军江苏上海。3 月 24 日，占领南京。4 月 12 日，蒋介石发动反革命政变后，武汉国民政府即下令开除蒋介石党籍，解除其本兼职务，予以通缉；4 月 17 日，蒋在南京另立南京国民政府与保持国共合作的武汉国民政府对峙。南京政府继续清党，下令通缉二百名共产党员。史称宁汉分裂。北伐战争第一阶段结束。宁汉分裂后各自为战。奉系张作霖派兵进入河南威胁武汉。武汉方面以唐生智为总指挥，进军河南，击败奉军主力。6 月 1 日与冯玉祥部会师郑州。孙传芳不甘失败，与张宗昌组成直鲁联军反攻南京。南京政府组织北伐，入山东，消灭张孙残部。

传芳本来不成问题。而初出马的狗肉将军张宗昌；在我们军队来到杭州时，我早已对父亲说过，我们必将胜利的，而竟现在上海苏州常州南京接连的攻下来，狗肉将军张宗昌的军队一败涂地，连逃都少了两只脚。我们国民革命军的力量，早已震吓了红胡子张作霖了。并且现在国民革命军的军队，由八军而增至四十一军，虽然其中有腐败分子，但是兵力总已加多了。现在西北革命军冯玉祥的军队，有十余万，已完全成为国民党的国民革命军了，由陕西进到河南了。河南的靳云鹗魏益三已脱离了吴佩孚，投诚我们了；在河南黄河一带与奉军于珍部接触，已由克复郑州进驻开封，极占优势。山西阎锡山亦与我军合作，出兵娘子关，进石家庄了。张宗昌新败，精锐丧尽。在江苏程潜镇守，何应钦部队调往前敌，由南京扬州到清江浦。安徽陈调元王普军队已与第七军李宗仁部协作，进克蚌埠，将会师于徐州。由此看来，势如破竹的国民革命军，这次北伐，区区红胡子张作霖安能不倒？安有不败？他虽背后有日本帝国主义，英国帝国主义等，但是这英日帝国主义国内的劳动阶级，十二万分热烈反对干涉中国。而且我们有农民，工人，学生，小商人，本党员①的暗中帮助，到处可随时暴发，到处可致军阀的命。我们干部的军队，只以第四军第八军第十一军第三十五军第三十六军约十万人左右就够了。我们的兵士一个，可当军阀的兵士十个。我们在第一次北伐的军费，总共只用了二千多万。张作霖虽用尽其平生能力，结果终是归到坟墓里去罢。红胡子的命，我为他算就在目前了。

在两星期前，我曾有一封廿一张的长信，夹在画报里面寄给父亲，不知收到吗？这封长信重要的是经济问题。父亲以难民吃閧饭②费几十钱，就以

---

① 本党员：应指共产党员，其时沈志昂已是共产党员。
② 吃閧（hòng）饭："閧"是"哄"的异体字。旧时遇荒灾，灾区贫民组织一部分人逃至无灾地区，要求救济。

为可恶了。但是细细想,一些(点)不恶;并且很可敬。因为他们受资产阶级的压迫,不知多少时了。而现到穷无饭吃时候,没有杀人放火,只吃閧饭,是很文明的。不是像资产阶级的凶恶,用杀人不用刀的手段,杀死不知几万兆的贫民。就是象(像)我们家里大家都不劳动的,不生产的,就是生产劳动,那里及到贫苦的农工呢。而我们的吃穿住,总比如松公,品生哥哥①为好。这些以所能好的钱,既不劳苦,是那里来的呢?而他们天天做工,反而常常没有钱的。什么道理呢?就是我们来的钱,是从他们身上剥下来的,他们所以没有钱,其实他们应该有钱的,因为他们的钱,被我们夺去了。所以他们没有钱了。你看究竟是那一个更可恶?是资产阶级呢?是无产阶级?

我记得在长信来后,谈起蒋介石的事。现在我较为详细谈一谈。蒋介石从前很革命的,对于革命工作上,确是做了不少,所以我们极力拥护他。但是他有一个极大的缺点,就在封建时代的"英雄思想"。脑筋比较旧的人,以为英雄是很好的,但是在现代的二十世纪中,已不允许这种思想了。他以为追随中山先生二十余年,承中山先生甚为重视,自视为总理(这是国民党的口语,因为中山先生是国民党的总理,故凡党员都尊称(他)为总理。)的唯一信徒。自认为很革命的。他在北伐中做总司令,虽是功劳是不小的,但是,他因此党内的权都要操到他一人手里。要党服从他,他不服从党。于是他以总司令名义滥用职权,发展个人势力,压倒党的势力。滥委军长,现已至四十一军。把一个昏庸老朽的张静江,做国民党的主席。把庸俗无能的陈果夫,做组织部长。把从前的和帝国主义勾结的黄郛,王正建都引用起来。允许前头安福系②的余孽,投降进来。从前违叛党的右派

---

① 品生哥哥:本宅贫苦农民。
② 安福系:指依附于皖系军阀的官僚政客集团,其活动地点在北京宣武门安福胡同,人们称其为安福系。袁世凯死后,段祺瑞操控北洋政府使其亲信徐树铮组织政客集团,徐鼓吹皖、直、奉三系联合以对付广东革命政府,1926 年 4 月安福系彻底垮台。

分子，联合起来。这般腐败臭虫在党里做些什么，他们包围了蒋介石做些什么？解散广州市党部；改组广东省党部；杀死赣州工人领袖陈赞贤；在广东解散农民协会；杀死农民；在南昌解散南昌市党部；改组江西省党部，以反革命的段锡朋周利生等为江西省党部。蒋介石到九江，而九江又发生杀九江党部委员，总工会委员；封闭学生会；《贯彻日报》；捣毁九江党部，总工会，第六军政治部；殴伤六军政治人员；通缉党部及学生会人员。蒋介石到安庆，而又发生反动分子杨虎，统率流氓，捣毁安徽省党部；毒打省党执行委员，到上海又解散工人纠察队。蒋介石到一处，总发生捣乱的事。而蒋介石总作（装）为不知，不加干涉，这是很显明蒋介石指使反革命的。这都是蒋介石手下人所代替蒋介石做的事。而蒋介石亲身做的反革命的行为：军事独裁；把持党务；逼走汪精卫①；违背中央党部议决案；阻止中央党部国民政府迁鄂；自由罢免司法海外两部长；私自滥委军长；滥委人员变更外交政策；自由派遣反革命的吴铁成，戴季陶，赴日勾结日本帝国主义；自由暗派代表与张作霖妥协；无故辞退鲍罗廷②顾问；改变总理联俄联共农工三大政策；私自发印反革命的小册子。而且蒋介石在这次国民党中央执行委员第三次大会不出席，在江西专门发反革命的言论，反对中央党部。这次蒋介石贪图私利，暗与帝国主义勾结，不听国民政府命令，私自跑到上海，阻止上海市政府成立，反对国民政府委的省政府人员，沪

---

① 逼走汪精卫：1926年3月18日，蒋介石使亲信黄埔军校驻省办事处主任欧阳钟向海军局代理局长李之龙（共产党员）传达蒋介石命令速调军舰到黄埔待命，中山舰（舰长李之龙）奉命抵达后却造谣说李之龙私调中山舰要劫持蒋介石。3月20日，蒋介石声称防止共产党暴动，擅自宣布戒严，逮捕李之龙，驱逐蒋介石自任军长的第一军中以周恩来为代表的全体共产党员。这就是中山舰事件。通过这次事件，蒋介石既打击了共产党人，也排挤了当时称左派的国民党政府主席汪精卫。汪精卫先是隐匿，继而秘密出走，经香港赴法国。1927年4月1日回国。

② 鲍罗廷：第三国际代表。1923年派到广州任共产国际驻中国代表及苏联驻广州政府全权代表，任国民党中央执行委员会政治委员顾问。1925年国民政府在广州成立，鲍任为政治顾问。1926年任国民党中央执行委员会最高顾问。1927年2月26日，南昌中央政治会议决要求第三国际撤回鲍罗廷顾问。1927年4月12日，被南京政府通缉，7月离开武汉，10月回国。

宁沪杭两路人员；而自委私人。最可笑的近日又有什么委李济琛（深）①，白崇禧，何应钦等十五人为军事委员。郭泰祺，陈果夫，叶楚沧等十五人为政治委员。尚有种种阴谋未表现出来。此次，蒋介石到上海来，他已不预备再向张作霖进攻。蒋介石的计划，广东有李济琛（深）主持，福建有何应钦回去支持，浙江有张静江②主持，江西有李烈钧主持，江苏有蒋介石自己主持，作五省联军反赤同盟，向武汉进攻，可是这计划失败了。总之蒋介石的英雄思想很深。他自以为唯我独尊；什么国民政府，国民党部，都是他的。他个人的意思，就算国民政府国民党了。苟其有反对他专制独裁，他就说反对他革命。我们要晓得，革命是民主化，完全是拥护群众利益的，不是为一个人。蒋介石这种思想行为，是反革命，是新军阀，所以我们为群众谋利益而革命，非打倒这新军阀的蒋介石不可。蒋介石虽然是我们本校的校长，但是我们之为革命，我们只知党，我们不讲私情，不为个人的，所以蒋介石的校长名义，早已为我们学生不承认了。我们学校现已由中央党部委邓演达③，恽代英④，顾孟余，谭廷闿，徐谦五人为委员了。校内及武汉方面，虽然发现蒋介石私人的走狗。现在已一个一个捉拿查办了。现在蒋介石私人的走狗，有名的是何应钦，李济琛（深），白崇禧，李烈钧，张静江，陈果夫，丁维汾，王正廷，黄郛，叶楚沧，邵元冲，段锡朋，吴铁成，戴季陶，郭泰祺等。这般人都是反革命的右派，在上海报上所谓稳健派。

---

① 李济深（1885—1959），原名李济琛，广西梧州人。原国民党高级将领。中国国民党革命委员会主要创始人，领导人之一。
② 张静江（1892—1951），浙江吴兴人，国民党中央常委兼组织部代部长，浙江省省长。
③ 邓演达（1895—1931），字择生，广东归善人。民主革命家，早年参加同盟会。1924年任黄埔军校训练部主任兼学生总队长。1926年起任教育长，中央军委总政治部主任，"四一二"蒋介石叛变后流亡欧洲，并与宋庆龄等在莫斯科发表宣言，强调继续与新旧军阀作斗争。1930年回国后继续反蒋斗争。1931年8月被逮捕，11月被秘密杀害于南京。
④ 恽代英（1895—1931），中国无产阶级革命家，江苏武进人。五四运动时，领导武汉学生运动，1921年入党，1923年任青年团中央宣传部长，黄埔军校总教官兼中共党团书记，武汉中央军事政治学校总教官，参加南昌起义。1928年后任中央宣传部秘书长。1930年5月在上海任中共沪东区委书记时被国民党反动派逮捕，次年4月29日在南京狱中遭杀害。

现在讲帝国主义方面了。各个帝国主义在中国很蛮野的，第一英国，第二日本，其次美国，法国意国等。英帝国主义自五卅开刀后，连接不知在各处屠杀中国民众几多次，几多人。最近又在南京炮击造事外，于三月廿三日在广东惠阳，派了几只兵舰，四架飞机，屠杀一千多人。我们要晓得英帝国主义自丧失了工具吴佩孚，孙传芳，他就是失了替他杀中国人的人了，他少了替他压迫中国人民的人了，所以他不得不亲自出马，在中国境内任意屠杀。联合了日美法诸国派几万兵到上海，准备在他未死以前，在上海作最后的屠杀。这种帝国主义的凶恶，我们应该和他奋斗，还是和他妥协。我们又预料我们这次作第二次北伐，把张作霖打得落花流水，日本帝国主义者必要出兵帮助张作霖，同时英国帝国主义是要在上海动手，各国帝国主义者联成一条联合战线，和我们国民革命军直接发生接触。那时我们反帝国主义者，如俄国，德国，也成一条反帝国主义者联合战线，成为第二次世界大战。不过这次世界大战和前次在欧洲大战性质不同。欧洲大战是各国帝国主义冲突之战，这第二次大战是帝国主义和反帝国主义之战。在第二次大战之胜负的结果，我们也可预测，这个胜利，必定归于我们反帝国主义者的。因为反帝国主义者是被压迫阶级，除了革命先进的苏维埃俄罗斯联邦共和国外，其他如德意志，土耳其，印度，安南，朝鲜，墨西哥，波斯，尼加拉瓜，比利时等许多弱小之国，都被帝国主义压迫的民族。非但我们有许多弱小民族，而且我们还有帝国主义国中的被压迫的许多无产阶级的工农群众。我们晓得日本帝国主义，英国帝国主义，美帝国主义，法国帝国主义，意国帝国主义，他们国内无产阶级的工农受政府的压迫，非常厉害，他们也是共产党的革命运动，他们时常有大罢工总罢工的风潮，向自己政府进攻；对于中国的革命十二万分热烈的援助。所以各帝国主义在自己的立脚地时常摇动。苟其第二次世界大战开始，他们一定向自己的帝国主义政府打倒，把在世界上的各个主义的组织一网打尽，各个民族各自组织不相侵犯的自由共和的共产主义的国家。

　　三八纪念是什么？这个问题，我恐怕做女校的校长的，教员的，还不知道，更其实谈不到学生们了。三月八日是全世界被压迫的妇女们，警醒自己的整齐步伐团结起来，向敌人示威，并检阅自己的力量，以参加革命运动，求自身解放的伟大荣光的日子。在西历一九一〇年女社会主义者第二次国际会议在丹麦国京城开会，决定每年的三月八日为国际妇女纪念日。第二年德国美国的妇女就在这一天举行群众示威运动。在奥国的京城维也纳亦有八万多女工参加，有女子参政权，保护女工等等标语。从此以后，三月八日就成为各国妇女革命宣传及团结的纪念节。从一九一四年到一九一八年的世界大战期中，各国的女社会主义者，想在这一天组织反对帝国主义大战争的大示威运动；虽然被帝国主义者严重压迫下去，但各国的妇女并不灰心，尤其是在一九一五年挪威国的妇女，竟做了一次运动。一九一七年三月八日俄国圣彼得堡（俄国京城）的女工，更在俄皇专制淫威之下，游街示威，要求面包和和平，这次运动简直成了俄国革命的（导）火线。俄国十月（就是俄国革命成功之月）革命成功后，在俄国的三月八日，又成为俄国劳动妇女拥护无产阶级革命的胜利，和帮助苏维埃政府建设新社会的纪念日。到了一九二〇年共产国际（即是第三国际）妇女书记部成立以后，全世界各国都承认三月八日为国际妇女运动的纪念。所以三八纪念，是国际妇女节。这是妇女们为自身解放特别要重要的日子。希望你要努力！

　　亲爱的玩璆，我们都是被压迫者，尤其是你比我更厉害。现在在革命怒潮高涨之时，凡是被压迫阶级，应该联合起来，打起十二分勇敢的精神，求自己的幸福，向敌厮杀去。我们的敌人是：封建宗法思想，和帝国主义及其一切工具。(军阀，贪官污吏，劣绅土豪，大地主，买办阶级。) 我们要不顾惜，一个一个杀光，才得我们的幸福。我们要知道救自己要靠自己；想靠别人，终靠不住的，终要失败的，终要上人家的当的。我们要救自己只有自己起来，自己努力，自己奋斗。亲爱的玩璆，你不要再以为没有力量，仍旧伸头不出，那到底是没有希望的。我们晓得凡是一个人，总有力量，不过力量散漫没有表现出来罢了。所以我们第一要团结，那力量就表现出很大了。看最近工人因为有了团结，其力多么大。我诚恳的希望你，不要再做闺阁化生活，不要做顽固化态度。我们要到处舆论和什么人多讲话，把我们所以要革命的意义，宣传给他人。并且时常要到群众里去，参加他们的事情。在相当时间组织起来，团结起来，那力量的表现是很大的。

　　在上面的许多话，在你看来没有奇怪；因为你看惯了；因为你也明白的。在别人看来，尤其是思想落伍的人，他们必大呼我为"变了，变了"，所讲的话，都是不关本身的"海阔天空"的话，其实他们自己见识浅，目光近，(也可为没有眼光) 看不清楚自己的地位，自己的敌人，不觉得痛苦，(其实已受十二万分痛苦) 不知去想法去解决这个问题，而反拼命反对人家革命。这种人非常可怜而可恨的。但是我们总是用十二分诚恳向他们宣传，不使他们自投罗网陷阱，而自不知，我们要使他们觉悟过来，向光明路上走。我在每封信上，总有好几个革命，革命。因为我觉到革命的意义，觉到革命的需要，我们的生路，只有革命。革命是我们目前最重要的任务。重要的任务，当然要时时提起，革命，革命，革命，革命；我们的生路只有革命。

　　现在奉鲁联军退了，地方总平安些了。讲革命的没有什么危险了。你的胆量总可放大了。奉鲁联军的军队，国民革命军的军队，竟是谁好谁坏？现在可目睹了。反对国民革命军的拖辫子先生们，还有什么讲？是共产（他们所讲的共产）吗？是公妻吗？赤化是不是可怕吗？究竟赤化好呢反赤好？这般反赤的老先生们，拖了清朝辫子天天在镇上讲：反赤，要尊[真]命天子，要通四书五经的老学究，要保存国粹。把一般所谓文理不通的小子们，反对孔老二的礼教的叛徒们，从前反对的以为弄不好事的，而专跪拜于宣统天皇万万岁，洪宪①天皇万万岁，吴大帅，张大帅，孙大帅，现在请看看文理不通孔老二的叛徒的后生小子们，竟是打通了中国，吓得这般先生们脑子落空。从前的罢课闹风潮的五四，五卅，三一八，三廿九②运动，是不是胡闹？是不是专凭血气的？这种腐草一堆的四书五经八股先生的，这个世界不是你们的了，请你们到丰都城去罢。

我身体很好，请勿念。你现在怎样，仍旧如从前一样吗？家里怎样？玖妹仍在女校里好好读书吗？我的姊姊今年要嫁了，总比较忙些，可恨那时一定不能回家，以尽手足之情谊。今年第五校有改良吗？学生有多少？教室那几个？可恨陆昌耀等一般东西，不求进步，专学要进丰都城的老先生派，不知现在怎样了？今年的农村间怎样？地方上情形怎样？周士宏，钱宝瑜，吴亦凡等一流人物，有没有死？叶咏梅，陆卓臣，陆仲城，卫禀岩，徐良梅，这般老虫应该死了，现在可是气还有没有？我的弟弟以后千万不要吸香烟打麻将。冠群，爱群我很爱的，将来我们一同革命的。你有什么话吗？祝你努力革命！

---

① 洪宪：袁世凯称帝的年号。1915 年 12 月，袁世凯宣布次年改为洪宪元年，准备做皇帝，1916 年 3 月 22 日被迫取消帝制。
② 三廿九：指辛亥三·二九广州起义，是孙中山和同盟会发动的十多次起义中规模最大、准备最充分、失败最壮烈、影响最深远的一次。1911 年 4 月 27 日（辛亥年三月二十九日）黄兴率领先锋 120 余人直扑两广总督署，占领并烧毁督署衙门，与水师提督亲兵交战，断两指，一夜激战，战至黄兴一人，突围到香港。此役共牺牲 86 人，后收到烈士遗骸 72 具葬于广州市红花岗，后改为黄花岗。孙中山题"浩气长存"于纪念坊。孙中山在《黄花岗烈士事略序》中给予极高评价："全国久蛰之人心，乃大兴奋，怨愤所积，如怒涛排壑，不可遏抑，不半载武昌之大革命以成。"

和平！奋斗！！救中国！！！（这是中山先生临死的絮语勿忘勿忘）

志昂于一九二七,四,四

阅读参考

1927年4月9日，时任国民革命军总政治部中将副主任的郭沫若在武汉《中央日报》发表《请看今日之蒋介石》一文轰动全国。此文揭露蒋介石一系列破坏国共合作，排挤共产党，破坏党代表机关，迫害进步人士及工农革命活动；同时揭露蒋介石笼络国民党右派，培植个人势力，实行专制独裁野心的阴谋。郭沫若遭蒋介石通缉。

沈志昂这封信写于1927年4月4日，在郭文发表之前五天，在蒋介石"四一二"公然叛变之前一星期，正是山雨欲来风满楼的时候。来信内容的立场观点态度和郭文是一致的。明确指出"非打倒这新军阀的蒋介石不可"。由此可以揣测沈志昂信中的观点和资料，在当时党内军校内已广泛流传，也足见当时中央军事政治学校政治教育的水平，这里引一段文字以供参考：

"政治教育是黄埔军校不同于过去任何军校之处，具体内容包括有三民主义、党史、经济学概论、政治学概论等。1926年改组为国民革命军中央军事政治学校后则又增总理学说、宣传技术、各国革命史、工人运动、农民运动、青年运动等。"（摘自《两岸新编中国近代史》）政治教官有聂荣臻、恽代英、项英、陈潭秋、李达、郭沫若、茅盾等，这确实是个豪华的政教系团队。

沈志昂信中对国内形势的分析、对帝国主义内部阶级矛盾及其对第二次世界大战的论断都是振聋发聩，令人耳目一新的。对待"吃閒饭"，他完全站在穷苦大众一方,并承认自己家庭的剥削行为,立场鲜明,完全是共产党的观点。

这些内容观点,我们在中华人民共和国成立以后才开始学习到。他也是够大胆的。这种信件一旦泄露,那是至少要坐牢的。"赤化""通匪"之罪名是逃不掉的。汤瑾也大胆,竟把这些有招杀身之祸的信件保存下来。这种大胆来自沈志昂对共产主义革命的信奉,也是汤瑾对丈夫革命行为的信任和支持。

亲爱的玩琴姐姐：

在春光明媚的时候身体上当然很爽快我们天天在操场操练，觉得我们的热度已到夏天了我们现在正在加紧操练，准备到前敌去现在第二次北伐誓师已定四月五日举行你看我们工作忙样近。我们的操练怎麽不加紧呢，在这次北伐我们已预料我们一定是胜利的在第一次北伐时我们的军队仅止八万而把所谓常胜将的吴佩孚十八万兵，打得落花流水再接攻到福建那一度不是我们胜利的最近攻浙江安徽江苏孙传芳本来不成问题而初出马的剑将军张宗昌在我们军队未到杭州时我早已对父亲说过我们必将胜利的而竟现在上海苏州常州南京连接的攻下来，狗将军张宗昌的军队一败涂地逃都少了两双腿因我们国民革命军的力量早已震骇了他鬍子张作霖。並且现在国民革命军的军队由八军而增至四十一军虽然其中有腐败分子，但是兵力总已加多了现在西北革命军冯玉祥的军队有十馀万已完全成为国民党的国民革命军了更欧西进到河南了河南的靳云鹗魏益三已脱离了吴佩孚投诚我们了在河南黄河一带与奉军于珍部接触，已由克复郑州进马克开封极有优势山西阎锡山亦与我军合作出兵娘子关进石家莊了张宗昌残败精锐殆盡在江苏程督领守，何應欽部队紧围住前敌，由南京扬州到靖江渡至安徽陈调元王普军队已与第七军李宗仁部协作，攻克蚌埠将会师拾徐州由此看未势如破竹的国民革命军这次北伐区区鬍子张作霖安能不倒必有不败，他虽背後有日本帝国主义美国帝国主义等但是这两日帝国主义国内的劳动阶级十二万分热烈反对干涉中国而且我们有农民工人学生小商人本党自的赞助到处可随时暴发到处可敲军阀的命，我们干部的军队，只以第四军第八军第十一军第三十五军第三十六军的十萬人左右，就够了。我们的兵士一个可当军阀的兵十个，我们在第一次北伐的军费总共只用了二十多万了张作霖虽用盡其平生能力结果终是归列坟墓裏去罢。张鬍子的命才为他算就在目前了。

1927年4月4日（农历三月初三）来信复印件影印

在两星期前,我写有一封廿一张的长信夹在画报裹面寄给父亲,不知收到吗?这封长信重要的是经济问题,父亲说难民吃闲饭费钱千赞,就以为可恶了。但是细细想一些不恶,并且很可敬,因为他们受资产阶级的压迫不知多少时了,而现到要吃饭的时候,没有鼓人敢大口吃闲饭是很文明的,不是像资产阶级的党是用骂人不留力的手段,饿死不知几万他的贫民,就是最威的农民大家都不劳动的不生产的就是生产颇薄及到贫苦的农工饥,而我们的吃穿住总比如松公司里哥哥最好,造些小肝胆好的钱,既不劳苦,是那裹来的呢?而他们天天做工,反而常常没有钱,什么道理呢?就是我们求的钱是从他们身上剥夺的,他们所以没有钱,其实他们应该有钱的,因为他们的钱被我们夺去了,所以他们没有钱了。你看究竟是那一个可恶,是资产阶级呢,是无产阶级?

我记得在长信末後谈起蒋介石的事,现在我敢为详细的说一谈,蒋介石从前很革命的,对於革命工作上确是做了不少,所以我们极崇拜他,但是他有一个极大的缺点就是尊封建时代的英雄思想,腐旧的人以为英雄是很好的,但是在现代的二十世纪中已不允许这种思想了,他以为追随中山先生二十馀年,被中山先生甚高重视,自认为总理(这是国民党的口语,因为中山先生是国民党的总理,故凡党员都专称为总理)的唯一信徒,自认为很革命的,他在北伐中做总司令,虽是功劳是不小的,但是他因此,党内的权都要操到他一人手裹,要党服从他,他不服从党,于是他以总司令名义滥用职权,发展个人势力,压倒党的势力,盖蒋军长现已至四十一岁,把一个昏庸老朽的张静江做国民党的主席,把庸俗无能的陈果夫做组织部长,把从前的和帝国主义勾结的黄郛王正廷都引用起来,允许从前皆福系的馀孽投降进来,把前违叛党的右派分子联合起来,这般腐朽分子在党裹做些什麽,他们包围了蒋介石做些什麽?解散广州市党部改组广东省党部,毁灭赣州工人领袖球赞贤,在广东解散农民协会,枪死农民,在南昌解散南昌市党部改组江西省党部,以反革命的毁锡朋周利理为江西省党部,蒋介石到九江,而九江又发生毁九江党部总工会委员封团学生会费馆刀日捣毁九江党部、总工会、省行军政治部殴伤。军政治部人员逃难党部反学给人员蒋介石到安庆而又鼓动分子杨虎纵率流氓捣毁安徽省党部毒打省党执行委员到上海又解散工人纠察队蒋介石到一处总产生扰乱的东西而蒋介石总作为不知不知干涉这是很显明蒋介石捣乱阴谋这都是蒋介石手下人马代替蒋介石做的事，而蒋介石亲身做的反革命的行为军事独裁把起党务逼走汪精卫，违背中央党部议决案阻止中央党部国民政府迁鄂，自由罢免司法、海卓外两部长私自监委军长益委人自由见外交政党自由派遣反革命的吴铁城戴季陶赴日勾结日本帝国主义自由暗派代表与张作霖要扬、无故辞退鲍罗庭顾问改变总理联俄联共农工三大政策私自发印反革命的小册子而且蒋介石在这次国民党中央执行委员第三次大会不出席在江西专门发反革命的言论反对中央党部这次蒋介石贪图私利暗助帝国主义勾结不听国民政府命令私自跑到上海阻止上海政府成立反对国民政府委的省政府人员沪宁沪杭两路人员自委私人，可笑的连日又有他意委李三齐环白崇禧何应钦等十五员军事委员郭泰祺陈果夫叶楚沧等十五人为政治委员，尚有阴谋尚未表现出来，此次蒋介石到上海素他己不预备响他作战进攻蒋介石的计划广东有李济琛主持福建有何应钦迎击占抢浙江有张静江主持江西有李烈钧主持江苏而蒋介石自己主持作五省联军及赤同盟向武汉进攻，可是这计划先败了总之蒋介石的英雄思想极深他自以为唯我独尊什么国民政府国民党部都是他的他子人的意思就是国民政府国民党了商其有反对他专制独裁他就说要打他革命我们会晚得革命是民主化完全是拥护群众利益的不是为一个人蒋介石这种思想行为是反革命是新军阀所以我们为群众的利益而革命非打倒这新军阀的蒋介石不可。蒋介石虽然是我们学校的校长但是我们只为革命斗争不知党我们不讲私情不为个人的所以蒋介石的校长名义早已为我们学生不愿意思了我们学校现已由中央党部委邓演达(黄埔代表顾孟馀)谭延闿熊豫人为委员了校内及武汉方面虽然发现蒋介石私人的走狗现在尼一个一个提拿查办了现在蒋介石私人的走狗有名的是何应钦李济琛白崇禧李烈钧、张静江陈果夫丁惟汾王正廷黄郛叶楚伧邵元冲赵戴文吴稚晖钮惕生戴季陶郭泰祺等这般人都是反革命的右派在上海报上所谓稳健派。

现在讲帝国主义方面了各强国主义在中国根蒂野的事—美国第二日本其次美国法国意国为英帝国主义的血世闹刀後连接不知在杀戮屠杀中国民众几多次几多人最近又在南京砲击这事外於三月廿三日在广东惠阳派了几只兵舰四架飞机屠杀一场人。我们要晓得并帝国主义自觉失了他的工具吴佩孚孙传芳後他就是先了替他杀中国人的人了他又了替他压迫中国人民的人了所以他不得不亲自出马在中国境内任意屠杀联合了日美法诸国派舰齐集到上海准备在他未死以前在上海作最後的暴杀这种帝国主义的凶恶我们应该和他奋斗还是和他妥协我们不预料我们还要作二次北伐把张作霖打得落花流水日本帝国主义者必要出兵帮助张作霖同时英国帝国主义是要在上海动手各国帝国主义者联成一条联合战线和我们国民革命军直接发生接触那时我们反帝国主义者如俄国德国也成一条反帝国主义者联合战线成为第二次世界大战不过这次世界大战和前次在欧洲大战性质不同欧洲大战是各国帝国主义横夺之战这第二次大战是帝国主义和反帝国主义之战在第二次大战之胜负的结果我们也可预测这个胜利必定归於我们反帝国主义者的因为反帝国主义者是被压迫阶级除了革命先进的苏维埃俄罗斯联邦共和国外其他如德意志土耳其印度安南朝鲜墨西哥波斯尼亚杜瓜地别时尚许多的小王国都被帝国主义压迫的民族非但我们有许多的小民族而且我们墨有帝国主义中的被压迫的许多无产阶级的工农群众我们晓得日本帝国主义英国帝国主义美帝国主义法国帝国主义意国帝国主义他们国内无产阶级的工农受政府的压迫非常厉害他们也是共产党的革命运动他们时常有大罢工总罢工的风潮向自己政府进攻对於中国的革命十二分热烈的援助所以帝国主义在自己的立脚地时常摇动等其第二次世界大战闹起他们一定向自己的帝国主义政府打倒把在世界上的各个帝国主义的组织一纲打尽各个民族各自组织不相侵犯自由共和的共产主义的国家。

三八纪念是什么这5问题我恐怕做北教员校长的都不知道,更莫是说不到学生们了。三月八日是全世界被压迫的妇女们警醒自己的整齐步伐团结起来向敌人示威并检阅自己的力量以争取解放我自身权权的伟大荣光的日子。在西历一九一〇年女社会主义者第二次国际会议在丹麦国京城开会决定每年的三月八日为国际妇女纪念日第二年德国奥国的妇女就在这一天举行示威大运动在奥国的京城维也纳亦有八万多女工参加,有女子参政权保护女工等之标语。从此以后三月八日就成为各国妇女革命宣传及团结的纪念节典。一九一四年到一九一八年的左右大战期中各国的女社会主义者都在这一天组织反对帝国主义大战争的大示威运动虽然被帝国主义者严重压迫下去,但各国的妇女运动并不灰心尤其在一九一五年那威国的妇女竟做了一次的运动。一九一七年三月八日俄国壁彼得保(俄国京城)的女工更在俄里专制淫威之下进街示威要求面包和平,这次运动简直成了俄国革命的火线。俄国十月(就是俄国革命成功之2月)革命成功後,在俄国的三月八日又成为俄国劳动妇女拥护无产阶级革命的胜利和帮助苏维埃政府建设新社会的纪念日。到一九二〇年共产国际(即建第三国际)妇女书记部成立以後全世界各国都承认三月八日为国际妇女运动的纪念。所以三八纪念是国际妇女节,这是妇女们为自身解放特别重要的日子希望你应努力!

亲爱的玩瑢,我们都是被压迫者,尤其是你比我更属冤,现在在革命思潮高涨之时凡是被压迫阶级应该联合起来打起十二分勇敢的精神找自己的幸福,向敌人斯杀去。我们的敌人是封建家法思想和帝国主义及其一切项爪军阀贪官污吏劣绅土豪大地主资产阶级,我们要不顾惜一切牺牲,才得我们的幸福。我们要知道救自己要靠自己,想靠别人,终靠不住的,终要失败的,终要上人家的当的我们要救自己只有自己起来,自己努力自己奋斗。亲爱的玩瑢你不要再以为没有力量怕麽抛头不为那到底是没有希望的,我们嘚将凡是一亡人,总有力量,不过力量没有表现出来罢了,所以我们第一要团结那力量就表现出很大了,者最近2人因为有了团结其力多庞大,我诚恳的希望你不要再做闲阁化生活不要做锁国化态度我们要到处要论不什么人多讲话把我们那b要革命的意义宣传结他人,並且时常要到墨果里去参加他们的事情在当时间组织起来团结起来那力量的表现是很大的。

在上面的许多话在你看来现着奇怪因为你没有听了因为你自已明白的在别人看来只是思想旧但他们如不听到"变了变了所讲的话都是不关本身的""海阔天空的话"其实他们自己见识浅目光逝,(他们没有眼光,看不清楚自己的地位,自己的敌人不必觉得痛苦(共产已是十二万的信者)不知去想过去寻求过问题而反体命反对人家革命革命这种人非常可怜而可恨的但是我们总无用十二分诚恳向他们宣传使他们自投罗网脱难而出不知我们要使他们觉悟过来向光明路上走我故在每封信上总有讲几句革命革命。因为我觉到革命的意义觉到革命的需要我们的生活,只有革命,革命是我们目前最重要的任务需要以生换去死要时时刻刻念革命革命革命革命革命我们的生活只有革命。

现在奉鲁联军退了,地方总算平安了,讲革命的没有什么危险了你们胆量总可放大了奉鲁联军的军阀,国民革命军的军阀,竟是谁好谁坏,现在可目观了,对国民革命军的抱辞了先生们还有什么讲是土共产(他们所谓的共产)吗其公妻吗赤化是可怕吗究竟赤化好呢及赤好,这般反赤的老先生们拖了讲明辞子天天在报上讲,又赤要革命不了,要迂四书五经的老学宽要保存国粹,把一般所谓不懂事理的小子们,反对孔老二的礼教叛徒们,斥为反对,以为事不好事的,而崇拜於宣统天皇万万岁,洪宪天皇"岁,吴大帅,张大帅,孙大帅,现在请看!大理不通孔老二的叛徒的梭小子们,竟是打退了中国,惊得这般先生们摇子摇尾徘徊的罢课闹风潮的五四五卅三八,三廿九运动,是不是胡闹是不是壮烈气魄,这种读草一堆的四书五经八股先生们这世界不是你们的了请你们到都城去罢。

我身体很好,请四念,你现在怎样仍要如从前一样吗家里怎样八妹仍在女校里好好地读书吗我的姐姐今年要嫁了总比较忙些可恨那时一定不能回家;心慕于足二清道今年要投有没及吗学生有多少教室那样了,可恨陆青烽等一般东西不求进步等要进都城的老先生派,不知现在怎样了今年的农村间怎样地方上情形怎样,周括锋宝瑞吴亦凡等一流人物都没有死吗发病怎样了腔仲诚、伟伯等谈、徐民祖,这般老蕊应该死了现在可是气还有没有那的弟二以後千万不要吸香烟打麻将冠缀爱戴我报後的将来我们一同革命的你有什么话吗祝你努力革命!

和平!奋斗!救中国!!!(这是中山先生临死的紧语 勿忘勿忘!)   志昂子一九二七.四.四

1927 年 4 月 4 日（农历三月初三）来信复印件影印

1927 年 4 月 6 日

亲爱的玖妹：

我帮助你的责任，比帮助自己的弟弟的责任还要重。因为我的弟弟虽然失掉了自己的母亲，但是总有自己的父亲和后继母的照料；总比你无父无母无兄无弟好得多。而且你非但是无人照顾，并且还有人欺侮你；要剥你幸福，害你终身。在此环境凶恶而幼稚的你，革命青年的我，怎么可不帮助你呢？

虽然我不是你嫡亲的哥哥，你不是我嫡亲的妹妹，但是我的玩璆的嫡亲的妹妹，如我的嫡亲的妹妹一样；你的嫡亲的哥哥①，虽然在七年前死了，但是我的性情，和你自己的哥哥一样，又加上你的姊姊的关系，我是和你的自己哥哥一样的，没有虚伪，没有客气，帮助你，指导你。你不要以为我是你姊夫，带着三分客气，你要以当自己的哥哥，用真实态度表示我。

这次我虽离开了家乡，到几千外的武昌。在表面上似乎我没有十二分诚恳的帮助你，但是未尝把你的事，丢开心头。我因为在本乡没有经济地位，不能做我所要做的事，所以不得不离开别求生面。我这次到武昌，不过在两星期内的决心，所以从没有对你说起过，想你晓得这个消息，至少

---

① 指汤瑾、汤瑛的哥哥汤爻。

带三分惊异的?

　　现在已过春假了，距暑假期很近了。那么你快要毕业了。你是和别个同学环境不同的人，你决不是高级小学毕业后，拿到了一张毕业凭，在家里安吃老米饭了；你是一个无家可归的，没有老米饭吃最苦的女学生了！当然毕业后不能在家里的，一定在万苦千难之中，坚忍的奋斗，再升学上去。在这升学问题，我是一切没有顾虑，只顾虑你的学力不及，以至不能毕业，或考不上学校。不过在这方面，我想你一定明白你的地位，不敢把这贵重极贵重的求学问题，看得太随便了。

　　亲爱的玑妹，你平时的功课，因为你以前在初等小学时汤可伯①害了你，所以很平常的。你总还能用心，总算能跟得上去。不过在毕业后要考学校，觉得很欠缺的。所以在这短促的时期中，你必须格外的用心，格外的要进步，不要落人家后面去。

　　你今年毕业后，以我的规定，请你考四只学校：一是，松江七县女子师范。二是，上海第二师范。三是，上海务本女校。四是，苏州第二女子师范。这四只学校，并不是什么好，不过费少些罢了。不知你以为这四校怎样？以我最低的希望，这四校至少要考上了一校。至于学费膳费问题，你不要顾虑好了。这个费本来应该我担负的，不过现在我未有经济地位前，所有费用，暂时一年或半年，向教育局借，或由玩珴担负，或由玩珴向人去借，至于将来一切费用，都由我负责。

　　我最希望你，不要落到黄承轩口里。黄承轩的心思，凶险奸滑，我始终反对的而攻击的。他以前在你的母亲死了之后，他表面上虽很好帮助你

---

　　① 汤可伯：汤瑛的远房叔父。1923年母亲去世后，12岁的汤瑛受嫂子（汤爻遗孀）虐待，寄居汤可伯家，为他家带孩子，耽误了上学。至1926年15岁，由姐夫沈志昂竭力设法入南桥女子高等小学就读，于1927年毕业。

们，其实他的居心很险恶的。他看见一群无父无母无兄无弟没有依靠的女儿，他恨不得一个个都拿到手里，做他的奴隶。但是他的子墨林、士林都有配了，只有士元没有配，不得不放弃了四个，单独的把你硬配为士元。他起初所以热心帮助你们，是要使你们欢心，使你们上他的奸计，把你送给他，替他做奴隶。所以去年他的爷娘死了之后，他爷不用什么仪式，强硬你为他的媳妇，要披麻穿白；等到他的计策失败了，他就板起脸孔了，你看这种用心，险恶不险恶？现在他希望你落薄，希望我们的计划不成功，他是最喜欢了。所以望你张（长）自己的气，努力用心求学，不要落他笑口里。

我在武昌很好。苟其你要晓得我的情形，你问玩璆好了。最好你多到玩璆处会会。你苟有信，寄武昌中央军事政治学校好了。

志昂 1927.4.6

阅读参考

面临毕业升学的关键时刻，他必须单独给幼稚的玎妹写信表明诚意，分析处境之险恶，指出升学是唯一的出路，以此激励其努力；同时提供选择报考的学校，告诉她经费解决的办法，解除顾虑。一片拳拳之忱，于今读来，尚动人心弦。在对待一个幼弱的女孩子的前途方面，他和那位老学究形成了强烈的对比，其实质是共产主义者和封建落后分子对待女性的强烈对比。

亲爱的妹妹：

我帮助你的责任比帮助别的小孩的责任还要重，因为我们年纪虽然差不多，但是你已先丧了自己的母亲，但是我总有自己的父亲和後继母的照料，总欲无父母也比无母好得多，而且後继母虽是些人憎厌，並且还有人欺侮你，更剥你幸福，害你终身在此环境之恶而劫难的你，革命青年的我怎麼可不帮助你呢？

虽然我不是你嫡亲的哥，你也不是我嫡亲的妹，但是我以後将以嫡亲的妹之如我的嫡亲的妹一樣，你的嫡亲的哥既然死此，那就是我的性情和你自己的哥一樣，加上你的哥的关係，我是和你的自己哥一樣的既有虚伪既有客气，帮助你指导你你不要以为我是你也并未带着三分客气，你要以为自己的哥，用真实态度表示我。

这次我虽离开了家，缒到数千外的武昌，在表面上似乎我没有十二分诚恳的帮助你，但是未尝把你的事忘开心头，我因为在本埠没有经济地位，不能做我所要做的事，所以不得不离开到此生涯，我这次到武昌，不过两星期内的决心，所以我未对你说起过，想你晓得这个讯息，五十觉三分驚異吧？

现在已过春假了，距暑假期很近了，那麼你休要毕业了你是知到的同学环境何人，你不是高级小学毕业後拿到了一张毕业文凭，在家里给你老末颤了你是一生要可靠的现有老未能吃最苦的中学生了，当然毕业後不能在家里的，一定在艰苦奋斗之中奋斗你自奋斗再升学上去。在这升学问题我是一切没有顾意，顾虑你的学问不及，以至不能奋斗，或考不上学校，不过在这方面我想你一定明白你的地位，不致把这个重极重重的我学问题看得太随便了。

亲爱的妹妹，你平时的功课因为你以前在初等小学时读过，但害了你，所以很平常的。你总还能用心，总算能跟得上去。不过在毕业班里在学校觉得很欠缺的，所以在这短促的时期中，你必须格外的用心，拚命的要进步，不要落人家後面去。

你今年毕业後，以我的规定，请你考四只学校，一是松江县立师范，二是上海第二师范，三是上海务本女校，四是苏州第二女子师范。这四只学校并不是什麽好，不过费少些罢了。不知你以为这四校怎样。以我最低的希望这四校至少要考上一校。至於学费膳费问题你不要顾虑好了，这个费本来是该娘负的，不过现在我未有经济地位了，所有费用，暂时一年或半年，向教育局借，或由玩琴担负，或由玩琴向人去借，至於将来一切费用都由我负责。

我最希望你不要感到（？）笔口里，娘所藏的心思，必须好消。我始终反对你两进学问。她於前在你的母亲死了之後，他表面上虽很想帮助你们，其实他的居心很险恶。因他看见一个无父无母的穷孩有依靠的女光，他恨不得一个个都拿到手里做他的奴隶。但是他的子墨林士林都有配了，只有士元没有配。不得不教养了四个单独的把你视配为士元。他起初所以热心帮助你们是要使你们亲心，使你们上他的奸计，把你送给他替他做奴隶。所以去年他的命娘死了之後，他也不用什麽仪式亲你为他的媳妇，害我廉穿向来到他的计策失败了，他就反起脸孔了。你看这种用心险恶不险恶。现在他希望你唐聋，希望我们的计划不成功，他是最喜欢了，所以望你振自己的气，努力用心求学，不要落他笑口里。

我在武昌很好，恐其你要晓得我的情形，你问玩琴好了，娘好你多到玩琴处坐。你嗣有信寄武昌中央军事政治学校好了。志昂 1927年

1927年7月2日（农历六月初四）

玩璆：

很奇怪，这次打仗回来①，病了好多同学；这是因为在作战时受的风寒，吃的毒物，在休息的时间，要发现出来。但是我是同一般的受着吃着，我总是很康健，一些小毛病都没有。

我们这次旅行式打仗，那里比得如河南的战争。夏斗寅②好像和我们开了一次玩笑，在纸坊、土地堂③一战，以后不见踪迹了，杨森④也是如是，看见我们来，总是逃逃逃，我们好像什么似的，他们一见就要只有退却退却。如此的包打胜仗，所以牺牲很小，我们在这种作战情况中，我觉得一些（点）都不害怕。如河南的战争⑤，就凶得多了，我们以四万多的兵，打

---

① 打仗回来：指参加平定夏斗寅叛乱。据汤瑾口述，此仗打了三天三夜，此后又西征讨伐杨森。

② 夏斗寅（1886—1951），1927年初任国民革命军独立第十四师师长，驻宜昌。趁武汉主力开赴河南北伐之际，于5月17日率部叛乱，反对国共合作的国民政府，由宜昌东下，切断长沙武昌间的铁路，进兵湖北嘉鱼咸宁汀泗桥一带，直至距武昌四十里的纸坊。这一事变，又称"马日事变"。5月22日，武汉国民政府任叶挺为前敌总指挥，率第十一、二十四军、中央独立师，将叛军击溃。独立师由分校学生和农民讲习所学员于5月18日组成。师长侯连瀛、恽代英为党代表，沈志昂编入独立师。

③ 纸坊、土地堂：纸坊在武昌东，今属武昌市；土地堂在武昌南约40公里。

④ 杨森（1884—1917），四川军阀。1927年"四一二"蒋介石叛变，分裂国民党，以占有武汉兵工厂为条件，电请杨森出兵鄂西，攻打武汉国民政府。杨森于5月5日奉命出兵到达宜昌，5月21日进入湖北仙桃镇，被唐生智（武汉国民政府北伐总指挥）部截击，几遭全歼。

⑤ 河南的战争：指1927年4月下旬，张发奎率第四军、第十一军出师河南，于上蔡、逍遥镇等地击败东北军四个军，进击临颍。张学良集中主力25万人与北伐军决战。张发奎顽强指挥，终将奉军主力击溃，占临颍、克许昌、取洛阳，铁军威震中外。

奉军八九万的兵，在数量上我们已是差了，而且奉军的火器，比我们好过几倍，有些我们还是没有的。张作霖平日收集的民脂民膏，向他的主人翁处（帝国主义者）买了好的兵器，来残杀民众，镇压革命势力，保障个人的老太皇位，这次都送给我们了，谢谢他的美意。他们的大炮机关枪，不当大炮机关枪用的，在散兵线上，枪当然象梭子的齿一样，就是机关枪大炮山炮野炮，也是一个样子的多，子弹炮弹比雨还要密的，无处不是的，布满空中来往。照如此的火力，我们那里能够打胜呢，但是我们都有为主义而牺牲的精神，在这子弹恐怖之中，只有向前去冲，结果总是把敌人战胜了。说起来也有些好笑，这第二次北伐，我们兵士所消耗的子弹平均起来每人不到十粒，一则我们兵士平素训练不是乱放枪的，要瞄准了才放，二则这次战争都是用冲锋的战法。因此我们的将士，过于勇敢，见敌就冲，不避子弹，所以牺牲的也很大，差不多第四方面军[①]损伤了三分之一的精华。

  这次牺牲，我们未死者对于已死的非常深惜悲痛，但是在死者是一件很爽快的事。我们总是要死的。在我们未死以前，每天所忙忙碌碌地吃穿住，为的什么？吃饱是怎样？没有吃饱以至饿死又是怎样？苟其我们只为生而生，只为生而吃饭穿衣住屋子，那没这种没有意义的生活等于猫狗的生活一样；猫狗也只为生而每天要吃，除了生的以外，还有什么别的意义吗？猫狗是没有的。我们人类所为（谓）"万物之灵"，灵是灵些什么？"人是理智的动物"，理智是理智些什么？所谓灵所谓理智，当然比下等的动物不同的一些，超过的一些，这个不同这个超过，就是我们只为很简单

---

① 第四方面军：1927年4月5日，武汉政府为适应继续北伐，将唐生智部改为第四方面军。唐生智（原为国民革命第八军上将军长）为第四方面军上将总司令，率武汉国民政府所辖国民革命军继续北伐，击败河南奉系军阀。"四一二"蒋介石叛变后主张东征讨蒋，对抗南京政府。

的生而衣食住外，另有别的意义，别的作用。当然我们归终总是脱不了为生而发生种种问题，种种斗争；但是我们为了生的问题，就发生了种种问题，产生了意义出来。苟其我们只知生，不知生的意义，那么我们的生如牛马的生，猫狗的生，奴隶的生，也就够了，也就满意了。尽管照上古时代的茹毛饮血，为什么还要有进步到现在呢？还是要继续的进步到将来呢？这就"人类为万物之灵"灵的表示；"理智动物"理智的表示；也就是说有意义的生的表示。所以我们得生，不是同猫狗一样，简单的生；就在意义与无意义的分别；有意义的生是人类的生；无意义的生是猫狗畜牲的生。在这个"生"字上，我们是要求怎样的生是有意义的，在这方面"生"就发生了许多问题，发生了种种斗争。自古至今一部很厚很厚的历史上，那一处不是表示为生的问题。就以中国的历史说，自盘古到尧舜，燧人氏钻木取火，有巢氏构木为巢；自尧舜至秦始皇，中间一部治国历史，战争历史，汤伐桀，周伐纣，所谓民不聊生，那一处不是为生的表示，一直到现在将来。我们要研究怎样的生，算我们的生活（□□），有种种科学发明，在物质上一直进步，就是求改良生的问题，才有种种的进步。我们要研究生的问题，使人类的生活，怎样的意义，怎样的发展，怎样的谋生，就（这）种科学，就是经济学。在经济学上讲，以前的现在的，都是亚丁斯蜜司①（人名）的个人派的经济学，只是专门讲究怎么样才使个人发财，个人幸福。个人的经济学是你保护私有财产制度的，在这私有财产制度之中，各自谋发展个人的财产，各自竞争，把经济的制度变到资本主义的制度。资本主义是保护有钱人的主义，使有钱的人的钱，不致失掉，并且还要增加起来，充裕起来，把政治的权，教育的权，法律的权，经济的权，

---

① 亚丁斯蜜司（Adam Smith，1723—1790），今译亚当·斯密，英国经济学家，称为现代经济学之父，代表作《国富论》是现代政治经济研究的起点，首次提出了全面系统的经济学说。

统统归到资本方面去,甚至把人类的思想习惯心理都向资本路去。资本主义的发达发达,发达到最高一点就成为帝国主义。资本主义的发达,起初由商业资本,进而为工业资本,到最后为金融资本,把生产机关垄断起来,把经济操纵起来。我们知道全世界的财产总有限制的,资本发展,初由小向大,大而再大,大大大,大到把全世界的财产都集中在一处为止。我们晓得一个资本家的发展,要并吞了许多小资产者,剥削更许多的劳动者。由此看资本主义的发展,很危险的,很可怕的。在这个危险之中可怕之中,除了资本家自己的野心外,那一个情愿给资本家剥削自己的利益供资本家达到他的野心呢!?在这环境之中,养成马克思创出共产主义,根本的要把资本主义打倒。自从马克思的社会经济学说(即共产主义)创出后,把根深蒂固的亚丁斯蜜司的个人经济学说根本的推翻。在这资本主义恐怖之中(白色恐怖)我们想要为本身的利益达到共产主义的社会,在这过程中一定要经过斗争,这个斗争就是革命(换一句话说以赤色恐怖打倒白色恐怖)。我们中国是经济落后的国,半殖民地的国,帝国主义侵略下之国,因此经济状况和各国不同,所以在中国之环境中,产生出孙中山的三民主义。三民主义和共产主义,虽然是两个东西,但是三民主义和共产主义是一派的,没有冲突的,都是向社会经济学路上去。苟其是三民主义的信徒对于共产主义必定不反对的;苟其是共产主义的信徒对于三民主义也不反对的。照共产主义而革命,这个革命叫做社会革命,照三民主义而革命,这个革命是国民革命。国民革命的目的是打倒帝国主义,社会革命的目的是打倒资本主义。(帝国主义和资本主义就是一个东西,对自己国内叫资本主义,对国外的资本主义叫帝国主义。)我们中国因为没有进步,经济落后,各国帝国主义向我们侵略,帝国主义者雇佣国内的军阀向我们压迫,所以我们中国除了少数的军阀洋行买办贪官污吏土豪劣绅情愿做帝国主义的走狗外,那一个不受其压迫，不受其痛苦，尤其是农工阶级。小资产阶级，受了大资产的影响，日趋破产了，无产劳动阶级，只有被他们剥削，当牛当马用，还是无衣无食，照此以往，我们小资产阶级及无产阶级，只有死路一条！所以我们在如此环境之中，我们应该赶快起来，为自己的阶级争利益，为自己阶级谋利益的主义而奋斗，这才是我们的生路。苟其我们还是不起来不奋斗，等于自杀，就是没有死，这种如牛如马如猫如狗的生活，懵懵懂懂地生活，有什么趣味，有什们（么）意义呢！所以我们的生是要为主义而生，我们的死是要为主义而死，这种生死才是有意义的。有意义的生死，就有趣味的生死，这样做一世人才是不算冤枉的。其不知主义，不知自身的地位，糊糊涂涂地如猫如狗的不知生是什么东西的过去，虽是活了八九十岁，这是算个人冤枉得极，寿长也不过等于龟鹤，寿短也不过等于蚁虫。我们所谓为主义而生，为主义而死，这个主义是代表自己利益的主义，在我们中国的人民，目前所需要的只有三民主义。这次北伐，虽然牺牲了许多同志，但是在牺牲的同志，是为自己的主义而死，确实很痛快的；总是比糊糊涂涂地病死有意义得多哩！

　　唉！革命的三民主义，为民众利益的三民主义，为反革命的帝国主义走狗，也夺了其美名，粉饰自己的罪恶。新军阀蒋介石他也讲三民主义，我们打的小军阀夏斗寅，杨森也讲三民主义，最近万恶重重地张作霖也讲三民主义了。又是可笑，又是可恨。我们都可明白张作霖非根本铲除不可，那里配得上谈三民主义，我们要晓得张作霖谈三民主义，是和蒋介石妥协的条件。蒋介石自三民主义中反叛出来，向帝国主义亲善，把革命的三民主义改为反革命的三民主义，以欺骗民众；我们试看从前帝国主义者，深恨三民主义，打倒三民主义，谓三民主义为赤化过激，现在怎么样了？自从蒋介石投降帝国主义后，把三民主义移到南京后，各帝国主义者也赞成三民主义了。

英国外交大臣张伯伦也说三民主义是很好的。要知道三民主义是打倒帝国主义打倒军阀的，本来用不到军阀帝国主义讲的，三民主义是在平民中才能够讲的，农人工人才是真正有资格讲三民主义。蒋介石和旧军阀联合起来，向民众压迫，要张作霖讲三民主义，要张作霖改用青天白日的旗帜，要张作霖改为国民革命军北方总司令，你看我们革命同志，用鲜血用头颅，和敌人奋斗得来的革命光荣，蒋介石竟以这个光荣送到阴沟洞里去，你看可恨不可恨呢？我们要保持先烈的血换来的光荣，我们要保持青天白日旗帜的价值，我们要保持三民主义的真谛，非把一切假的打破不可。非把叛国（□□）蒋介石打倒不可。我们不打倒蒋介石，我们做革命的羞耻！对（□□）先烈们不起。（□□）我们失败，民众失败，我们胜利，就是蒋介石的失败（□□）。不打倒（□□）有出路的，打倒蒋介石是我们革命的出路啊！我（□□），我们要为主（□□）们的主义正被强盗狗贼偷去，侮辱了去，我们怎么不（□□）为我们的主义而（□□）要紧的，我们的主义不能死的；苟其主义死了，我们（□□）三民主义信徒（□□）革命者的家庭都不可保，我们革命的同志，在正（□□）时期，只有拼命（□□）同志们！我们只有为主义而生。为主义而死！最（□□）要为主义而讨伐蒋。（□□）打仗回来后，校中的组织改变了一下。因为党里（□□）需要军事人才，把（□□）改为步兵科了。现在校里有步兵三团，工兵一营，砲（炮）兵一营，机关枪一营，政（□□）教导队一营，总共学生有五千多，足足有一师人。我（□□）编在步兵第二团（□□）的住址也迁移了，原来我们住的两湖书院，现在（□□）步兵第三团及工兵（□□）第一团第二团砲兵营住南湖，你们以后来信，寄武昌南湖中央（□□）。

前几天寄父亲的信方寄了之后，在信插中，从杂乱的信中，拣得父亲五月卅一日寄我的信，中间有几句真是笑话。我把他写出来，父亲看了之后，自己觉得差误不差误。"儿在校中现如何？""所抱主义能否与我平时所主张者有合"。在后一句，我也不晓得他平时所主张什么，不过在信上说，父亲的主张都是投降主张，都是畏缩不进步的主张，我是不主张的，我所抱的主义，是革命的三民主义，是中山先生创造的三民主义，不是国家主义，不是蒋介石的反革命主义。又说"古称识时务者为俊杰，光于时务二字须常常留意，无轻忽也。"照他的意思，要我做俊杰；在夏斗寅逼近武昌时，要我投降到夏斗寅，才算识时务，才算俊杰，你看笑话不笑话。但是我是决不投降到反革命队伍里去的，到死都不肯投降的，所以这次夏斗寅来我们要打的，结果把他打退了。以我以为不识时务中识时务的。不知父亲以为识时务不识时务？

最近你有没有好的照片，送一张我，以致纪念。冠群爱群，能够就在夏天赤裸裸地拍照吗？最好拍张来也寄一张我。最近我也照了一张①，等几天拿来寄一张给你。玖妹下半年一定要升学的呵！完了。

志昂
七月二日

阅读参考

初次亲历战场，不管旅行式打仗，还是河南的鏖战，他体察到战场毕竟是生死之地，生死是分钟的事。他思考生死的意义，分析人和动物生活的根本区别，指出有意义的生应当促使社会进步，推动人类历史进化，改

---

① 照了一张：指7月1日在黄鹤楼所照的沈志昂戎装照。

良人们生活,由此批判亚当斯密司经济学使资产阶级发展到帝国主义,证明中国不能走这条道路,要走孙中山三民主义道路,从理论上阐明三民主义和共产主义是一派的。同时揭露军阀、帝国主义假三民主义,最后批评父亲的识时务论,以示"到死都不肯投降的"革命坚定心。

蒋介石叛变三民主义,叛变革命,沈志昂看得真切,给予毫不留情的揭露和批判,也揭露一批假三民主义者;他认为这是对真正的革命者的侮辱。

这是一篇很有说服力的批判帝国主义,宣传国共合作理论基础,激励人们投入革命的文章。他娓娓道来引人入胜,很有鼓动性。如果在南京路上登台演讲,可吸引上千人,即便在九十年后的今天,他那种生死观、革命的人生观和向反动腐朽势力决战到底的意志还是值得我们好好学习的。

革命先驱,先驱的内蕴是丰富的。

1927年7月2日（农历六月初四）来信原件影印

「理智动物」理智的表示，也就是说有意义的生的表示。所以我们的生不是同猪狗一样的生。在意义和无意义的分别。有意义的生是人类的生，无意义的生是猪狗畜牲的生。在这个"生"字上我们是要怎样的生才有意义的。就这个"生"字就发生了许多问题。发生了种种问争。自古至今，一部很厚很厚的历史上，那一页不是表示为生的问题。就以中国的历史说，自盘古到尧舜，燧人氏鑽木取火，有巢氏構木為巢，自秦奪至秦始皇，中间一部治国历史，战争历史，汤伐桀周伐纣乃至民不聊生，那一页不是生活表示，一直到现在将来。我们要研究怎样改良我们的生活。一，有种种科学发明。在物质上一般进步，就是求改良生的问题，有种种进步。我们要研究生的问题，使人类的生活，怎样的意义，怎样的发展，怎样的谋生，此种科学，就是经济学。在经济学上讲，以前的观点的，都是亚丁斯密司（人名）的个人派的经济学，是专门讲究怎样才使个人发财，个人幸福，个人的经济学是保護有有财产制度的。在这私有财产制度之中，各自謀发展個人的财产，各自搶争把经济的制度变到资本主义的制度。资本主义是保護有钱人的主义，使有錢的人以钱，不致无樣，並且還要增加起来，充裕起来，把政治的权教育的权法律的权，经济的权，统一归到資本方面去，甚至把人類的思想習慣心性都向資本路去。资本的发达，发达到最高点，就成為帝國主义。资本主义的发达，起初由商業資本，進而為工業资本，到最後為金融業资本，把生產機關壟斷起来，把经济操縱起来。我们知道全世界的财产總有限制的資本发展，初由小而大，大而愈大，大而大到把全世界的财产都集中一處，為此我们晓得一個资本家的发展，要排斥了許多小資本，剝削了許多的劳动者。由此有資本主义的發展，很是危险很可怕的。在這個危险之中可怕之中，除了資本家自己的野心外，那一个情願给資本家剥削自己的利益供資本家達到他的野心呢？？在这環境之中，馬克斯創出共產主义根本的要把资本主义打倒。自從馬克斯的社会经济學說（即共产主义）創出後，把根深蒂固的亚丁斯密司的個人经济學根本的推翻到。在资本主义恐怖之中（白色恐怖）我们要視馬克斯的利益達到共産主义的社会。在这过程中一定要经过鬥争，這個鬥争就是革命（換一句話說以赤色恐怖打倒〈白色恐怖〉我们中國是經濟落後的國，半殖民地的國，在國主义侵略下之國，因此经济状况和各國同，所以在中國之環境中，產生出孫中山的三民主義。三民主义和共產主义，雖然先後同東西，但是三民主義和共產主义是一派的沒有衝突的，都是向社会经济學路上走。等奉三民主义的信徒，对於共產主义，必定不反对的。奉著共產主义的信徒对於三民主义也不反对的。然，共產主义的革命，這個特叫做社会革命，惟三民主義而革命，这個革命是国民革命。国民革命的目的是打倒帝国主义，社会革命的目的是打倒资本主义（中国工潮和资本主义就是一个东西，对自己国内的叫资本主义，对外国的资本主义叫帝国主义。我们中国因为没有进步经济落后，外国帝国主义有他们的军队，帝国资本家运用他们的军伐向我们压迫，所以我们中国除了少数的军阀洋奴买办富豪劣士等卑鄙无耻情愿做帝国主义的走狗外，哪一个不受其压迫。不受其痛苦，尤其是农工阶级，小资产阶级，受了大资产的影响，已趋破产了。无产劳动阶级，只有被他们剥削，当牛马用，还是无衣无食，然此以往，我们小资阶级及无产阶级，只有死路一条。所以我们处如此环境之中，我们应该起来为自己的阶级争利益，为自己阶级谋利益的主义而奋斗，这才是我们的出路。否则我们还是不起来不奋斗，等于自杀，就是没有死，这种如牛如马如猪如狗的生活，惨极种种生活，有什么趣味，有什么意义呢？所以我们的生是要为主义而生，我们的死是要为主义而死，这种生死才有意义的。有意义的生死，就有趣味的生死，这样做一辈人，才没不枉做的，其不如主义，不知自身的地位糊涂地如猪如狗的不知是什么东西的过去，虽是活了八九十岁还是算个人枉得极寿长也等枉做题鹤，等经过枉做鞋瘟。我们所谓为主义而生为主义而死，这个主义是代表自己利益的主义，也们们的人民目前所需要的国民主义，这次北伐虽然牺牲了诸同志，但是牺牲的同志，是为自己的主义而死嘛，就很痛快的，总比糊涂地没心地病死有意义得多呢！

唉！革命的三民主义，为民众利益的工民主义，为反革命的帝国主义走狗，也等其等粉饰自己的罪恶。新军阀蒋介石他也讲三民主义，我们打的小军阀夏斗富杨森也讲三民主义最凶最恶，甚么地张作霖也讲民主义之工是可笑，又是可恨，我们都要明白张作霖非根本剿灭不可，那里配得上说三民主义，我们要晓得张作霖说三民主义，是和蒋介石谋协的条件，蒋介石自三民主义十足现出来，向帝国主义亲善，把革命的三民主义改为反革命的三民主义以欺骗民众，我们试看从前帝国主义者深恨三民主义，打倒三民主义，谓三民主义为赤化过激，现在怎么样了。自从蒋介石投降帝国主义后，把三民主义将到南边后，帝国主义也赞成三民主义了，英国外交大臣张伯伦也说三民主义是很好的，要知道三民主义是打倒帝国主义打倒军阀，本来用不到军阀帝国等讲的，三民主义是在民中才能够讲的，农工民才真正有资格讲三民主义。蒋介石营军阀联合起来，向民众压迫要张作霖讲三民主义，要张作霖改用青天白日的猜徽，要张作霖改为国民革命军北方总司令你看我们革命同志，用鲜血用头颅换来的革命名义，蒋介石竟把这个无荣

1927年7月2日（农历六月初四）来信原件影印

送到陰溝洞裏去，你看可恨不可恨呢。我们要保持先烈的血換來的光荣，我们要保持青天白日旗幟的價值，我们要保持三民主義的真諦，非把一切假的打破不可，非把賣國蔣介石打倒不可。我们打倒蔣介石，我们做革命者的羞恥，對我们失败，民众失败，我们勝利，就是蔣介石的失败，有出路的，打倒蔣介石是我们革命的出路阿！我们的革命是被强盗狗賊偷去污辱了，我们怎么不要緊的，我们的主義不死的。苟其主義死了，我们革命者的家庭都不可保，我们革命的同志，在正同志们！我们只有為主義而生，為主義而死！最打仗回來後，校中的組織改变了一下，因為黨裏看改為步兵科了。現在校裏有步兵三團工兵一營砲兵一營機關槍一營政教導後費，總共營裏有三万多兵，有一師人。我的住地也遷移了，原來我们住的兩湖書院，現在第一團第三團砲兵營住南湖，你们以後來信，請寄武昌南湖中央

先烈们不起
不打倒
我们要為主
義爭我们的主義師
三民主義住後
時期，只有拚命
要為主義而討搏。
需要軍事人材把
編在步兵第一團
步兵第三團及工兵

前找大學父親的信方等了三天，在信扯中從雜乱的信中，揀得父親五月廿四日我的信，中間有幾句真是笑话，我把他寫出來，父親看了之後，自己覺得差錯不差錯。筆在校中現在如何，把主義能否在我革命時伸主張者有念。至後一句我也不晓得他下列主張什么，不過在信上說父親的主張都是投降主張都是退縮不進步的主張，我是不主張的。我所抱的主義是革命的三民主義，是中山先生創造的三民主義，不是国家主義，碰蔣介石的叛变革命主義，又說「不認識時務者為俊傑」，先把時務二字須常留意，毋輕忽，照他的意思，應說俊傑，在夏斗寅逼近武昌時要投降到夏斗寅，才認識時務，才算俊傑，你看笑話不笑話，但是我是老不投降到反革命陣，但表去的，到死都不肯投降的，所以這次夏斗寅來，我们要打的，結果把他打退了。以我以為不識時務中識時務的，不知父親以為識時務不識時務？

最近你有沒有好的照片，送一張我，以致紀念。強壮愛革，能得的在夏天去裹上血拍照嗎？最好拍張來好等一張我。最近我也照了一張，等將天事來寄一張給你。八妹下半年一定要升學的阿！完了。　　　志昂七月二日

1927年7月2日（农历六月初四）来信原件影印

1927 年 7 月 10 日

亲爱的玩璆姊姊：

革命的势力时常在危险之中震荡着，同时反革命的势力也随之而时常摇动着。这双方的胜利，是看谁方面的努力而决定的。

在世界上只有两种势力，一种是帝国主义与封建势力结合的反革命的势力，一种是无产阶级与被压迫民族结合的革命的势力。现在这两种势力正在决斗之中。

我们晓得世界上的革命的大本营是苏俄，（其实他的名叫苏维埃社会主义联邦共和国，故又叫苏联。）反革命的大本营是英国，现在这两国已绝交了，双方决裂非常厉害，势于必战。

英国是世界上第一个的强暴的帝国主义，他的海军是冠于全球，同时他的陆军也是非常有名的，而又加以资本的雄厚，所以能称霸于全球。苏俄是在世界上革命最先进的国。他在一九一四到一九二〇年是因革命过程中，破毁力极大没有建设的关系，他的生产很穷乏的；而在革命成功后，种种破毁的，有社会主义的眼光，用科学的方法，都恢复起来。因方法的优良，制度的改革，所以种种事业，进步得非常的快，能超过世界一切的生产速度，虽是至今仅七年，而其发达能够同世界第一个强盛的帝国主义——英国决战。

现在英国已派兵逼近苏俄,同时苏俄亦积极备战,苏俄人民委员长里可夫(就是苏俄政府的主席)已对全国人民下全国动员令,同时加紧制造飞机。在这种严重的形势力之下,虽然还不致马上就开火交战,但是总是要一战;而且战期是很近的。

英国拼命要拉拢德国意国法国美国及挑拨弱小的国向苏俄发难,如苏俄边的立陶宛,波兰等等。(看世界地图就可明白)苏俄一方面也联络欧洲弱小的国,一方面鼓吹各帝国主义下的无产阶级反对战争,向帝国主义的政府革命。

我们对于英俄两国的冲突,英俄两国的战争,并不是简简单单的,也并不是只是两国的问题。我们知道这两国的冲突,是引起世界第二次的大战。我们晓得两国所代表的势力是完全不同的。一个是反革命的帝国主义的势力,一个是革命的社会主义的势力。所以就是成功第二次的大战,但是比第一次大战的欧战性质是不同的。第二次大战是革命和反革命的大战,帝国主义和社会主义的大战。第一次的大战是帝国主义利害冲突的大战,德国也是帝国主义,英法美也是帝国主义。

英国为什么这次要与俄国绝交,要与俄国作战。再简单地说:当然反革命的是不使革命的存在的。但是就在近因方面说,英国与苏俄绝交,完全是中国问题,中国革命问题。

最近几年来,中国革命潮流高涨,各处的民众运动起来,把几十年来根深蒂固的英帝国主义在华的势力摇动起来。如前年的五卅运动,闹满全国,影响到全世界,酿成去年四月英国全国工人大罢工。同时又因北伐军胜利,把他驯养的走狗吴佩孚孙传芳两大军阀打倒,把英帝国主义的在长江流域的势力摇动。英帝国主义者看到中国革命运动,实在是可怕,极力的镇压中国的革命势力,一方面唆使其走狗屠杀,一方面自己动手屠杀;

一方面封锁革命的国民政府，一方面派兵来华示威或武力干涉。同时他又启仇于俄国，以为中国革命受苏俄的帮助；并且又想镇压世界上革命的势力，因为苏俄是世界革命的大本营，所以对于苏俄深恨非常，于是向苏俄绝交，向苏俄开衅。这是帝国主义在最后没办法之中，最后的办法。

英国帝国主义这次要打胜苏俄，就要克复中国的革命势力，苟其中国的革命的势力，不能消灭，反而高涨起来，英帝国主义总是危险的境象。苟其英国和苏俄火线暴发后，或庶（者）中国和英国也要决裂。

英俄两国开战后，那一个胜利，我们当然不能够断定。但是就以目前的各方形势看来，结果终是苏俄的。我们看英国所要拉拢的各帝国主义的国，终是因为帝国主义间之利害冲突，不能够合作；并且最近美国召集英美日三国海军问题会议，在名义上要各国限制海军，裁减海军，但是三国都想我限制你，你限制我，在海军问题上三国冲突很厉害，（详细情形，每天看报就可晓得。）他们对付苏俄的联合战线就不坚固。现在各小国如波兰等也已接受了苏俄的条件。第三国际已明白的（地）告诉全世界的工人起来反对帝国主义，尤其是英美法的劳动阶级，有极大的组织，有极大的力量向压迫他们的自己政府进攻，苟其两国开战后，劳动者一定在这时在自己国内革命，推倒帝国主义的政府，反对与苏俄战争。

世界上的劳动者，在第一次大战中已得到一个教训。他们已明白在帝国主义压迫之下，劳动者替帝国主义做工打仗，打死的是自己的兄弟们，得到利益的是帝国主义者——是他们的敌人。所以他们不肯帮助敌人（就是帝国主义）而瞄准枪头打自己的劳动兄弟们，他们要为自己的阶级利益，倒转枪头向他们的敌人瞄准。

但是我们也不要这样乐观，以为包打胜仗，代表我们的苏俄一定是操胜利的。我们要明了，苟其英国失败的时候的，各国帝国主义者，看到自己的势力失败，他们一定要帮助英国帝国主义的，在这个时候我们革命的分子苟其不努力，我们一定要失败的。玩璆，革命是不分国界的，是在世界上整个的。苟其世界革命失败，中国革命那能成功；苟其中国革命失败，世界革命也不成功。人类总是得不到幸福的。苟其在革命严重的时期，一切的革命分子团结起来，努力奋斗，才得到胜利，把世界上一切帝国主义，一网打尽，世界革命成功，中国革命也成功。这时候"一轮红日照遍五大洲"，没有帝国主义，没有封建势力，没有反革命分子，正好为我们的利益上走，人类得到真正的自由、平等，我们多么幸福，我们多么快乐！同志们，努力奋斗！

革命成功后，我们要到那里就可到那里，无论美国法国瑞士苏俄等国怎样好玩，我们都可玩。我们要住洋房，要坐汽车，都可以的。世界上只有一样的人，没有穷没有富，到处有工作，到处有饭吃。这种革命成功后的快乐，要我们自己在革命未成功时，用鲜血用头颅去换来的。苟其我们没有勇敢没有决心去牺牲非人生活的鲜血和头颅，到底是得不到这样做人的快乐！

玩璆，我写到这里，我差不多要发狂了。这种无国界的大同世界，没有战争，没有欺诈，没有压迫，我们的思想习惯心性都要改变了，这种快乐真是要使我发狂了。革命的同志们，在现在革命的势力在危险之中震荡时，站定自己的立脚，勇往向革命的路上跑，努力奋斗，最后的胜利，定是我们的。帝国主义及封建势力一定要消灭的。

我们既有革命的环境，有革命的决心，我们要革命，非彻底的革命不可。我们不要不彻底，稍有艰难困苦，就灰心起来，就妥协起来，象（像）辛亥革命的样子，甚至象（像）蒋介石的样子，投降到反革命队伍中去。

（□□）信及书十本，给父亲的信，有没有收到？现在奉上最近摄的照片一张，以致纪念，谅总该喜欢看的吗。我的住址已改变了，在上次信上已说，以后来信寄到武昌南湖，南湖离武昌有七八里。

现在差不多各学校都放暑假了，但是我们学校是不放暑假的，尤其在这三个月中，加紧训练，预备三个月要毕业的。我时时不忘的玑妹求学问题，今暑假玑妹应毕业了，在这暑假之中千万要叫她去考学校，千万要她升学，无论如何困难一定要升学的。苟其你不叫她升学，不设法使她升学，不合我的意思，你就是对不起她，同时也对不起我。最后一句，一定要使她升学！

我前后寄给你的信及给父亲的信，这许多信请你们存留着，不要毁掉了。

完了，恭祝

努力！

志昂
于七月十日夜

阅读参考

英苏关系：1927年因苏联工会支持英国工人罢工，导致英苏关系恶化。作为对这一行动的报复，英国强行搜查苏联驻英国贸易代表处。5月27日宣布与苏联断交并废除1921年签订的贸易协定。一时间双方形势十分紧张。

关于英美日三国海军问题会议：1921年11月12日在华盛顿，英美日三国召开会议。规定三国海军主力舰比例为10∶10∶6，日本不同意，要求10∶10∶7，未被通过。1927年6月20日，英美日在日内瓦召开海军会议，法、意以观察员身份参加。美国想把华盛顿会议规定3∶5∶3比原封不动地用于辅助舰只。英国声称有很长的交通线，必须有 70 艘各类巡洋舰，还提出万吨级大型巡洋舰可按 5∶5∶3 比例造，小型不按此比例。这样英国超过了美国舰只，美表示反对，它希望建造更多的大型巡洋舰。日本站在英国一边，三方各执己见，会议未能达成任何协议。

  信中提出了世界两大势力决斗的论断；分析了帝国主义之间的矛盾，这些都是共产党的全新的观点，他掌握得很好。信后半段写到世界革命成功，中国革命成功时，激动万分，"我差不多要发狂了"，对革命充满了信心。他当然要高呼"我们要革命，非彻底的革命不可"了。他也清楚"这种革命成功后的快乐，要我们自己在革命未成功时，用鲜血头颅去换来的"，他果真实践了诺言。今天他的梦实现了，我们享受了"住洋房，坐汽车"，可他没有享受到革命成功的快乐。梦会实现的，梦必须一代一代做下去。

中央軍事政治學校武漢分校用箋

總理遺像
革命尚未成功 同志仍須努力

親愛的沅澄姐姐：——

革命的勢力時常在危險之中震盪着，同時反革命的勢力隨之而時常搖動着，這雙方的勝利，是看誰方面的勢力而決定的。

在世界上祇有兩種勢力，一種是帝國主義與封建勢力結合的反革命的勢力，一種是無產階級與被壓迫民族結合的革命的勢力，現在這兩種勢力正在決鬥之中。

我們曉得世界上的革命的大本營是蘇俄（其實地的名叫蘇維埃社會主義聯邦共和國，故又叫蘇聯）反革命的大本營是英國，現在這兩國已絕交了，雙方形勢非常厲害，勢在必戰。

英國是世界上第一個最強暴的帝國主義，他的海軍是冠於全球，同時他的陸軍也是非常有名的，而又加以資本的雄厚，所以能稱霸於全球。蘇俄是世界上革命最先進的國，他在一九一四到一九二〇年是因革命過程中被毀力極大，沒有建設的閒暇，他的生產很貧乏的，而在革命成功後種種破壞的，有社會主義的眼光，用科學的方法，都恢復起來，因方法的優良，制度的改革，所以種種事業，進步得非常的快，能超過過去世界一切的生產，雖是至今僅七年，而其發達能夠同世界第一最強暴的帝國主義——英國決戰。

現在英國已派兵逼近蘇俄，同時蘇俄亦積極備戰，蘇俄人民委員長里可夫（就是蘇俄政府的主席）已對全國人民下全國動員令，同時加緊製造飛機。在這種嚴重的形勢之下，雖然還不就馬上就開火決戰，但是總

校武漢分校用箋　中央軍事政治學校

總理遺像
革命尚未成功　同志仍須努力

是要一戰，而且戰期是很近的。

英國拼命要拉攏德國意國法國美國，及挑撥弱小的國向蘇俄勞難，如蘇俄邊的立陶宛，波蘭等等（看去男地前說打明的蘇俄一方也聯絡歐洲弱小的國，一旦就吸各帝國主義下的無產階級反對戰爭，向帝國主義的政府革命。

我們對於英俄兩國的衝突，英俄兩國的戰爭並不是簡單的，這並不只是兩國的問題。我們知道這兩國的衝突，是引起世界第二次的大戰，我們曉得兩國所代表的勢力是完全不同的，一個是反革命的帝國主義的勢力，一個是革命的社會主義的勢力。所以就是成功等次的大戰，但是此次一大戰也所印戰性質是不同的。第二次大戰是革命和反革命的大戰，帝國主義和社會主義的大戰。第一次的大戰是帝國主義利害衝突的大戰，德國也是帝國主義，英法美也是帝國主義。

英國為什麼這次要與俄國絕交，要與俄國作戰。在簡單的說，當然反革命的是不使革命的存在的。但是就最近原因來說，英國與蘇俄絕交完全是中國問題，中國革命問題。

最近幾年來中國革命潮流高漲長，各處的民眾運動起來，把幾十年來根深帝國的英帝國主義在華的勢力搖動起來，如廣州的五卅運動，鬧滿全國，影響到全世界，兩義成去年四月英國全國之大罷工。同時又因北伐軍勝利，把他豢川養的走狗吳佩孚孫傳芳兩大軍閥打倒，把英帝國主義的在長江流域的勢力搖動，英帝國主義看到中國革命運動，實在是可怕，

1927年7月10日来信原件影印

中央軍事政治學校武漢分校用箋

總理遺像
革命尚未成功 同志仍須努力

P.3

极力的鎮壓中國的革命勢力，一方面嗾使其狗屠殺，一方面自己動手屠殺，一方面封鎖革命的國民政府，一方面派兵來華示威或武力干涉。同時他又仇視于俄國，以為中國革命受蘇俄的帮助，並且又想鎮壓世界上革命的勢力，因為蘇俄是世界革命的大本營，所以對於蘇俄憤恨非常，于是向蘇俄絕交，向蘇俄開戰罷，這是帝國主義最後沒辦法之中，最後的辦法。

英國帝國主義這步棋打勝蘇俄，就要克復中國的革命勢力，苟其中國的革命勢力不能消滅，反而高漲起來，英帝國主義總免不脫的境象，苟其英國就與蘇俄大規模苦戰，或底中國和英國急遽分裂。

英俄兩國開戰後，那一個勝利，我們當然不能夠斷定。但是就以目前的各方形勢看來，結果終是蘇俄的。我們看英國形勢拉攏的各帝國主義的國，終是因為帝國主義間之利害衝突，不能夠合作。並且最近美國召集英美日三國海軍問題會議，在名義上要各國限制海軍裁減海軍，但是三國都想我限制你，你限制我，在海軍問題上三國衝突很厲害（詳細情形，每天看報就可曉得）他們對付蘇俄的聯合戰線就不堅固。現在各小國如波蘭等也已接受了蘇俄的條件。第三國際已明白的告訴全世界的工人起來反對帝國主義。尤其是英美法的勞動階級，有極大的組織有極大的力量向壓迫他們的自己政府進攻，苟其兩國間戰後，勞動者一定立時在自己國內革命，推倒帝國主義的政府，反對與蘇俄戰爭。

世界上的勞動者，在第一次歐戰中已得到一個教訓，他們已明白在帝國主義壓迫之下，勞動者替帝國主義做犧牲，也就是自己的先鋒們，得到

1927年7月10日来信原件影印

中央軍事政治學校武漢分校用箋

總理遺像
革命尚未成功 同志仍須努力

利益的是帝國主義者一是他們的商人，所以他們不肯幫助商人（和英帝國主義）由腦準備到打倒的勞動兄弟們，他們要為自己的階級利益，倒把槍頭向他們的商人瞄準。

但是我們也不要這樣樂觀，以為已打勝仗，代表我們的蘇俄一定是樣勝利的。我們要明瞭，當其英國失敗的時候，各國帝國主義者，看到自己的勢力先敗，他們一定要幫助英國帝國主義，在這個時候我們革命份子當其不努力他們一定要失敗的死矣。革命是不分國界的，是在世界上整個的。當此時由革命失敗，中國革命那能成功，當中國革命失敗，世界革命如不成功，人類總是得不到幸福的。當其是革命最緊要時期，一切的革命分子團結起來，努力奮鬥，才得到勝利，把世界上一切帝國主義，一網打盡，世界革命成功，中國革命也成功。這時候「一輪紅日照遍五大洲」，沒有帝國主義，沒有封建勢力，沒有反革命分子，正好為我們的利益上去，人類將到真正的自由平等，我們多麼幸福，我們多麼快樂！唉同志們，努力奮鬥。

革命成功後，我們要到那裡就可到那裡，無論美國法國瑞士蘇俄國怎樣好玩，我們都可玩。我們要住洋房，要坐汽車，都可以的。世界上祇有一樣的人，沒有窮沒有富，到處有工做，到處有飯吃。這種革命成功後的快樂，要我們自己立革命未成功時，用鮮血用頭顱去換來的。當其我們沒有勇敢，沒有決心去犧牲非人生活的鮮血和頭顱，到底是得不到這樣怡人的快樂！

死矣，我寫到這裡，我差不多要猖狂了，這種無國界的大同世界，沒有

1927年7月10日来信原件影印

中央军事政治学校武汉分校用笺

战争说有残酷，没有压迫，我们的思想习惯心性都要改变了，这种快乐真是恶饿我贵了。革命的同志们，在现在革命的势力在危险之中震荡时，站定自己的立脚，勇往向革命的路上纪，努力奋斗，最后的胜利定是我们的。帝国主义及封建势力一定要消灭的。

我们有革命的环境，有革命的决心，我们要革命非澈底的革命不可，我们不怕不澈底，稍有艰难困苦，就灰心起夹，就萎靡起来，家来革命的分子，甚至变成介石的样子，投降到反革命队伍中去。

……信及书十本，给父亲的信，有没有收到，现在奉上最近摄的照片一张，以留纪念，该总该喜欢有的吗。我的住址已改变了在上次信上已说，以后来信等到武昌南湖，南湖离武昌有七八里。

现在差不多各学校都要放暑假了，但是我们学校是不放暑假的，尤其是这三个月中加紧训练，预备三个月毕业，我时不忘的儿妹求学问题，今暑假儿妹应毕业了，在这暑假三个月千万要叫她去考学校，千万要她升学，无论如何困难一定要升学的，苟其你不叫她升学，不说法使她升学，不合我的意思，你就是对不起她，同时也对不起我。最后一句，一定要使她升学！

我前几寄给你的信及给父亲的信这许多信请你们存着，不要毁掉了。

完了, 恭祝

努力！

老昂 七月十晚

1927年12月4日

亲爱的弟弟：

你的哥哥已经没有看见他所心爱的弟弟有整个的一年了！这是并不是你的哥哥很狠心抛弃了可怜的没有母亲的小弟弟①而自己到外边去寻快乐。你的哥哥决没有这样的心，亲爱的弟弟，你知道吗？我是由环境逼迫我不得不离开了家乡，抛弃一切素最亲爱的有关系的人，而向茫茫天涯去流浪呀！

弟弟，我是为了你，不知流了多少次眼泪！你是本来很活泼很顽皮的小孩子，但是自从母亲死了之后，你也是同没有父母的玖妹（秋姊姊的妹妹）一样了！丧失了天真烂漫而变为呆呆痴痴地傻子了！呀！我写到这里我要哭了。

近来我因为身体不大舒服，所以种种愁思特别的多。亲爱的弟弟，我的心灵，好似冰冻的冰雪一般，遇着残酷的寒风恶冷愈是坚如铁石，遇着温和的太阳很容易溶解的。我是在革命之道路上，凶毒的战场上，我是一些（点）不怕，杀人如切菜般狠心去赶，只有鲜红的赤血滴滴地流，没有悲哀的酸泪的微痕；但是在深刻的情感上我是已不能支持我的勇气了，在

---

① 小弟弟：沈志昂的弟弟沈志杨，1914年生，字益修，生母逝世时仅10岁，1927年时年13岁。

未讲话之先，我先要哭了。我是在数千里之外，思想着你的苦状，我的心里如刀割一样的痛，我已不能忍耐了，我不能再不使你同我一样的痛哭了。

亲爱的弟弟，现在正是又要严冬的天气了，我是已看见你去年前年的冬天的样子了。两只手两只脚生满了冻疮，脸上冻得红而且黑，身上穿的又脏又旧的衣服，缩着手不声不响地坐在一块，也没有人睬你，也没有人问你。或是一个人拜在枱上哭。因为你年纪小的缘故，不能自己设法弄饭吃，或铺床睡，都要一个人帮助你的，你是知道爸爸娘娘①都不管你的，你也不向爸爸娘娘去扰闹，你只向姊姊去扰闹，有时因为姊姊也有旁的事，不能照你办，双方发了脾气，弄得大家一场大哭，这是时常有的。在那时总是有姊姊，无论什么都有姊姊留心，你没有钱用向姊姊那边拿一些，没有袜了，她替你向爸爸说，你要读书去了，她代你弄被褥，总是你要什么，她代你办什么，一件一件都由她的。可是现在她嫁了，她已不能一件一件代你办了，你去教谁呢？爸爸娘娘吗，他们从来是不管不问你，（或时爸爸一时良心发觉来问问阿修阿修）你的小姊姊②呢，很躁烈的，并且你们时常要闹的，秋姊姊呢？她也有冠群爱群没有暇，你去问谁？你去教谁？姊姊嫁了后，你至少要苦一倍！亲爱的弟弟，你知道你自己的地位吗？

或者是爸爸因为我远走了，没有希望要我回来了，他只有一个儿子了——你，对于你特别的爱重，特别的留心，不是如我在家时的不问不管了，也是不可知的。倘使是这样，我情愿牺牲了我，使爸爸爱你！

亲爱的弟弟，你要知道你痛苦，你要明白你地位，你不要去学人家有

---

① 娘娘：沈志昂继母唐家清。1925 年沈达才娶唐家清为续弦，称呼娘娘。
② 小姊姊：沈志杨的小姊姊沈帼雄。

爷有娘的孩子，你更不要去学人家有钱的孩子，去赌钱，去吸烟，去游玩，你是苦的孩子，你是穷的孩子，你要求得你有用的学问，为了痛苦的人民，去革命，去改造。这是穷苦孩子应做的唯一的责务。

亲爱的弟弟，我对于你希望非常大，我是希望你跟着我努力革命，努力改造社会。

苟其你能够写信，请你告诉我，姊姊嫁了后情形怎么样？她的通讯处是柘林什么地方。完了。

祝你康健！

你的哥哥志昂

于十二月四日 ①

通讯处：广州四标营第四军军官教导团第三连

阅读参考

尽管在温暖的广州，想到家乡又要严冬了。前年去年冬天，弟弟那种凄苦孤独的情景又在眼前了。他观察到处境的改变，已使弟弟性格扭曲变形。他深知弟弟忍受了怎样的痛苦。这个天不怕地不怕的"杀人如切菜般狠心"的哥哥，一想到弟弟就欲语泪先流了。"思念你的苦状心如刀割"。今年关心照顾他的姊姊出嫁了，"处境可至少要苦一倍"。与弟弟分别一年了，他定要写信询问叮嘱，要姊姊的婆家的通讯处，要姊姊继续关心弟弟。"我愿牺牲了我，使爸爸爱你！"这是怎样的胸怀，怎样的手足之情，催人

---

① 十二月四日：拟是公历，因通讯处是广州起义前的，广州起义于1927年12月11日凌晨爆发。

泪下！就这点足为后人楷模。

信写完了，在反面又写下"我最亲爱的胞弟，你近来怎样子呢？"思念，思念，还是思念；不放心，不放心，还是不放心，真是"别有深情千万重"。不知收到弟弟的回信了没有，因为那个通讯处，人去楼空了。

弟弟是听话的。1928年父亲死后，苦撑到江苏省松江第三中学高中毕业。不幸二十二岁病逝，负却哥哥一片心。

沈志昂在武汉给汤瑾的最后一封信是7月10日。7月2日，汪精卫控制的武汉国民政府宣布解散共产党机关。足见此时武汉已乌云密布了。此后，很长一段时间没有信件。沈志昂在公历12月21日（农历十一月廿八）来信中说"一个月以前的信收到否"，一个月前是10月底，此信未见。现存沈志昂到广州后能看到的最早的家书是12月4日给弟弟的信。又附通讯处：广州四标营第四军军官教导团第三连。可见在广州起义前。广州起义是12月11日，证明这里的12月4日是公历。在这一段时间里沈志昂是戎马倥偬；在政治形势方面，连续发生了许多重大事件，局势纷乱。这不论对中国革命和沈志昂的人生道路而言，都是具有转折性的剧烈变化。

南昌起义：1927年6月26日，以汪精卫为首的武汉国民党中央通过《取缔共产党职务案》。7月2日宣布解散共产党机关。7月15日宣布进行分共，正式和共产党分裂，通缉共产党员。汪精卫、张发奎阴谋召开军事会议，策划在庐山扣留贺龙、叶挺，围剿贺、叶在九江的军队。当时，张发奎是武汉政府主力第二方面军总指挥兼第四军军长。叶剑英是第四军参谋长，贺龙是第二方面军第20军军长，叶挺是由独立团扩编的第四军25师师长。共产党中央获悉此情报后，决定派周恩来去南昌，组织起义。贺、叶将部队迅速开赴南昌，南昌有朱德（任第三方面军军官教导团团长，兼任南昌警察局长），起义部队共两万人。

南昌起义后8月3—6日，先后撤出南昌，南下广东。在潮州汕头及汤坑遭截击，损失惨重。10月3日，在周恩来主持下召开会议，决定领导人分散转移，渡海经香港转入上海。部队到海陆丰与农民革命斗争结合。这部分在10月7日进入海丰地区。另一部分与殿后的朱德部队会合，后又加入了自武汉赶来的陈毅，转战闽南、赣南、湘南。1928年4月到井冈山，和毛泽东领导的工农革命军会师。

教导团：1927年7月15日汪精卫公开宣布"分共"后，中央军校学员（主要是五期）被迫离校，一部分加入叶挺、贺龙部队。六期学员大部分成为张发奎第二方面军的教导团，军校暂告结束。1927年1月张发奎升为第四军军长，兼十一军军长，宁汉分裂后拥汪反蒋，6月被武汉政府任命为第二方面军总指挥，7月中旬宁汉合流后追随蒋汪反共。但他很器重叶剑英。叶剑英在南昌起义前不久秘密入党。张发奎任命叶剑英为国民革命军第四军参谋长。由黄埔军校学生组成的教导团称第二方军军官教导团，属第二方军军部领导。谢膺白为团长。南昌起义后，教导团到九江。谢嫌团内共产党员多（宁汉分裂后，已暴露的党员已被遣散，未暴露的尚有100多人）不愿当。叶剑英获悉后趁机向张发奎提议，将教导团划归第四军，改为第四军教导团，自己当团长，承诺严加管教，张同意。所以，这支部队名义上还是国民革命军第二方面军第四军的。教导团在九江稍事整顿，开赴南昌。南昌起义时，教导团还在武昌。南昌起义后，张发奎忙于往广州和桂系军阀争地盘，率兵南下。8月中旬，叶剑英率教导团沿赣江南下广州。一路上，叶剑英盘算着到广州后举行起义，脱离张发奎。9月中旬，到广州。教导团在花县新街整训后，进入广州，驻北校场。沈志昂来信有提及。

"八月二日，一艘火轮拖着三四条木船，几十条船从武昌沿江东下，两千多中央军事政治学校武汉分校的学生坐在船上,陈毅(负责军校党务工作的)也在其中。中央军委并没有告诉他们八一起义的事,所以学生大部是徒手,根本没有应变的部署。八月四日,船队到了九江。"(《八一,用头颅撞响的第一枪》,《南方周末》2017年7月6日)

亲爱的弟：

你的哥々已经没有看见他所心爱的弟々有整两的一年了。这是并不是你的哥々很狠心抛弃了很可怜的没有母亲的小弟々而自己到外边去寻快乐。你的哥々决无有这样的心，亲爱的弟々你知道吗？我是由环境逼迫我不得不离开了家乡，抛弃一切最亲爱的有关系的人，而向无边无涯去流浪呀！

弟々，我是为了你，不知流了多少次眼泪！你是未来很活泼很调皮的小孩子，但是自从母亲死了之后，你也是同没有父母的三八妹（抛弃你的姊妹）一样了！丧失了天真烂漫的爱弟々弟々地唤了了。唉！我写到这里我要哭了。

近来我因为身体不方舒服，所以种々愁思特別的多。亲爱的弟，我的心灵，好像沉重的冰雪一般，遇着残酷的秋风意今愈见坚似铁石，遇着温和的太阳很容易溶解似。我是在革命之通路上光荣的战场上，我是一些不怕敌人如何凶狠残杀心去摧，只有鲜红的沸血滴地流，没有悲哀的鲛沉的微震，但是在亲切的情感上我是已不能支持我的勇气了，在未讲说之先，我先要哭了。我是在数千里之外，思想着你的苦状，我心里如刀割一样的痛，我不知怎样好，我不能叫不使你同我一样的痛苦了。

亲爱的弟，现在正是风急严寒的季了，我是已看见你去年前来今天的样子，你的手和双脚生满了冻疮，脸上灰黄而且黑，身上的几件旧衣服穿在身，缩着手不声不响地坐在一处，也没有人疼你也没有人问你，或是一个人伏在桌上哭。因为你年纪小的缘故，不能自己设法弄饭吃，或铺床睡，都要一个人帮助你的，你是知道爸々娘々都不管你的，你也不向爸々娘々去撅闹，你祗向姊々去撒闹，有时因

1927年12月4日来信原件影印

因为她也有脾气，不能随你的，双方闹了几度气弄得大家一场大哭，这是时常有的。在那时总是有她无论什么都有她当心，你还有几回向她那里拿一些着袜子她管你问爸爸说，你要读书去了她代你寻找校事，总是你要什么她代你办什么，件件事都由她办。可是现在她嫁了，她已不能件件代你办了，你去教谁呢？爸爸姨妈吗他们从来是不管不问你（或时爸爸一时良心发觉来问句阿修阿修）你的小妙儿，很惨孤的，并且你们时常要闹的嫩嫂儿呢？她也有爸爸爱管她也有脱，你去问谁？你去教谁她嫁了後，你教必要吉一倚！亲爱的弟，你知道你自己的地位吗？

或者是爸爸因为我远走了，没有希望要我回来了她就有一个儿子了——你，对于你特别的爱重，特别的当心，不是如我在家时什么不向不管了，也是不可知的。倘使是这样，我情愿牺牲了我使爸爸爱你！

亲爱的弟，你要知道爱痛爱，你要记得自己的地位，你不要去学人家有爹有娘的孩子，你更不要去学人家有钱的孩子去赌钱，去吸烟，去游玩，你是苦的孩子，你是穷的孩子，你要求将你用有的学问，为了痛苦的人民，去革命，去改造，这是穷苦孩子应做的唯一的责任。亲爱的弟，我对于你希望非常大，我是希望你跟着我罗了革命，努力改造社会。

苟其你能够写信，请你告诉我，妙姊嫁了後情形怎麼樣，她的通讯处是桥椎什麼地方。完了。
祝你康健！

　　　　　你的哥哥志昂于十二月四日

通讯处：广州〇四标营革命军〇官挺导团军连

1927年12月10日（农历十一月十七）

亲爱的玩璆姊姊：

你的新诗，我竟梦想不到有这样的进步，这足见你很用功的证实。我现在略微把修辞上改削一些，在意思上毫未更动。

第一首

窗外枝头上的鸟，

它是何等活泼——跳到东，

跳到西。

它没有烦恼，

没有痛苦，

没有束缚。

看它何等的快乐，

何等的自由。

看哪，听哪，

在檐下笼中的鸟，

它有美味的食料，

舒适的住处；

饥了，渴了

无用它劳动去觅食。

可是荒野的鸟，

没有羡慕的意思，

东飞西飞，

不以为劳，

自寻其食。

爱人呀，

你听，你听见吗？

笼中的鸟。

很安安逸逸地——有人供养，

但是它，

但是它不住的（地）叫着——

对着在荒野的鸟：

"亲爱的伴侣呀！

我们应该一同来高飞罢！

我愿永远的和着你，

到天涯地角去狂飞。

不愿受这束缚——

竹丝之笼。"

爱人呀！

笼中的鸟还是叫着：

"亲爱的伴侣呀！

谢了你，

救了我，

解放我的束缚，痛苦，

给我的自由！"

第二首

我们有了家庭——囚牢，

我们有了爱情的结晶；

我们的自由，

我们的勇气，

我们的一切，

一切被他剥尽了！

一切被他束缚了！

看哪！

郊外的坟墓里

一个个地骷髅，

他们的死——

他们都是囚牢里的牺牲者！

都是没有觉悟——糊涂，

到埋在地下还是糊涂！

我们的前途，

我们莫要负了前途，

莫要糊涂，

我们勇敢的逃脱这囚牢；

我们去解放，

我们的自由！

我们逃到自由的乐园里，

我们葬到自由的乐园里！

我本来应该和你一首，但是没有时间，没有思意，没有笔力，来和你的诗。只是我从前所唱过的四首歌写给你：

湘累　　　4/4

泪珠儿要流尽了，爱人呀！还不回来呀！我们从春望到秋，从秋望到夏，望到水枯石烂了。爱人呀！还不回来呀！

其二

我们为了他，泪珠儿要流尽了！我们为了他寸心儿早破碎了！层层锁着的九嶷山上的白雪哟，微微波着的洞庭湖中的流水哟，你们知不知道他？知不知道他的所在哟？

其三

九嶷山上的白云有聚有消，洞庭湖中的流水有波有潮；我们眼中的泪涛呀！啊！我们心中的愁云呀！

啊！永远不能消！永远不能潮！

其四

太阳照着洞庭波我的魂儿战栗不敢歌，带到日西斜起看箧中昨宵泪已经开了花！啊！爱人呀！泪花儿怕要开谢了，你还不回来呀！

我是从了军，对于笔头上已荒废，所写的都是不能满你们意的。原谅原谅。

关于玖妹读书费用，现在怎样办的？公尚女校①的内容好不好？冠群爱群如何？妹妹弟弟现在如何？朱文熙现在做什么事？陈枕石的通讯处在什么地方，请你问一问爸爸，告诉我。完了。

지앙于十二月十日

阅读参考

新诗（玩璆作）

"你的新诗，我竟梦想不到有这样的进步"，沈志昂的惊异，一点没有夸张。一个初小文化基础的农村妇女，两年前还不会写信，现在居然写出了这么好的诗。第一首通过两只不同鸟的形象对比，表达了作者鲜明的理想倾向：追求解放，追求自由和爱人纵情狂飞。第二首呼唤人们觉醒，冲

---

① 公尚女校：在扬州的一所职业学校，汤瑛急于就业，去读了一年养蚕专业。一年后还是遵循沈志昂原来的意见考入松江七县联办的女子师范学校。一直到毕业。

破封建家庭囚牢，逃到自由的乐园。尽管这乐园还是虚幻模糊的，但我们看到了五四青年的强烈的愿望。诗有着鲜明的时代烙印，人们一看便知这是五四时代的作品，更重要的是我们不妨把这首诗看作沈志昂思想浇灌绽放的又一朵鲜花。

关于《湘累》

　　"不以罪死"曰累；"屈原无罪遭流放"赴湘而死，故曰"湘累"。关于湘水，有一个耳熟能详的神话：相传舜帝南巡，帝后和妃子（尧的两个女儿娥皇和女英）初未随行，闻舜帝死于苍梧（九嶷山），于是哭奔前往至湘水，久等未归，自投湘水而死。于是舜成了湘水之神，娥皇女英成了湘水女神，这个美丽凄婉的神话，成了千百年来不朽的文学题材。自司马迁到李白、杜甫直至毛泽东，都有关于这个神话的名篇。当然最著名的是屈原的《九歌》中的《湘君》《湘夫人》，屈原塑造了湘君、湘夫人这两艺术形象，通过他们互盼互歌，表达了缠绵悱恻的情感，以寄屈原对楚国的眷恋。

　　1920年12月27日，郭沫若发表了短篇浪漫主义诗剧《湘累》，描绘了被逼流放的屈原，"披发行吟泽畔，颜色憔悴，形容枯槁"且精神极度悲痛以致有点癫狂然而依旧深恋楚国的形象。剧开头有两湘水女神出现作为导引，不久就潜没，中间幕后插唱沈志昂默写的四首歌，增浓悲剧气氛。歌词是郭沫若写的，浪漫主义的激情溢于纸上。唯其如此，大大地增加了歌词的容量和适应性。

　　了解了这些有关的文化历史背景，就比较容易理解沈志昂默写四首歌词并谱，赠给玩璆的蕴意了。

亲爱的玩耍哥哥：

你的信请我竟梦想不到有这样的进步，这无见你很用功的证实。我现在吗微把修改上改删一些，在意思上毫未更动。自尊自食。

其一首

窗外枝头上的鸟，
牠是何等玩耍——跳到东，
　　　　　　跳到西。

牠也没有烦恼，
　没有痛苦，
　没有束缚。
看牠何等的快乐，
　何等的自由。

看呀，听呀，
笼下笼中的鸟，
牠有美味的食料，
　舒适的住屋；
饿了渴了
无虑地劳动去觅食。

可是荒野的鸟，
没有羡慕的意思，
东飞西飞，
不以为劳，

爱人呀，
你听，你听见吗？
笼中的鸟，
虽然远远地——有飞傍养，
但是牠，
但是牠不住的叫着——
对着空中飞的鸟：
"亲爱的伴侣呀！
我们应该一同来高飞罢！
我愿永久地和着你，
到天涯地角去狂飞。
不愿受这束缚——
竹丝之笼。"

爱人呀！
笼中的鸟还是叫着：
"亲爱的伴侣呀！
谢谢了你，
救了我，

"解放我的束缚，痛苦，
给我的自由！"

第二首
我们有了家庭——囚牢，
我们有了爱情的结晶：
我们的自由，
我们的勇气，
我们的一切，
一切被他剥尽了，
一切被他束缚了！

看哪，
郭外的坟墓里

一个一个地睡大觉，
她们的死——
她们都是囚牢里的牺牲者！
都是没有觉悟——糊涂，
到埋土地仍还是糊涂！

我们的前途，
我们莫辜负了前途，
莫糊涂，
我们要能够地脱离囚牢，
我们要解放，
——我们的自由！

我们地到自由的乐园里，
我们奔到自由的乐园里！

我本来应该和你一首，但是没有时间，没有思意，没有笔力来和你的诗。祇是我从前所唱过的四章歌写给你：

G 湘景 者
6—36/ 541亿/3—·0/4654/3—·0/ 321/6—·0/6666/
泪珠光墨花尽了， 爱人呀，还不回来呀！我们统春
536—/6653/6—·0/32之/653—/4654/3—·0/321/6—·0/
望到夏秋，统秋望到冬，望到枯枝花谢了。爱人呀，还不回来呀！
其二

1927年12月10日来信原件影印

6 6 5 3 | 6 — 6 6 | 5 i 6 5 | 2 4 3 — | 6 6 5 3 | 6 — 6 6 | 5 i 6 5 | 2 4 3 — |
我们忘了他，泪珠光是流 尽了， 我们忘了他，寸心光是碎 了，
6 6 5 i | 6 5 3 2 | 3 5 5 3 | 1 3 5 7 | 6 — · o | 6 6 5 i | 6 5 3 2 | 3 5 5 3 | 1 3 5 7 | 6 — · o |
庐山巅着的九叠 山么？ 白云呢？ 横之荡着的洞庭湖的 流水呢？
i 3 2 i | 7 5 6 — | 5 i 6 5 | 4 5 2 4 | 3 — 2 3 |
你们永不 知道他。和不永远他的那是 1390

其 三
6 6 6 6 | 5 3 6 — | i 2 i 6 | 5 — · o | 6 6 6 6 | 5 3 6 — | i 2 i 6 | 5 — · o | 3 2 3 5 | 5 3 1 3 |
九叠山上的白云 有聚有消， 洞庭湖中的流水 有涨有潮， 我们眼中的泪
5 7 6 — | 6 — · o | 3 2 3 5 | 3 3 3 | 5 7 6 — | 6 — · o | 4 6 5 4 | 3 — o | 3 2 1 | 6 — · o |
潺呀！哟， 我们心中的愁云呀！何， 永远不能消， 永远不能潮！

其 四
6 5 3 2 | 3 5 6 — | 3 2 3 5 | 5 i 6 5 | 3 — · o | 6 6 5 3 | 6 — · 3 | 3 · 6 5 | 3 — · o | 1 3 2 1 | 6 — · o |
太阳照着洞庭波 我不能战慢着晚歌， 待斗柄斜 起看望中所有泪 已经闹了花！
6 — 6 6 | 5 i 6 — | 6 — · o | 6 — 3 6 | 5 4 2 | 3 — 3 | 1 3 2 1 | 6 — · o |
呀，爱 人哟， 泪花儿也重开了， 你还不回来呀，

我是忙了半辈子忙头上已卖癀, 吹萧的都忘了能瞒你们意的, 求能示求。
闲拉己妹，读书费用现在怎样办的。出奇军校的内容好不好。锋章爱磨七何。妹二年近况如何。祭文些现在做什么事？陈桃石的通讯处是什么地方，请你问一问爸爸，告诉我。完了。
十月十日

1927年12月10日（农历十一月十七）

亲爱的玩璆：

读过了你的来信，我哭得昏过去了。本来这几天身体不十分舒服，加上无限的创痕，我是没有方法解决我的矛盾的苦恼，只有表示无用无勇的哭来欺骗过去。

我本是十二万分希望你来信，我没有料想到接了你的信后，我竟要哭了。我是这样的没用，这样的懦弱。冰雪似的我心灵，理智是寒风恶冷的东西，情感的暖和的太阳，遇着暖和的情感，把我冰雪铁石的心灵溶解成流水一般了。我是懦弱者，只有哭罢。

本来上次的信，我没有把我的意思说尽，没有把最近心情写完，因为了纸张关系，过了邮局规定的重量，就中断了我的话。无情的邮局，怎样把信的重量限得这低，不许我要对你说的话，尽量的告诉给你呢！玩璆呀，纸张总是有数量的，我们的话没有数量的，话是一时能说完的，情是永续的没有终的！玩璆呀，我们怎样的没幸福，没有时日能够完成我们的素愿，何故？何故？这是我在柔弱无力的时候，时常有自问。

因为这几天身体不大舒服的缘故，平时把一切的烦闷的愁思都打下去了，这几天都又起来了；所以各种无聊的愁思特别的多，精神上受了无量的苦楚。亲爱的玩璆，我自从投了笔拿了枪后，我对于一切的死者，我是从来没有发过对他哀痛的心,我看到死了一个人没有什么一回事呢,不过若沧海中灭了一个小水泡罢了;我从没有对他考虑过,我从没有对他可怜过。当我们在战场上,看见了许多的尸首横卧在目前,但是我毫不为意,我仅仅是"这是生活的过程完了!这是革命的工作完了!烈士,烈士!"这样的想着。就是在江西到广东的路途中,有同学在赣江中洗澡,赣江的水流得很急的,失足而溺死了,我也不过是"唉!这样死得没有代价!"就过去了,也没有为他可怜可惜,也没有为他设想他的母亲他的爱人。我的心是这样的残忍。最近来我不知怎样似的,我对于病人死人我是无限的悲伤,他们病了,只有死疆疆(僵僵)的病了,在病院里除了几个不关紧要的看护兵,到什么时候拿一些水拿一些饭来放在面前,也不问是冷是热,也不问病人是要是不要,他们总是机械似的这样做。就是军医来了,也不过是问了几句"你现在觉得怎样?你是怎么样的病?药有没有吃?"这样的问了几句,也没有接近过去探探热度,也没有接近过去诊诊脉气,只是不过照样的开了几种药去了,也(不)问病势增减。士兵和士兵,也不去看看,也不去安慰安慰。在士兵们,他们也不一定是不愿去看他们受一样痛苦的有病的士兵,他们一天到晚,什么操,什么讲,加以很严格的军纪束缚着,他们那里有时间,他们那里有自由去看同他们受同样压迫的有病的士兵呢!?这种状况,除了几个上级的军事长官以外,其他什么下级军官,都是一样的,不过士兵尤其痛苦。从前我未从军之时,看见丘八就讨厌,就发恨,但是现在到军队里后方知道士兵的痛苦,比工人农人没有两样,尤其更加厉害些。近几天来,我们第三连病的很多,他们的病况,当然同我上述的是一样的。并且在没有几天内连一接二的死了六个人,我是亲自尝为一个死者,写了一封信,报讯到他家里去,同时想着他家里的人接到了我的信后,他们一定是多么的悲痛呢!这种悲痛的哭声,仿佛就在我的耳鼓里激动了。在替人家悲痛的时，同时又为我自己悲痛；苟其漂泊的我也有这样的一天，我的朋友也同样写了一封报讯的书，不知你们得到了后你们怎么样的悲痛。

亲爱的玩璆，你不要误会这是我的设想，我决不为使你们悲痛的；你也不要误会我现在有多大病，我是不过身体比较平时不舒服些，不算是什么病，现在仍旧照常做事，照常吃饭喝茶小便大便睡觉。请你不要担忧，不要挂念。

亲爱的玩璆，我们是尝尽了离别情绪。不过从前是有规则的，什么时候离别，什么时候归来，有定的时期的，在离别时可以想到归来时，虽然在那时也不免有一番情绪，但是在这情绪之中，已知道某时又要归来了，也没有什么不可舍的样子，也没有什么心头上的打击。而今，而今不然，祇（只）是有了何日何时的离别纪念，不知道什么时候才叙会呢？在革命的过程中，固是我们可以牺牲了一切，但是儿女之情，那一个青年没有呢？总是祇（只）可牺牲，不可消灭。玩璆，在这种远地想（相）思之中，这种想（相）思之结果是时常有的，在精神感觉非常的痛苦。我已不知多少次梦，有许多梦真在甘蜜的时而惊醒了，要闭目装睡，想继续甘蜜的梦，我屡次的这样做，结果终是失败，这时我很懊恼很痛苦。啊！爱之神呀！何苦赐人们这样痛苦呢！？这是已隔过了有四五个月久的事了，我至今还是深刻的记着："惠群已五岁了，冠群方哇哇学语，爱群乐群好像还在幻想之中。惠群是一个很聪明的女孩子，活泼伶俐的很会说话，我很爱她。我抱她坐在我的膝上，我问她：'谁最宝贝（爱也）你？'她说：'妈妈。''谁不宝贝你？''爸爸。''妈妈怎样宝贝你？''妈妈同我穿衣煮饭，妈妈抱我，妈妈买东西给我，妈妈伴我睡，妈妈……''爸爸呢？''爸爸出门了，时常不在家的，没有买东西给我，爸爸终是没有象（像）妈妈样好。'啊！只有母之爱！爸爸是为了革命，离了家庭，抛弃了爱人，在战场拼命。"当我做到这梦，我是在床上转转复复了半夜没有睡着。"我到她（玩璆，这她字就指你）家里去，看见她的灵柩及她的事实的相片，她是我的未婚妻，我已伤心了，伏在她灵前痛哭，同时她的哥哥她的母亲告诉我她的生前事实的相片，尾尾（娓娓）地述她的事实，她是为赤化（革命）而牺牲的，我更是大哭了。我好象（像）没有看见她的生面。她的母亲并把她生平的事实信迹给我看，我哀求她的母亲把她的信送给我，做纪念罢。同时我又怀疑，现在同我结婚的也是她，这还是别人假冒她呢？还是她的妹妹代替她？"这是我梦中哭醒过来的事实。（七月廿三夜）因为你的名字又有"秋"字又有"瑾"字，我时常当你为西湖畔上秋瑾①女烈士。（我是最不喜欢你叫"桂萦"）亲爱的玩璆，我是自己亲自尝过了离别的痛苦，所以我也知道你的痛苦，十二分的深知你的痛苦。当在我玩耍的时候，一双一对的青年男女，并着肩而缓缓地行，我看见他们，一方面很喜欢看他们的动作，羡慕他们的动作，一方面嫉妒他们的动作，怀恨他们的动作。他们这种动作表示，使我回想到我们从前的亲密，同时又想我们现在分别了，我们现在没有能力表示，他们这种表示显然在我面前骄傲，夸示他们的幸福，我很嫉妒而怀恨，那时我恨不得上前把他们一拳把一个打到东半球去，一脚把一个踢到西半球去，不要在单独的我的面前骄傲，使他们永远的分散同我一样的痛苦。但为万恶的法律压着，没有勇气上前去做；呆呆默默地望着。我是也看见过许多美丽的女子，我总是看过算罢了，她们装饰得妖妖艳艳，在我们丘八面前夸示，我是知道是只能和丘八为伍的，不配与姨太太式的

---

① 秋瑾（1875—1902），字睿卿，号竞雄，别号鉴湖女侠，近代著名民主革命家。1902 年就义于绍兴轩亭口，名句"秋风秋雨愁煞人"是她的绝笔。其墓多次搬迁。1913 年迁葬于杭州西湖白堤尽头西泠桥畔，孙中山题词"巾帼英雄"，1966 年墓被拆除，遗骸葬于鸡笼山。第十次搬迁在 1981 年，由鸡笼山迁西泠桥南堍，顶有汉白玉雕像。

小姐们发生恋爱，她们虽是这样的夸示，但是我没有爱慕的心理，她们的夸示也等于零。虽然我们黄埔学生，被湖南湖北的女学生们所爱慕的，（尤其湖南的女学生最喜欢同黄埔学生发生恋爱。）但是我们时时准备着在战场上牺牲者，我们没有再多找一些痛苦和姨太太式小姐化的女学生发生关系；我们只有同痛苦兵士们同病相怜！

亲爱的玩璆，你讲得太冤枉了，我们的爱情那里是一年不如一年呢？我一些（点）不怪你，我只怪我自己，我因为受了压迫不能时常和着你甘甘蜜蜜，但是我何尝表示我们的爱情一年不如一年呢？苟其你一定要讲一年不如一年，我是没有方法来使你满意使你明白，我只有向你哭，向你哭而死，以表示我的心，以明白我的心，我是对你没有一年不如一年。亲爱的玩璆，我是虽是身体时常离开你，但是我的心没有一时离开你。我到外边来，总是时常有信给你，这次因为在路途中很不便写信，所以有俩（两）个月没有写信，这原因谅你一定很明白的。玩璆，爱情是不专在一处，天天谈谈笑笑在肉体上表显的，在分别时更能表显。你不是从前说过的吗？"当你离别了，我有千言万语要对你说，你归来了，变为一句话都没有了。"你是记得吗？这不是在离别时能够表示爱情吗？亲爱的玩璆，现在革命的青年，不是像乡下大阿哥样的专门伴娘子的。我们为了民众，暂时离开了爱人是时常有的。玩璆，你苟其还不原谅我，我祇（只）有"铤而走险"！

亲爱的玩璆，现在的革命青年总没有幸福的，不但是我们俩，还有许多的青年，都是象（像）我们一样的。你说现在各处都公开的表示革命的气象了。这是你观察差错误了，你上了人家的欺骗了。你看现在的所谓革命气象是什么革命气象，仍旧不是换汤不换药的土豪劣绅贪官污吏一般资产阶级所强霸下的冒牌革命气象罢。痛苦的农民工人士兵的力量在那里呢？旁的不讲，专以本县而讲，做县长的不是贪官污吏杨了公吗？当全省水上警察厅长的不是仍旧本县最著名的贪官污吏沈小阿美（妹）①当教育局长的不是著名的土豪劣绅阮笑（芙）士②吗？当县党部商民部长的不是资产阶级的林伯萍吗？其他我还不晓得，他们是懂得什么革命，在孙传芳下到孙传芳胯下去求拜想升官发财，在国民党下他们要混到国民党下冒牌了革命要升官发财，这是什么革命气象，是乌烟瘴气。革命势力在那里，工农兵的势力在那里，这种革命还是在秘密中，与我们那时做国民党工作时一样的秘密。

亲爱的玩璆，你不要以为我仅仅达到了到广东的目的，一切都罢，可以回家了。这是差错误的。我们革命并不在到广东，在求痛苦民众得解放。你见到没有？在旧军阀统治之下，民众当然很痛苦，在国民党统治之下民众非但没有解放反而更痛苦。因为现在国民党死了，国民党出卖了革命，国民党出卖了民众而成反革命的新军阀新官僚割据了的压迫民众的工具了。在给父亲的信上已说过。就像广东而论，在张发奎统治之下，把与香港帝国主义血战二年多的省港罢工委员会解散，把工人饭堂宿舍停止，使工人没有饭吃没房子住，并且朱晖日③天天杀工人农人，我们想这般没饭吃的工人，没房子住的工人，被杀的农民工人的父母妻子的种种凄惨痛苦的状况，比我们不知加倍几千万倍，在寒冬过年的穷苦工农的痛苦状况也不知比我们加几千万倍，我们看在这种状况之中，我们还有什么留恋于爱人而忍心看他们的痛苦吗？勇敢的牺牲了个人的幸福，谋公众的幸福，这是我

---

① 沈小阿妹：沈梦莲（1874—1940），小名小阿妹，今奉贤光明镇庙泾村人，曾任江苏水上警察厅厅长，"沈家花园"的主人。
② 阮芙士：阮志道，字芙士，今奉贤光明镇光明村人，1927年至1929年，任县教育局长。
③ 朱晖日（1893—1952），字步云，保定军校毕业后入粤军第一师，1927年任第二五师师长、第四军副军长，第十一军军长。1927年10月，任广州市公安局局长，参加镇压广州起义，以后一直在国民党军内任职，死于台湾。

的目的。并且中国的农工兵的土地革命成功后，我还想到俄国去玩玩。革命当然不专是武力，在暴动时总重要是武力。你要明白我的环境，我是现在不能回家的，苟其我回家做革命工作，我马上就要死的，马上就要被土豪劣绅害杀的，因为我是被他们认为激烈分子。（其实我并不激烈）你苟其爱我，还是不要我回来。至于你的出路，你苟其有决心要找出路，只有逃。自杀不是革命者所有的。我于经验上得来，要解放只有自己去勇敢奋斗，自己救自己，靠人总是靠不住的。你要你自己的解放，自己勇敢的奋斗，前途一定是很光明的。祝你

努力！完结。

지앙于广州十二月十日

注：本信原件在第二页信纸的背面写有下列数言

玩璆：

这封信是在一个月前写的旧信。现在已无寄的价值了，不过也是当时的一时情绪罢了。

我现在在海丰工农革命军第四师第一团第四连，详细情形以后再谈罢。

지앙小莫斯科一月十一日

阅读参考

"十二万分希望你来信""我没料想到接了你信后，我竟要哭了""太冤枉了"，大概汤瑾的复信中有这样一句："我们的爱情一年不如一年。"汤瑾

有两个月没有收到来信，有点嗔怒。

1927年5月起到7月，他转战湖北河南，可给汤瑾的信中一直都是报喜不报忧，从未描述战争的惨烈。1927年7月2日给汤瑾信中简略提到："我们的将士过于勇敢，见敌就冲，不逊子弹，所以牺牲的也很大……第四方面军损伤了三分之一精华。"接着这位"战场的余生"又随军南下，跋涉千里，历尽艰辛；戎马倥偬，无暇执笔，汤瑾不知底细，责怪他确乎冤枉，而况触到他敏感的问题。

残酷的战争经历多了，生死成了寻常之事，瞬间之事。革命战士对此更持理性态度，视为"这是生活的过程完了！这是革命的工作完了！"，战士成了烈士。这是大实话。他自责"我的心是这样的残忍"。不是残忍，确是"敢于直面惨淡的人生，敢于正视淋漓的鲜血"的真正的猛士的心。逝者长已矣，他对活着的伤病员士兵充满了关切和同情。

"在革命的过程中，固我们可以牺牲了一切，但儿女之情，那一个青年没有呢？总是祇可牺牲，不可消灭。"这是沈志昂的隽永之言。五个月前的梦境，朦胧迷离，但思想感情还是真实的。梦境之一：通过惠群这一女孩回答，形象地表达了他长期离家，对子女失责的歉疚。梦境之二：见到玩璆灵柩、遗像，家人的诉述，知道她赤化而牺牲，又想到和她结婚了。梦境和现实杂糅，他深信玩璆在他影响下赤化了。而赤化则在白色恐怖之下，担忧很有可能牺牲。这些是他真实思想感情的流露，对玩璆可谓梦系魂萦，证明"我的心没有一时离开你"，这哪里是"一年不如一年"呢？接着开导玩璆，我们是革命青年，不能像乡下大阿哥那样伴娘子；和我们一样长期分离的革命青年都一样。

最后纠正玩璆"现在各处都公开表示革命的气象了"这种误解。列举本县的种种事实，所谓革命气象都是蒙人的假象。这使我们很自然地想到鲁迅在《阿Q正传》描写辛亥革命时的情景，投机分子"咸与维新"，"可知县大老爷还是原官"。明确指出，先前追随过孙中山，高呼实行三大政策的国民党右派现在出卖了革命，"革命还是在秘密中"，"我们还有什么留恋爱人而忍心看他们的痛苦吗？勇敢的牺牲了个人的幸福，谋公众幸福，这是我的目的"。这是他颠沛必于是的初衷。一个二十二岁的革命青年成熟了，然而不久成了烈士。

此信写后一个月才有机会寄出，并有简短附言，说"无寄的价值了，不过也是当时的一时情绪罢了"。但信还是寄了，还是有价值的；是当时的情绪，说得准确一些应该是革命者戎马生涯的情绪或情怀。我们可以把它当作抒情散文来读，细味革命者缠绵悱恻之情，很感人的。"无情未必真豪杰"。

信写于12月10日。叶挺任总指挥，以教团为主力的广州起义正是在11日凌晨打响了第一枪，此后撤离广州。1月5日，在花县改编为工农革命军第四师，经从化、紫金等进至海丰。一个月里且战且走，无法寄信了。

广州起义：张太雷为贯彻"八七会议"精神，准备在广州和全省各地发动工人农民举行暴动，配合南昌起义军夺取广东政权。11月26日，张太雷决定趁张发奎在广州兵力薄弱时举行武装起义。12月6日，中共广东省委在张太雷主持下召开会议决定12月12日起义，叶挺、叶剑英任正、副总指挥，以教导团为主力，该团1000余人，警卫团一部分、工农武装共5000余人准备起义活动，被在广州的汪精卫、张发奎发觉，为此，提前在11日凌晨举行。教导团率先行动，很快占领广州市各要点，控制大半个广州，省政府主席陈公博及张发奎逃至珠江南岸第五军军部。11日上午宣布广州市苏维埃政府成立，张太雷任代主席。张发奎很快调集军队，在英美日法军舰和陆战队支援下，起义军遭严重损失。张太雷牺牲。12日夜撤出广州。起义军余部 1 200 余人在花县（花都）改编为工农革命军第四师，1928 年 1 月 5 日进入海丰陆丰，加入了东江地区革命斗争。

海陆丰起义：1927 年 10 月下旬，中共海陆丰党组织收到省委关于利用军阀矛盾，组织第三次武装起义的通知，决定在十月革命纪念日举行第三次武装起义，海陆丰分别建立县委、由东江特别委员会统一领导。11 月中旬，击败进犯的国民党军，在彭湃主持下，先后成立苏维埃政府。这是我国最早的苏维埃政府，领导农民进行土地革命和政权建设。自此中国革命进入了土地革命或称苏维埃革命。1928 年 1 月 5 日由广州起义部队改编的中国工农革命军第四师 1 000 余人进入海丰县域，沈志昂随此部队，时称海丰为"小莫斯科"，时沈志昂在第四师第一团第四连任连长。

"这封信"是指在一个月前写的旧信。一个月前正是 12 月 10 日，应该是两封信，但公历 12 月 10 日（农历十一月十七）的信是否此时一同寄出呢？

小莫斯科，指海丰县城，这样写可能出于保密。

这是沈志昂留给我们的最后遗言和手迹了，再也没有以后了。

一个光辉而短暂的生命结束了，烈士，烈士！

亲爱的玩琴：

读过了你的来信，我先将家过去了。未来这几天身体不舒服损失上无数的创痕，我是没有方法解决我的矛盾和苦恼，很有表示虚用诚恳的态度敷衍过去。

我本是十二万分希望你来的，并没有料想到接了你的信后，我竟哭了。我是这样的软弱，这样的懦弱。水需你的我心灵，理智无暴风思念的东西，情感的温和的太阳，透着晓和的情感，把我冰雪铁石的心灵溶解成流水一般了，我是懦弱者，很有力量。

本来此次的信，我没有把我的意思玩琴说得把我近心绪写完，因为了纸张的关系，邮局的钟点的重量，就中断了我的说，虽情的郑重，怎样把信的重量限得这纸，不许我无意你说的话，尽量的告诉给你呢！玩琴呀，纸张总是有数量的，我们的话没数量的，说一时能说完的情长永远的没有尽的，玩琴呀，我们怎样的没幸福，没有时日能够完成我们的眷顾，何故？何故？这是我在未翰墨的时候，时常有自问。

因为这几天身体不舒服的缘故，平时把一切的烦闷的愁思都积下了，这几天都又起来了，所以受起压抑的愁思，特别的多，精神上觉了更重的苦楚。亲爱的玩琴，我自从投了笔拿了枪后，我对了一切的死者，我毫无未尝有哀过对他哀痛的心。我有到死了一个人有什么一回事呢，不过若深海中减了一二三四水泡罢了，我也没有对他哀虑过，我说没有对他了怜过。当我们在战场上，看见了许多的飞血横卧胸前，但是我毫不为意，我仅在关"这是生活的过程完了，这是革命的工作完了，烈士烈士"这样的想着。就是在江西到广东的路途中，有同学在赣江中沉溺，赣江的水流得很急的失足而溺死了，我也不过云"哎，这样死得没有代价"，就过去了。也没有为他可怜可惜，也没有为他就想他的母亲他的爱人。我的心是這樣的殘忍。最近來我不知怎樣似的，我對於病人死人我是無限的悲傷，他們病了，祇有死罷了，病了，在病院裏除了幾個像不開緊急的看護兵，到什麼時候拿一些水拿一些飯來放在面前，也不問是冷是熱，也不問病人是否受得住，他們總是機械似的這樣做。就是軍醫來了，也不過是問了幾句"你現在覺得怎樣，什麼怎麼樣的痛？還有沒有吃？"這樣的問了幾句，也沒有接近過去樣子熱度，也沒有接近過去診下脈氣，祇是不過照樣的開了幾種藥去，也問病勢增減。士兵和士兵他不去看看，他方去怎怎怎。至士兵們，他們也不是不原身去看同他們受一樣痛苦的有病的士兵，他們一天到晚，什麼操，什麼講，加以很嚴格的軍紀來縛著，他們那裏有時間，他們那裏有自由去看同他們受同樣感迫的有病的士兵呢，現在這样的状况，除了幾個上級的軍事長官以外，其他什麼下級軍官都是一樣的，不過士兵尤其痛苦。從前我未統軍之時，看見兵八就討厭，就著恨，但是現在到軍隊後，我知道兵的痛苦，比工人農人沒有兩樣，尤其更孤痛苦些。近幾天來，我們軍中生病的很多，他們的病況，全然同我上述的差一樣的，並且在沒有費无的連一接二死了幾個人，我是親目睹為一個死者寫了一封信報訊到他家裏去，同時想着他家裏的人接到了我的信後，他們一定是號啕悲痛呢，這種悲痛的哭聲，彷彿就在我的耳鼓裏激動了。在替人家悲痛的時，同時又為我自己悲痛，為甚深怕的我也有這樣的天，我的服如同樣寫了一封報訊的書，不知你們得到了後你們怎麼樣的悲痛。親愛的玩琴，你不要誤會這是我的說想，我決不為使你們悲痛的，你也不要誤會我現在有多大病，我是祗身體比較平時不舒服些，不知是什麼病，現在仍舊照常做事照常吃飯，嗎小便大便睡覺。請你不要担憂不要掛念。

亲爱的玩琴，我们又尝尽了离情别绪。不过我是有规则的，什么时候离别什么时候归来是定有时期的，在离别时了想到归来时，虽然在那时也不免有一番情绪，但是在这情绪之中，已知道离别又是暂时了，也没有什么不可捨的样子，也没有什么心头上的打击。而今，而今不然，祇是了何日何时的离别纪念，不知道什么时候才叙会呢？在革命的过程中，固是我们可以牺牲了一切，但是儿女之情，那一个青年没有呢？总是祇可牺牲不可消减。玩琴，在这样远地想起之中这种想思之结果是时常有的，在精神感觉非常的痛苦，我已不知多少次梦，有许多梦身在梦的时而惊醒了，重闭目装睡，想继续甘蜜的梦，我屡次的这样做，结果总是失败，这时我真懊恼很痛苦。啊！"爱之神先"，何苦赐人们这样痛苦呢？这是已隔过了有四五月久的事了，我至今还很是深刻的记着。"惠慧已二岁了，冠华方哇哇学语，爱慧察觉妈好家还在的想之古惠慧是一个很聪明的女孩子，活泼伶俐他很会说话，我很爱她，我把她坐在我的膝上，我问她："谁最宝贝（宠坏）你？"她说："妈"。"爸不宝贝你？""爸。""妈怎样宝贝你？""妈会同我穿衣煮饭，妈会抱我，妈会买东西给我，妈会伴我睡，妈……""爸怎先？""爸出门了，时常不在家的，没有买东西给我，爸爸也没有像妈之样好。"啊！很有母之爱！爸是为了革命，离了家庭，抛弃了爱人，在战场拚命。"当我做到这梦我坐在床上转了很久半夜没有睡着。"我到她（玩琴，这她字就指你）家里去，看见她的灵柩及她的丈夫的相片，她是我的未婚妻，我已伤心了，在她灵前痛哭，同时她的哥及她的母亲告诉我她从生前事实的相片，原来她夺她的丈夫，她是为而赤化（革命）而牺牲的，我更是大哭了。我好像看见她的生前。她的母亲董把她生平的事实信须给我看，我要求她的母亲把她的信送给我，作纪念的罢。

1927年12月10日（农历十一月十七）来信复印件影印

同时我又怀疑，现在同我结婚的也是她，这还是别人假冒她呢。还是她的妹妹代替她？"这是我梦中所预感出来的事实。(也许说)因为你名字已有秋字已有埋字，我时常当你为西湖畔枕埋女烈士（就是最不喜欢你叫"桂影"親爱的玩琴），我是自己亲自尝过了离别的痛苦，所以我知道你的痛苦，十分的深知你的痛苦。当且我脱军时候，一队一对的青年男女，连着肩缓缓地行，我看见他们，一方面很喜欢看他们的动作，羡慕他们的动作，一方面又嫉妒他们的动作，怀恨他们的动作。他们这样动作表示，使我回想到我们从前的亲密，同时想我们现在分离。我们现在没有能力表示，他们这样表示显然在我面前骄傲，夸示他们的幸福，我很妒忌的怀恨。那时我恨不得上前把他们一拳把一个打到东半球去。一脚把一个踢到西半球去，不愿在单独的我的面前骄傲，使他们永远分散同我一样的痛苦。但为高尚的法律压着没有勇气上前去做，只黙默地望着。我又看见许多妖艳的女子，我现是看着标题了。她们装饰游女式，墨。在我们军人的面前跨示，我是知道是祗能和五八两团体的，不配同她考太太式名小姐们发生恋爱，她们虽是这样的跨示但是我没有爱慕的心理，她们的夸耀他等於零。虽然我们黄埔学生，就湖南湖北心女学生们所爱慕的（尤其湖南心女学生最喜欢同黄埔学生发生恋爱。）但是我们时刻准備着上战场牺牲者，我们没有再多找一些痛苦和娇太太式小姐化心女学生发生関係；我们只有同痛苦兵士们同病相憐。

親爱的玩琴，你埋怨我怠慢了我们的爱情那裏是一年不如一年地。我一些不怪你，並只怪我自己，我因为党的压迫不能时常和着你此處。但是我们的表示我们的爱情一年不如一年呢。

奇哥你一定要讲一年不如一年，我是没有写信来使你满意使你明白，我既有向你发，向谁发向北，以表示我的心，以明白我的心减是对你说有一年不如一年。亲爱的玩琴，我虽然身体时常离开你，但是我心没有一时离开你。我到外边来，总是时常有信给你，这次因为在政造中抽不便写信所以有几月没有写信这原固谅你一定很生的。玩琴，爱情是不等在一处，无一误工夫在团体上表现的，在分别时更能表现。你不记从前说过的吗，"当你离别了，我有千言高语要对你说，你回来了，麦为一句话都没有了。"你是记海吗？这不是在离别时能够表示爱情吗。亲爱的玩琴，现在革命的青年，不是骂乡下大阿哥精沧磨门伴大子吗，我们为了民农，暂时离开了爱人是时常有的。玩琴，你有其还不原谅我，我祗有"捉而笑"。

亲爱的玩琴，现在的革命青年总没有幸福的。不但是我们俩，还有许多的青年，都是象我们一样的。你说现在各处都公开以表示革命的气象了，这是你观察差错了，你以为人家心欺骗了你看现在所谓革命家是什么革命气家，仍旧不是换汤不换药的土豪绅贪官污克一般资产阶级那强霸下的冒牌革命气象罢。痛苦的农民工人士兵的力量在那裏呢。勿以别的讲，专以本县而讲，你县长的不是贪官污克杨了公吗？当先有本上警察厅长的不是仍旧本县最着名的贪官污克沈小阿美。当教育局长的不是着名的土豪劣绅阮笑士吗。当县党部商民部长的不是资产阶级的林侨嘛。其他我还不晓得，他们是懂得什么革命，在孙传芳下到孙传芳腔下去我辟想升官发财，在国民党下他们袁世混到国民党下冒牌了革命要升官发财，这是什么革命气家。老鸟烟障气。革命势力在那裏，工农兵的势

沈志昂烈士家书 1927年

为工农兵，这种革命还是在秘密中，同我们那时伐国民党时一样的秘密。亲爱的妈妈，你不要以为我信上达到了到广东的目的一切都罢，可以回家了，这是差错的。我们革命并不到广东，在求痛苦民众之解放。你想到没有，在旧军阀统治之下，民众固然很痛苦，在国民党统治之下民众非但没解放反而更痛苦。因为现在国民党死了，国民党出卖了革命，国民党出卖了民众，而成反革命的新军阀新官僚割据了。关于民众的事等了，在给父亲的信上已说过。就像广东而论，在张黄叶统治之下，把以香港帝国主义血战二年多的省港罢工委员会解散，把工人饭堂宿舍捣毁，使工人没有饭吃，没有房子住，并且来暗日无之杀工农。我们想这般没饭吃的工人，没房子住的工人，被杀的农民工人的父母妻子，他们这种痛苦的状况，比我们不知加倍数千万倍，在寒冬过着穷苦之农的痛苦状况也不知比我们加几千万倍，在现在战场上的士兵的痛苦状况也不知比我们加几十万倍。我们看在这种状况下，我们还有什么要抢救，一切忍有他们的痛苦吗，宁牺牲一个人的幸福，谋公众的幸福，这是我的目的。并且中国的农工兵以土地革命成功后，我还想到俄国去玩玩，革命当然不专是武力，在暴动时总需要是武力。你要明白我的环境，我是现在不能回家的，苟其我回家代革命工作，我马上就要死的马上就要被土豪劣绅杀死的，因为我先被他们认为激烈分子（其实我并不激烈），你勿要望我回来，至于你的工资，你苟其有决心的要我出来，祗有逃。自杀不是革命者应有的，我于经验上得来，要解放祗有自己去勇敢的奋斗自己救自己，靠人总是靠不住的，你要你自己的解放，自己勇敢的奋斗，前途一定是很光明的。祝你，妈妈无恙。

儿 昂于广州 十二月十日

1927 年 12 月 10 日（农历十一月十七）来信复印件影印

1927年12月10日来信手抄件影印

逃
有匪，自杀不是革命者所有的，我不经验上得来，要个旅顺有自己去身救济呀，自己救自己，靠人总是靠不住的。将来有自己的智识自己勇敢的青年，前途一定是很光明的。祝你

努力！完佳．

丁庆卅十二月十日

而
註：本信原件在第二页信末的背写有下列数言。

玩珍：

这封信是在一个月前写的旧信，现在已無寄所你追了也

不过算是当时的一时情语罢了。

我现在在海卡二农革命军第四师第一团第四连，

详细情形以后再谈罢

刘唷 于小莫斯科

一月十一日

1927年12月18日（农历十一月廿五）

玩璆姊姊：

我本来写好了两封长信，预备投邮，可是，广州暴动① 不能把这两长信寄给你。

我现在离开广州了。

我现在在工农革命军（即红军）第四师。

这是给你一个消息，你不必写信给我。草此敬祝

努力！

지앙于良口②

十六年十二月十八日

阅读参考

"我本来写好了两封长信，预备投邮，可是，广州暴动，不能把这两

---

① 广州暴动：即广州起义，于12月11日凌晨爆发。此信写在起义前一天。
② 良口：现已划归广州市区。教导团于12日夜撤离广州，道经从化县良口镇。良口镇位于广州东北77公里。12月18日到良口，很可能且战且走奔向海丰。

长信给你了"。这里两封长信当指12月10日的"读过了你的来信……"和"你的新诗……"，也是写在12月10日。广州暴动是12月11日凌晨，撤离是12日深夜至13日凌晨，符合实际。

"我现在在工农革命军（即红军）第四师。"据有关资料，教导团于1月5日在花县改编为工农革命军。

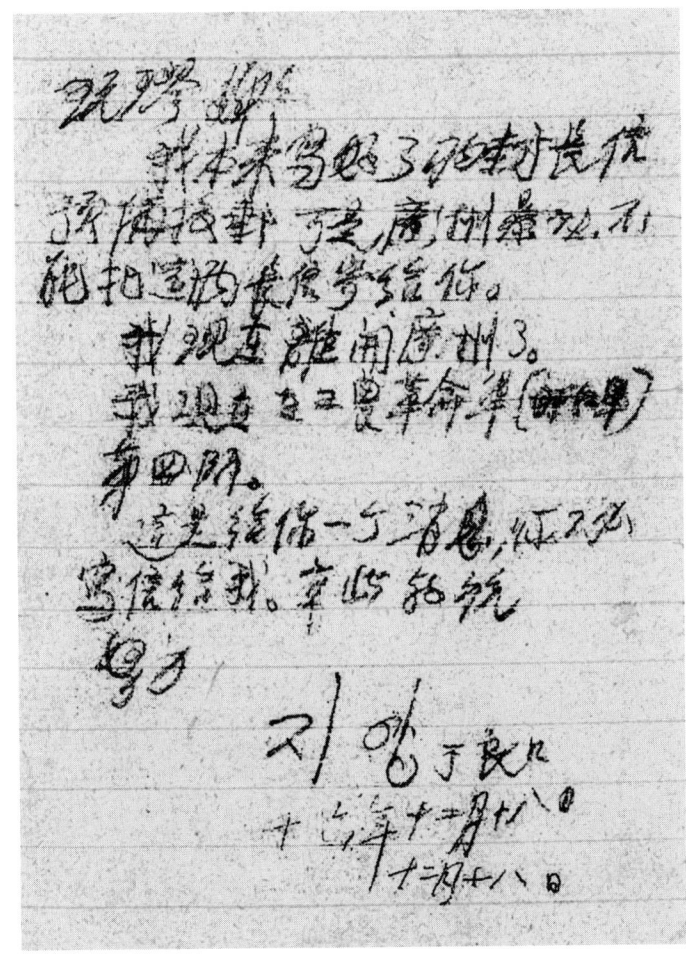

1927年12月18日（农历十一月廿五）来信原件影印

1927年12月21日（农历十一月廿八）

亲爱的玩璆姊姊：

在一个月以前的信，收到否？我也并不一定希望你的回信，因为我已经知道你的本性，在过去的给你的信中，要希望你的回信是时常归于失望，在失望的经验中，把我所希望你的回信的观念，也是一次一次地打落下去。我不十分希望你一定要有回信了；更其是漂泊不定的我，住址及通信处时常改变的，使你们的给我的信没有可靠的地方，使你们空耗了四分邮票，以及一番心思，或是把个人关系的私事泄漏于别人，发生枝节出来，这是我也不希望你一定要回信。不过差不多有半年的时期中，没有看到你的一字了，在漂泊的我，精神上不免孤寂的。回忆在阳历六月头，我在西征讨伐杨森夏斗寅时，在战线上得自武昌送来的你的信后，那时的信很慷慨，很明醒，很勇敢的字句，使我在战线上得到多么的安慰和兴奋，而今，而今计算起来，总有半年了，没有看见你的和蔼而勇敢的辞句。孤独的神魂，只有孤独的心灵来安慰。在珠江潮声之中，时时不定的心弦，很激烈的震动起来。因为我自武昌到广州，这时期之中，差不多天天换了一个地方，那时（是）我没有信给你们的缘故，所以以至我的父亲也有五个多月没有信来，在家庭观念未打破时候的我，终是不免时常要晓得些家庭状况，及故乡状况的音讯，在前面的观念与后面的观念矛盾之中，终不免要，而且是时常要你们的信,你们给我的信,来安慰"远客他乡"的我。最后我不得不要求你们给我一封信。

　　现在已是古历的十一月了,在去年的现在,再加上不多几天——十一天——是我和你分别的一天,是和你作较长时期的离别——或者是永久的离别!今年正是要一周(年)纪念了!本来分别是没有什么(的)一件事,在以前也是时常分开的,你现在廿三岁,我现在廿二岁,可是在二十多年之中,我们俩在一块,过共同生活者,有多少时候呢?有两年吗?至多是一年多些!还说什么呢!并且在这短促的时期之中,又有我们各自的心绪的关系,以及环境压迫的关系,我们在灵肉上,能甘蜜而愉快者有两个月吗?终之,我们的生活时常在苦海沉沉之中的淹没着!我只有记得一次,深刻的记着的一次,是我们四年以前的事,当时我们俩都在你的家里,我们一些没有什么思念,没有什么拘束,没有什么牵阻,任我们的行动,在那夕阳将晚的时候,我们握着手,并着肩,缓缓地随走随谈,随谈随笑,以至深吻。正在斜阳西照,晚霞彩天,红枫黄草,瑟瑟地的"秋风"秋景,更是助增情人的深趣,这次是我们在灵肉上最甘蜜的一次,确是引起多少人所羡慕而歌崇(颂)的。在那种深刻的畅快之中,神经过敏的我,同时得到一种无限的悲哀,在回家后,曾写了一首诗,你读了那诗以后,在那夜里自梦中笑醒过来的。你还记得吗?可惜这首诗,在兵灾后到太仓去,在火车站上被扒手弄去了。唉!"往事不堪回首"!

　　在仲冬的时候,在我们的家乡方面已经是很冷了,差不多都要穿棉衣以至皮衣了,穷苦的人也没有什么许多东西来穿!早晨起来,至少是满地寒霜,西风括括了,甚至冰或雪也不一定的。正是现在穷苦而劳动的农人工人,是东要钱,西要钱的时候,一年中的生产物都变卖净了,工作又无地方找了,向那一个富翁边去,摇尾乞怜,以很重很重的利息,而得到些所谓"求借"。那些大肚子的富翁，仰着头，白着眼，很骄傲似的看不起穷人的还是表示不满意。唉，痛苦的农工何苦呢！你们用力的工作，以血汗换得的生产物到什么地方去了，是不是满足你们的意而售出去了？"不劳而获，劳而无食"的社会制度，还有什么需要而保持呢？痛苦的农工们起来推翻旧有的经济社会制度，打倒资本和封建的社会，杀尽不劳而食的蠹虫。痛苦的农工才有衣穿，有饭吃，有屋住。在广东方面，竟是看不出是到冬天了，各种的树草，仍旧是很茂盛，仍旧是很青绿，白昼间仍旧很热的，只要穿一件单衣也够了，在夜里觉得冷一些，但穿一件棉衣也够了。热带的广东和我们的江浙的气候很不同的。广东的水果较江浙便宜，尤其是香蕉，说来真可以称为满地，那一处是没有卖香蕉的地方，那一处是没有香蕉的皮，我们可以说："喜欢吃水果的，到广东来"。当在江西到广东的路途中，在吉安一带，小西瓜很多，只要一二个铜板就可买一个，我们专门吃西瓜，甚至吃到生病。在万安赣州一带，柚子很多，其形其味，很像我们那里叫文旦的样子，两三个铜元就买一个，我们也吃到讨厌而至不要吃，在那边一带，自满地西瓜皮，而满地柚子皮，到满地香蕉皮。那里甘蔗小的一二个铜元，大的自八九个铜板至十几个铜元可买一根了。总之，除了北方的如天津梨以外，什么水果都便宜。"要吃水果者到广东来"。其他的很多，如吃猫和蛇的叫龙虎斗等等的好味道，都是不是我们穷人所得到的，多讲无益，多说多涎，不说了，待你去想吧。

我是最喜欢自然界的美，我最恨的是机械式的美，自然界的平的田，润的水，高的山，青的草，红的花，绿的树，这是我最喜欢览赏的。在上海的时候我是很讨厌工厂的煤灰，塞满了鼻孔，布满了乌烟瘴气，这是多么难受呢？在那时我很想到杭州去耍耍，赏略自然的美；可是想到杭州去的念头有了六七年之久，终是成了幻想，不知以后还有机会吗到杭州去玩？在客省同志谈话的时，经过很远的地方，而江浙人，反而很近的杭州没有到过，仿佛也含了一味的笑话。我自江西到广东，在路途中所经过的地方，可以说大半的是山景，是我最爱的山景，有许多是童山，非但不能引起我的兴趣，反而是讨厌。除了荒凉的童山以外，那森森地树木，萋萋的芳草中间夹着的小溪，山水自上而下地流声潺潺滴滴，好似穷人在年底的时候，筹钱的沉思自语。山水清而甘，我在行路渴的时候，饮过几杯，很足使人爽快的。那山水羊肠似的迴转，遇到了中间有石头中柱的地方，更其是表示急迫，白的水花，好似棉絮般的弹击。山路转转折折，盘绕山腰而上，好似蛇行般的形状，因为我们不惯攀山的，所以在登山的时候，觉得很疲乏的。记得那天我们在夜里一点钟起身，预备过大庾岭的一次，那时到大庾岭的山麓天将要亮的时候，山田房屋河水等等，于残余的月光，廖磊的星光，及熹微的晨光之中，已经都可识辨了。山麓下的人家，还正在甘蜜的黑甜乡里，我们经过，除几只忠实的走狗汪汪汪吠叫以外，其他什么都没有惊动，悄悄地过去了。大庾岭的山路，已经修得很阔了，一级一级盘转的上去，到顶山有梅关的分隔南北两段，南是广东的地界，北是江西的地界。这梅关在两旁高的峰中间一条狭的路中间，形势非常险要的。关的旁边有几爿小店，里面打着了灯火，咕噜咕噜地声音，仿佛在磨豆腐的样子。自那边的山麓到这边的山麓，已是使人走的很疲乏了，表示吃力的汗珠，已是从面上滚下来了。在上山的时候，不知有多少高，也望不见有多少高，等到走到了平地已不见已找不到，我们所走过的山路了。我终觉得在山麓下或山腰中，森森的树林中的房屋，隐隐地人家，这种幽美趣味，住在那里的真是无限的乐；怪不得自古至今的厌世的隐居逸士的兴趣。在广东的周田大桥一带地方的山石，形状非常奇怪，在太阳西斜的时候，对着太阳远远地望去，很像很像古代的罗马希腊埃及的建筑物；——王宫牌塔等——并且这种奇石很多很多的。在这优美的自然界之中,我最喜欢的是江西庐山一带的美。那些令人不倦的美,我已在给父亲的信中的诗上略略地描写过了,那里非但只是自然界的美而且交通又是便利。一边是靠着牯岭——就是庐山——因为高的关系,以及山谷的关系,在山顶的一部时常有白云罩着,时常有白雾或消或散的吐出,那里除了我们所不适宜的军阀官僚避暑的洋式房屋以外,其他都是我们穷人所自乐的好地方。我是很想,十二万分的想,我和我的爱人——你,不问一切,幽然的在那里过快乐的日子,素情素爱;都在那里尽量的表显(现),潺潺的水,青青的山,是人山(间)最快乐的地方,草呀木呀,伴着我们同腐罢!唉!可是,可是终梦想罢!在万恶黑暗的世界未推翻以前,革命——在这封信上第一次写——未成功以前,终是梦想罢!美丽的山美丽的水,美丽的树林,美丽的花草,美丽的房屋,不是我们的,我们只有在这美丽的世界之中,仰着首狂疯似的空想罢!啊!

自然之神呀!
惠爱了人生,
在这恐怖的世界之中,
铲除了"恶"和"憎",
建筑了美丽的世界,
引导恶世的(□□)心!

****

美丽的花——隐藏了山中,
清芳的草——隐藏了山中,
伴着了自然之神,
伴着了爱美的痴人,

永世的长眠不醒!

不幸,不幸生在这资本的世界之中,不幸生在产业落后的中国领土之中,更不幸生在封建宗法的社会之中,一切的生存的趣味,一切的人生的幸福,都落在火坑里,那里去找得是我们有的美丽的世界呢!在这过程之中,我们一切都不要了,牺牲一切,换得我们的最后胜利,推翻了一切的恶憎,再找得是我们有的美丽的世界罢!努力奋斗!

志昂于十一月廿八日 ①

信封是一位韩国同志写的,内中有几个韩国的文字。

阅读参考

沈志昂在武汉寄出的最后一封信是七月十日,内有戎装照一帧。按常规汤瑾收到后应有回信。可能因事变不断,战乱纷繁,征程无定,未收到回信,以致半年多音讯茫然。思念至极,呼号"不得不要求你们给我一封信",对漂泊游子沈志昂而言,真是家书抵万金了。

写信那天正是农历十一月廿八日。"古历的十一月了,在去年的现在,再加上不多几天——十一天——是我和你分别的一天……或者是永久的离别。"这里所说的日期似有误。据1927年1月9日信,沈志昂离家去武汉是1926年12月27日(农历十一月廿三日)晚上上船。据汤瑾两次回忆,都确定为农历十一月廿三日。沈志昂到武汉正是1927年1月1日,武汉正举

---

① 十一月廿八日:农历1927年十一月廿八日,公历12月21日。

行军民联欢。按这次信写于农历十一月廿八日，加十一天，是分别的日子。十一月廿八日加十一天是十二月初九，不符1927年1月9日信上所说。查核沈志昂写信这一天是公历12月21日，加十一天正是1月1日，这一天和一年前到武汉倒是重合的。

  由思念而自然地转入了回忆，计算两人同处的日子，甘蜜的时刻短暂而铭心永志，那些农村傍晚情景的描述充满诗情画意。叙述由南昌到广州的沿途见闻也侧重于当地物产和自然景色，尤其是优美的庐山，"我是很想，十二万分的想，我和我的爱人……"

  这是所有今存沈志昂信中唯一的一封"闲情记趣"式的信，也唯一的一次透露他私梦的一封信，他的私梦无非是"赏略自然的美"。但即使是这样一个朴素的私梦，还得放在推翻万恶的旧世界，革命成功以后。在写到"革命"两字，他特意申明"在这封信上第一次写"，这也是唯一的一封信里只出现一次"革命"两字的信。他离得开革命吗？

  "美丽的山美丽的水，美丽的树林，美丽的花草，美丽的房屋，不是我们的，我们只有在这美丽的世界之中，仰着首往疯似的空想罢！"他满腔不平，满腔愤怒化成诗句，喷涌而出。必须告慰沈志昂烈士，那些美丽的一切，都已归于我们了，而且更美丽了，愿那些美丽的花，清芳的草，永伴着你爱美的痴人。

亲爱的钫修哥：

　　在一个月以前的信，收到否。我也并不一定希望你的回信，因为我已经知道你的本性，在过去的给你的信中，要希望你的回信是时常陷于失望，在失望的经验中，把我那希望你的回信的观念，总是一次一次地打落下。我不十分希望你一定要有回信，更其是飘泊不定的我，住址及通信处时常改变的，使你们的给我的信没有可靠的地方，使你们空耗了四分邮票以及一番心思，或是把个人关系的秘事泄满给别人发生枝节出来，这是我也不希望你一定要回信。不过差不多有半年的时期中，没有到你的一字了，在漂泊的我，精神上不免孤寂的。回忆在阳历六月头，我在西征，讨伐杨森夏斗寅时，在战线上得自武昌送来的你的信后，那时的信很慷慨，很明朗，很勇敢的字句，使我在战线上得到多么的慰藉和兴奋，而今，而今计算起来，总有半年了，没有看见你的私密的亲热的辞句。孤独的神魂只有孤独的心灵来慰。在珠江潮声之中，时不觉心弦很激烈的震动起来。因为我自武昌到广州这时期之中，差不多天换了一个地方，那时我没有信给你们的缘故，所以，以至我父亲也有五个月没有信来，在家庭观念未打破时候的我，终是不免时常要晓得些家庭状况，及地方状况的音讯，在前面的观念与后面的观念，方肩之中，终不免要你们的信，你们给我的信来告慰远客他乡的我。最后我不得不要求你们给我一封信。

　　现在已是古历的十一月了，在去年的现在，再加上不多几天——十一天——是我和你分别的，无是和你作较长时期的离别——或者是永久的离别！今年正是要一周纪念了，本来分别是没有什么一件事，在以前也是时常分开的，你现在十三岁，我现在二十二岁，可是在二十多年之中，我们俩在一块，过着同生活者，有多少時候呢。有兩年嗎？至多兒一年多些，還說什麼呢！並且在這種短的時期之中又有我們各自的心緒的關係，以及環境壓迫的關係，我們在靈肉上能甘蜜而愉快者有幾月嗎。終之，我們的生活將當在苦海沉之之中的淹沒著！我有記得一次深刻的記著的一次是我們四年以前的時，當時我們倆都在你的家裏，我們一生沒有什麼思念，沒有什麼拘束，沒有什麼牽阻任我們的行動，在那夕陽將晚的時候，我們挽著手並著肩，緩緩地隨走隨談，隨談隨笑，以至漿坊，正是斜陽西墜，晚霞彩光，紅楓黃草茲之也如魏風，秋景，更是助增情人的樂趣，這次是我們在靈肉上最甘蜜的一次，確是引起多少所羡慕而歌紫的。在那種深刻的暢然之中神為過敏的我同時得到一種無限的悲哀，在回家後，曾寫了一首詩，你讀了那詩以後，在那夜裏自夢中驚醒過來的。你還記得嗎？可惜這首詩，在吳淞後到太倉去，在火車站上被扒手摸去了。唉！往事不堪回首矣。

在仲冬的時候，在我們的家鄉方面已往是很冷了，差不多者還要穿棉衣以至皮底了，窮苦的人便沒有什麼許多東西來穿！早晨起來，到處是滿地寒霜，西風掃刮，甚至冰或雪也不一定。正是現在窮苦而勞動的農人之工，就是東籌錢西籌錢的時候，一年中的生產均都賣盡了，工作又無地方找了，向那一個富翁邊去，搖尾乞憐，以很重很重的利息，而得到些所謂「求借」，那些大肚子的富翁仰著頭，白著眼，很驕傲似的看不起窮人的還是表示不滿意。唉，痛苦的農工何苦呢，你們用力的工作，以血汗換得的生產物到什麼地方去了，是不是滿足你們的意而售出去了。「不勞而食，勞而無食」的社會制度還有什麼需要的保持呢，痛苦的農工們起來，翻舊有的經濟社會制度，打倒資本和封建的社會，殺盡不勞而食的蟲蟲。痛苦的農工才有衣穿有飯吃，有屋住。在廣東這裏竟是看不出是到冬天了，各種的樹草，仍舊是很茂盛，仍舊是很青綠，白晝間仍舊很熱的，只要穿一件單衣也夠了，在夜裏覺得冷些，但穿一件棉衣

1927年12月21日（农历十一月廿八）来信原件影印

也多了。热带的广东才我们的江浙的气候很不同的广东的水果乾也都便宜，尤其是香蕉，说来真可称为满地，那一处是没有卖香蕉的地方，即一处是没有香蕉的皮，我们可以说「喜欢吃水菓的到广东来。」当在江西到广东的路途中，在吉安一带小西瓜很多，只要一二個銅板就可買一個，我们专门吃西瓜，甚至吃到生病，在萬在赣州一带柚子很多其形具味，很像我们那裏叫文丹的橡子，两三個銅元就買一個，我们也吃到討厭而至不要吃，在两邊一带，自满地西瓜皮，而满地柚子皮到满地香蕉皮。那裏甘蕉小的一二個銅元，大的自八九個銅至十幾個銅元可買一根了。總之，除了北方的如无锡梨以外什么水菓都便宜。「要吃水菓者到广东来。」其他的很多，如吃猫和貓的叫龍虎鬪事，的好味道，都是不是我们窮人所得到的，多講些多說多麼不说了待你去想罷。

我是最喜歡自然界的美，我最恨的是機械式的美。自然界的平的田，流的水，高的山，青的草，红的花，綠的樹這是我最喜歡鑑賞的，在上海的時候我是很討厭工廠的煤灰塞滿了鼻孔，烟漓了烏烟瘴氣這是多麼難受化。在郊外時我很想到杭州去畧賞略自然的美；可是想到杭州去的念頭有了六七年之久，終是成了空想，不知以後還有機會嗎到杭州去玩。在车的客有同志談话的時，经過很多的地方，但江浙人及而最近的杭州沒有到過，仿佛也含了一味的笑話。我自江西到广东，在路途中所经過的地方，可說大半的是山景，是我最愛的山景，有許多是童山，非但不能引起我的興趣，反而是討厭。除了荒涼的童山以外，那裏也地槎林毦地的芳草，中間夾着的小溪，山水自上而下地流着潺潺的响，好似窮人在年底的時候，等錢的沉悶自響，山水清的甘，我在行路遇的時候，飲過幾杯，很是使人歡情的，那山水羊腸似的迴轉，過到了中間有石砌中柱的地方，更甚是表示免還，曰

1927 年 12 月 21 日（农历十一月廿八）来信原件影印

的水花，好似棉絮般的弹拳。山路转七折，盘绕山腰而上，也好似蛇行般的形状。因为我不惯攀山的，所以上登山的時候覺得很疲乏的。記得那天我们在夜里一点鐘起身，預備過大庾嶺的威沉，那時到大庾嶺的山麓天將亮光的時候，山田房屋河水寺之栏殘餘的月光，廖森的星光，及熹微的晨光之中，已经都可誠别了。山麓下的人家還正在甘睡的黑，鄉裏，我们經過，除幾隻惠靈的老狗汪汪吠叫以外，其他什么都没有驚勤，悄悄地過去了。大庾嶺的山路，已修築得很擱了，一级一级盤旋的上去，到頂山有梅關的分隔南北兩邊，南是廣東的地界，北是江西的地界，這梅關在兩旁高的峰中間一條狭的路中間，形勢非常險要的，關口旁邊有幾家小店，裏面打着几盏灯，咕嘟嘟的聲音仿彿是磨豆腐的樣子。有的邊的山麓到遠的山麓，已是使人走得很疲乏了，表示気力的环踩已是從而上跳躍下来了。在上山的時候，不知有多少高，也堂不見有多少高，等到[走到]了平地已不見已找不到，我们行走過的山路了。我终覺得在山麓下或山腰中森森的樹林中的房屋，隐之地人家，這桂出类趣味，住在那裏的真是無限的樂，怪不得自太宝今的厭在瘗虛逸尤興趣。在廣東的周回大餘一帶地方的山兄，形状非常奇怪，在太陽曲斜的時候又有太陽逵之地亳光，很像很像古代的羅馬希臘埃及的建築物——王宮碑塔寺——並且這種奇石很多很多的。在這優美的自然景之中我最喜歡的是江西盧山一帶地方。那些令人不倦的景，我已在先親的信中詩上晚之地描寫過了，那裏非但是自然界的美而且交通又是便利。一邊是靠着牯嶺——就是盧山——周圍高的關係，以風山谷的開係，在山頂的一部時常有白雲罩着，時常有的露或清或散之吐上出。那裏除了我们所不適直的軍閥官僚避暑的洋式房屋之外，其他都是我们窮人所自樂的好地方。我是很想，十二万分的想，我和我的爱人——你，们一切，纵然在那裏过快乐的日子，亲情亲爱都在那裏尽量的表现，弱之水清之山，是人的最快乐的地方，草啦木啦，伴着我们同腐罢！唉！可是，可是终归梦想罢！在万恶黑暗的世界未推翻以前，革命——在这封信上第一次写——未成功以前，终是梦想罢！美丽的山，美丽的水，美丽的树林，美丽的花草，美丽的房屋，不是我们的，我们只有在这美丽的世界之中，伴着青狂疯的梦想罢！啊！

自然之神呀！

鬼魔了人生，

在这憔悴的世界之中，

剷除了「恶」和「黑暗」，

建筑了美丽的世界，

引导恶劣的黑暗人！

＊＊＊＊＊＊＊

美丽的花——隐藏了山中，

清芳的草——隐藏了山中，

懆着了自然之神，

伴着了爱美的疯人，

永远的长眠不醒！

不幸，不幸生在这资本的世界之中，不幸生在产业落后的中国领土中，更不幸生在封建宗法的社会之中，一切的生存的趣味，一切人生的幸福都落在火坑裏，那裏去找得是我们有的美丽的世界呢！在这过程之中我们一切都不要了，牺牲一切，换得我们的最後胜利，推翻了一切，便是能再找得是我们有的美丽的世界罢！努力奋斗！　志昂于十一月廿八日

信封是一往韩国同志写的，内中有我们韩国的文字。

偰

沈志昂战友钟必达写给沈冠群的信

冠群同志:

您好!

你十二月二日的来信,并廿四日的信,均有收到。政躬康健,工作愉快,甚喜。我在昨廿二日,由梅县返回家中,我经常不在家,为了生活所迫,东走西奔。关于沈志昂同学的前因后果,根据你的报导(道),有两点的分析。你说他参加过八一南昌起义,这可以证明他不是叶剑英同志领导的教导团的学生,我教导团学生,八一贺(龙)叶(挺)两同志起义时,还在武汉两湖书院未出发,乘船东下,我到九江时,贺叶两同志,已率部沿福建江西边境南下,向广东汕头进发,教导团在九江枪炮被军部收缴,怕响应贺叶起义。贺叶军下到汕头市,被广东军陈铭枢、陈济棠两部打败了,仍有一百人左右,窜入海陆丰,改为红四师,师长董朗,编第四团。你说沈志昂同志,在海丰时还写信回家,说在第四团工作。我教导团在广州起义,血战三天,转向花县城,改为红四师,师长叶镛,四川人,原是教(导团)一连连长。编第十、十一、十二,三团。我当先锋队长,途径从化县、龙汀、蓝口、紫金等县,将到花县城地名象山,和当地民团城警队,打了一仗,击败敌人,安全入城。到紫金龙窝砲子圩打了整天,击败敌人,"是李汉魂师"。当晚到公平圩住夜,受到农民用火炬,热烈欢迎。到28年

1月5日，入海丰城，受到当地彭湃同志率领工农兵约千余人左右，入红场开大会欢迎。参加的有武装赤卫大队，约三百余人，有郑坤廉女同志，率武装部队约一百人，红二师董朗同志亦有参加，上台讲话，从此认识。我先锋队约廿余人，全部参加土改分田到户，约一个月的时间，我队工作完成，加入第十团作战，团长陆更夫，党代表徐向前，我团即攻下陆丰的赤坎圩，得步兵炮二门子弹四十余只，第十一、十二两团，进攻陆丰城。我团打了一些村庄后，即攻普宁县的蔡潭圩，打了两天一夜，大胜追击，并杀中有彭湃的工农兵，又红二师董朗师，大会战，追击隆江凹，击败敌人，乘胜追击，到惠来城，把城包围起来，打了四日夜，得而复失，双方伤亡很大。敌军桂系师长黄旭初，统兵四个团，约一万人左右。关于沈志昂同志，过去不认识，我先锋队，冲到西门城门下，偶见沈志昂同志，对待亲密接应，内有王罟同志，四川泸州人，坐谈进城计划。农民送来很多竹梯，离城还有一华里地，他两人协助我队运梯进城部，与敌对抗。时间在第二天中午，沈同志受伤了，举枪对敌射击时，被城头上打来的子弹，将左手打伤了，手表打烂了。我和王罟同志把他送到三百公尺后阴（隐）蔽地，交农民抬回后方，用小橙（凳）子竹杆，没有帆布床，没有卫生院，到第三天早王同志又牺牲了。下午四时，我也受伤了，由农民抢救出来，用竹椅抬回陆丰县碣石溪农会收容所，用草药施救，见沈同志睡在地上，双目合闭，精神涣散，全所有受伤同学约五六十人，都卧在地上，用山草铺地，有十余农民做招待。沈同学昂，堂堂七尺之高，白面书生，讲湖北话，态度和蔼，他对我很亲切。我是本地人，同病相怜之感，哑子食黄连，有口难言！1. 刘世杰同学，对他不认识。2. 左洪涛同学，当广州政协会，副主任，不妨与他联，程子华同学在北京当部长，我没有和他联系。我今年79岁，各心欠想。3. 沈同学还留下有无当年的照片，可送到广州红花岗烈士陵园博物馆陈列纪念，否则，做个无名英雄算了。4. 主任黎显旭，经常类似相同的事迹，总是写信给我出个证明，可以照办。我拟明春初中旬，可上北京一趟。5. 奉贤县革命斗争史和革命人物，负责领导人是谁，你能否抽暇赴京一行吗？

　　到此搁笔，顺致敬礼！

钟必达手复 81.12.28 日

札记，桂系军阀，荣旭初师，清剿海陆丰，动兵一万人左右，在二八年六月下旬，于惠来城决战。我军集中力量，以红四师为主力。第十、十一、十二，三个团，兵力有一千六百人左右。红二师有四、五、六，三个团，约三百人左右。是贺龙叶挺的两部，在广东汕头失败的残余部队，子弹武器不良？彭湃的工农兵约一千人左右，内有武装赤卫大队约三百人左右，武器弹药不佳。郑坤廉女同志带有约一百人左右，精神涣散，武器不良。统计红军兵力二千三百余人，在惠来城打了四日夜，得而复失，双方伤亡很大，"白骨山间露，赤血石上流，回首沙场迹，震动大东欧？"迫得我师退回陆丰东的碣石溪。仅剩一百七十二人，化整为零，转入地下工作，省外同志化装出甲子港，搭船过香港，徐向前同志在内。九死一生莫怨言，争取河山夺政权，今朝留得青山在，举头明月照弹痕。沈志昂同学兄，在围攻惠来城时第二天中午，攻西门时，受伤了，左手打断了，手表打烂了。我和王晷同学扶他到三百公尺，即交农运队，抬回碣石溪农会，临时收容所，用草药施救。王晷同学在第三日早牺牲了，可歌可泣。我在第三日下午四时也受伤了，幸得农民抢救出来，即送下农会收容所用草药施救，到战后第三天，全部退回碣石溪，我即去汇报镛师长，对收容所的情形，他说广东同志全数回家，外省同志，另有处理。

事已过去，万念俱灰，八十残生，饥寒交迫，孤老一人，自力更生。沈志昂同学，留有二七年间的照片，可付广州红花岗烈士陵园博物馆，交黎主任显旭处理可也，他必定来信给我，我即可照办。

你来信的信纸，此地没有卖，请烦你代购一本给我，并用上海日报包好，作印刷品付出！"写自付的用。"有劳之处，容当图报无勉强。

顺致，敬礼！

钟必达手复　81年12月28日

阅读参考（一）

1981 年 12 月 2 日、24 日沈冠群致信海陆丰革命历史纪念馆和当地政府，了解沈志昂烈士牺牲的情况。该部门将信转给钟必达同志，钟因而来信相告。

钟必达同志的复信非常重要，是关于沈志昂唯一的最后讯息，可信度很高。他回忆和沈志昂最后见面，也很详实。其重要性至少有以下几点。

一、证明沈志昂同志未参加八一南昌起义，纠正了长期以来家族对沈志昂参加八一南昌起义的误解。在现存的来信中，沈志昂从未提到参与南昌起义的事；也解决了沈志昂行军路线和南昌起义军行军路线的矛盾。钟必达关于南昌起义部队走向虽简略，但在总体上是正确的。

二、沈志昂现存信中未见关于缴枪的叙述，汤瑾曾说起在九江被缴械，但言而不详。钟必达同志来信正说明了这一点，他用词准确："被军部收缴，怕响应贺、叶军起义。"是被军部收缴，不是缴械；是怕响应，说明八一起义在前。

以当事人的身份，后来又属于同一个团并肩作战，比较详细地叙述广州起义经过以及起义之后教导团的行军作战的过程，尤其珍贵的是详细地描述了和沈志昂最后两次见面的情景，这是沈志昂同志留给人间的最后的惨烈形象。他实践了为劳苦大众谋幸福而牺牲的诺言；同时也为沈志昂亲族解开了五十多年的谜团，石头落地。

三、收到沈志昂 1928 年 1 月 11 日最后一封信以后，音讯杳然，家人在焦虑中盼候。5 月，沈达才在报上看到一条消息说海陆丰武装剿灭已尽，他当即拍大腿惊呼"益丰闯祸了"。从此，百般猜测，可能牺牲；可能去莫斯科学习，一直等到解放还无消息，知道牺牲了，至于怎样牺牲的，在什么地方都不知道。

阅读参考（二）

关于钟必达同志复信有关的说明和补充：

一、关于红二师。南昌起义后，8月3—6日，先后撤离南昌南下，由临川到壬田，冲破钱大钧阻击后，进攻瑞金、会昌，一路和陈济堂、黄绍竑苦战。在潮州、汕头及汤坑激战失败后，决定两路人分散渡海至香港转入上海。一部分殿后的朱德部队会合从武汉赶来的陈毅部，转战闽南、赣南、粤北、湖南，1928年4月到井冈山和毛泽东会师。另一部原叶挺部1300多人，转战连月，在董朗、颜昌颐率领下，在10月7日进入海陆丰，后中央南方局指示改编为中国工农革命军第二师（红二师）编一、四两个团。董朗为师长，兼一团团长，颜昌颐为党代表，兼四团党代表。钟必达同志信中称"改为红四师"恐怕记忆有误或笔误。广州起义后撤出的部队改编为红四师。沈志昂在这师的第四团工作。

二、外界流传一些资料说沈志昂参加了南昌起义，其实沈志昂不可能参加的。1927年7月2日，武汉政府宣布解散共产党机关，7月15日，汪精卫武汉政府正式公布《统一本党政策案》，正式与中国共产党决裂，开始驱逐逮捕共产党员。黄埔五期学员被迫毕业离校（沈志昂是六期），军校整体改编为张发奎的第二方面军军官教导团，后改成第四军军官教导团。正好，叶剑英当时是第四军参谋长，主动兼任教导团团长，武汉军校就此解散。这支部队名义上还是属于国民革命军，属于张发奎的部队，因此，不可能参加八一南昌起义。他们南下是张发奎要去广州和桂系军阀争地盘，行军路线也不一样。他们是南昌吉安万安赣州大庾（大余）梅关南雄广州。他们南下是属于部队调动，一路上不打仗，只是行军艰苦一些，半个月里粮食颗粒未进。据汤瑾回忆，沈志昂曾来信告诉他们在行军中途还换装了一次，将原军校装换成灰色军装。

回忆我的丈夫沈志昂

口述：汤瑾　　　　　　　　　　　口述时间：1981 年 5 月 4 日下午
地点：江海公社沈陆村大队汤瑾家　　采访整理：姚金祥 2019 年 9 月整理

沈志昂的父亲沈达才，是奉贤教育界人士，担任县里的学务委员。1928 年得急病死，与沈志昂同年去世。新寺人蒋文鹤是沈达才的学生。

我的老家在法华桥西乡，在家中时我名叫秋闱，"玩璆"是出嫁到沈家后沈志昂给我起的名字。我则叫他驹若，是父亲沈达才给他取的名字。沈志昂的弟弟叫沈志杨，也叫驹光，但家中叫他益秀。沈志杨是新塘小学教师，1935 年去世。我们的女儿名叫爱群，是沈志昂取名，可惜 18 岁那年就去世了。儿子叫冠群，现在南汇县人民法院工作。沈志杨的女儿叫沈联，奉贤中学教师，小名叫吉群。我的妹妹叫汤瑛（沈联之母），第一任丈夫即沈志杨。现在的丈夫叫马正德。马正德的第一个妻子叫沈志华。浦南地下党负责人肖斧（吴品章）是我的表弟，我的母亲就是肖斧的姑妈。我的哥哥叫汤爻，也叫汤玩占，五四运动时为全国学生联合会江苏省的代表，参加过全国学联大会。可惜因劳累过度吐血而早早去世。

沈志昂在太仓中学（正式名称为江苏省立第四中学）读过书，在南方大学高中部（学校在闸北）也读过书。在太仓中学时因为参加"五卅"运动闹学潮，被学校开除。之后曾想去读南京中学，没有成功。暑期中与几个同学一起组织纱厂工人读夜校。为此他买了一双白色的尖头皮鞋，一件长衫。白天上街宣传，晚上就到夜校讲课。在新寺，他同商店青年庄志英等一起到街上冲浆糊，贴从上海带回的标语，骂奸商。当时新寺地区有个大地主叫陆时俊，家里有田1 000多亩。志昂的堂兄沈品楼种了他家十多亩租田，要还春租、秋租。沈志昂就去给他算账。农民们几夜一听，也都懂了。他最后说，为了农民翻身，就先得组织起来，不怕流血，换掉一个旧的社会，建立一个好的社会，将来农村里也要造起楼房。他平时不愿到财主人家的亲戚家吃喜酒，说我不如同穷人去讲讲开心。有时一些穷人说："弟弟，侬讲的这些做不到的，这是各人修的福气呀！"志昂就用苏联做例子，说做得到的。他甚至说过想到俄国去兜兜，看看到底怎么样，但最后没有去成。有时候有的人家结婚，就请沈志昂去演讲，讲男女平等。直到去武汉之前，也仍去演讲。他还反对赌博和吸食洋烟（鸦片烟）。他父亲沈达才常常叉麻将、吃洋烟，他就要求不叉麻将、不抽鸦片。别人对沈达才说："你儿子在反对你！"父亲对儿子就恨，当面说，不抽，儿子一走就抽。父亲对儿子曾说："走路要走大路、顺路，不要走毛草路，要跟蒋委员长走。资本家有势力，地主有势力，穷人哪有什么势力？"还说："我培养你是想将来收回点钱。现在你这样，还有什么指望？"儿子则批评父亲说："你当个秀才，只会做做文章写写诗，等于是只两脚书橱，有什么用？我现在有了知识，就应该为国家效力。"李主一牺牲后，沈达才见家中有志昂留下的本子，上面有苏联的镰刀、斧头，就叫我赶快烧掉，说："李主一被人家告死了，这些东西留着，我们也得同李主一家一样要被封门。"我被逼火了，就说："要吃官司，我去！"国民党统治时，乡保长跑到我家来吓唬说："你们家是共产党，共产党来不了啦。看在我们与你家有交情份上，就不检举你们了。"实际是来敲诈，结果被勒索去几斗粮食。

在奉贤，沈志昂的同学、朋友也蛮多，像陈枕石、朱文熙等人。朱文熙在南桥镇南街，妻子叫徐世英，女科医生。沈志昂走后，刘晓到朱文熙处。朱文熙曾说："刘晓浪搭（住宿）我处，志昂不走，就可碰头。"朱文熙还曾说他"接头"的是沈雁冰。朱文熙后来脱离了，他说："我苦头吃不起，志昂先生苦头吃得起。"在南方大学高中部时，志昂同青浦的吕发英、王维里、吴健英四个人关系要好，一起拍过一张照（共七人），手拿国民革命旗。此照1968年被大队里抄去了。他说，这些东西放着，革命后可作纪念。沈志昂高中毕业后，回到奉贤应聘在奉贤县立第一女子高等小学校讲课，并到公立奉贤师范学校代过课。在县立女校教书时，由于讲得生动、活跃，女学生们都非常爱听他讲课。

1926年时，武昌中央军事政治学校在报上刊登招生广告，他就去报考。先是在复旦大学和同济大学考试，初试合格后再到武汉复试。阳历11月24日出发去复试。父亲给了他20元钱，但一张船票就得用去10元。志昂对父亲说"不够"，父亲说："我没有了，就这点钱。"志昂也不再多说，拿了就走。后来可能朱文熙等熟人给了他一定帮助。当时全上海去报名的有90多人，但只考取40多人，奉贤只考取沈志昂一人。（整理者注：全上海复试218人，录取95人）陈枕石也去考的，但没有考取。志昂曾对我说，他去武汉到南京时，前一天有个女的被查出，被杀害了。他把党证放在马褂口袋中，还好没有查出。

沈志昂考取黄埔军校武汉分校后，我们给他的通信地址是"江苏奉贤新寺镇恒发胡大兴（大兴南货店）汤瑾或沈达才收。有时也有熟人顺便捎来。他的通信地址即是"武昌中央军事政治学校沈志昂先生收"。志昂为什么要去武汉？他说不离开奉贤就会死在奉贤，与其这样，不如战死战场。

我保存的沈志昂给我的信，在武汉时七八封，在南昌时一封（十多页纸），在广州（广州市黄埔军校北校场军官教导团）两三封，在海丰时一封。其余都是在太仓和上海时写的。总有37封。从海丰寄来的一封有十二页纸，地址写的是"小莫斯科"。信的末尾是用朝鲜文字写的"志昂"二字。他在给叔父的信中说"信封是我叫朝鲜同志写的"。蒋介石叛变革命后，他在"四一二"之前写的一封信中就怒骂蒋介石是反革命，说非打倒蒋介石不可。蒋介石的胜利就是我们的失败。共产党的胜利就是蒋介石的失败。一定革命到底，革命总会成功。在"文化大革命"中，南汇大团派出所的陆良根曾拿给我两封丈夫写给我的信。信中叫我在农村里组织和宣传孙中山，宣传宋庆龄。此信读中学时写来。他化名叫赵惠（岩）悟。

整理者附言：这是笔者38年前采访沈志昂烈士遗孀汤瑾的记录稿。笔者当时在中共奉贤县委办公室工作，兼带做着奉贤地下革命斗争资料征集小组的事情。沈志昂写给汤瑾的信很多。我去之前，已有几封信给了市革命纪念馆姜同志等人。我希望她把其他的信连同沙基惨案纪念刊物等都能捐给政府保存。汤瑾女士很爽快，把她悉心保存了五十多年的沈志昂在1925年至1928年间写给她的家信，都捐献了出来。汤瑾还说到，1949年后，解放军到她家贴"光荣人家"，但就是找不到沈志昂写来的信。解放军就帮她找，结果一位同志高兴地说："老大娘，信找到了。"原来这些信嵌藏在一只破橱的夹层中。这些书信捐出后就一直保管在奉贤史志办公室。

家书抵万金

沈 联

我降临到沈家时,伯父离家革命已八年了。认识伯父是在照片上,直到现在,伯父留给我的形象也仅仅是照片上这个容颜清癯、一身戎装的形象。照片挂在书房里,每次去扫地,第一眼就是伯父的照片。有时问:"阿爸怎么不回家?"阿妈只告诉在打坏人,很远。本乡称呼父亲母亲有叫阿爸阿妈的。我家特殊,亲姊妹俩嫁给亲兄弟俩,两家从不分开居住,也不分家。我父亲22岁病逝时,我仅1岁,由母亲和阿妈一起带大。学话时哥哥姐姐教我叫伯母为阿妈,对照片上的伯父叫阿爸,他俩称呼我妈叫阿姨,我也就叫阿姨,终老不变。

童年时,阿妈对我们只讲一些阿爸的生活琐事,如割肉疗亲,在上海遇扒窃,身无分文一路走到太仓,去新市张贴标语;说阿爸长得又高又黑,一早起来在乡间小路上跑步,高喊一、二、三、四,乡人视为今古奇观,等等。那时阿妈的口气总是"你阿爸怎样怎样",所以在我心中,伯父就是阿爸,自然而然产生了亲切之感。

我离家去南桥小学、松江省女中读书,寒暑假回家,阿妈也从不说家里藏有阿爸的信件。一直到1949年,阿妈才告诉我关于阿爸参加学生运动考入黄埔军校武汉分校等一些革命活动,偶而(尔)出示一两封信,读后即被收藏。后来信件上交县民政局,阿爸被追认为革命烈士。可以这样说,我真正认识阿爸也从这时开始，其革命形象在我心中逐渐清晰。

这次有幸被邀协助区委党史研究室对阿爸生前的家书进行整理出版工作，得以仔细阅读阿爸幸存迄今的全部信件。这些信件尽管仅仅是阿爸革命生涯的飞鸿印雪，但对我却是一次全面而深刻的革命再教育。

阿爸从14岁到他22岁牺牲八九年间，正是我国从五四运动到共产党成立、第一次国共合作、北伐革命失败转入土地革命，战事纷繁，政治分化重组的大动荡大变革时期，也正是他从一个爱国青年学生成长为共产主义战士直至最后牺牲，走上人生顶峰的时期。他的经历很典型地代表了当时千万爱国知识青年走上革命道路的历程。五四运动反帝反封建的思想震醒了他，以挽救于危亡边缘的祖国和在深重的苦难中的劳苦大众为己任，这是他"造次必于是"的初心。为此，他高喊革命，高喊打倒帝国主义、军阀和封建主义并且投身战斗，不懈努力。凡是合乎他初心的即拥护和参与，凡是违背初心的坚决与之斗争到底。他不断探索，修正航向，由最初追随国民党再追随国民党左派，最后信奉共产主义加入了共产党，因为他最终深知只有共产党才能救中国，才能解放劳苦大众。"所以我们生是要为主义而生，我们的死是要为主义而死。"这是阿爸革命一生的宗旨，也是他不折不扣实践了的誓言。阿爸给我们小辈树立了光辉的榜样，留给了我们最重要的家训。

30多封遗书内容十分丰富，涉及方面也很多，就家庭关系而言，他对父亲行孝道，但也坚持原则；对父亲劝其"识时务"的回答是"我是绝不投降到反革队伍里去的，到底也不肯投降的"。对爱情深挚缱绻，但仍以革命为前提，要阿妈学文化，要阿妈反抗封建礼教，参与妇女解放活动。说到家庭幸福时，明确告诉阿妈"在这恶社会未改革之前，没有幸福可言……革命是我们唯一的生路。"在个人与革命的关系上，把革命事业放在第一，"革命是要牺牲的，倘使要个人做官发财而革命，那不是真正地革命，乃是反革命，这类人是国民党右派……我的身体不是我自己的，是为公的，倘使为公众利益而要我身体的时候我当不辞的。"1927年12月4日在广州给其弟弟（我父亲）最后一封信里还谆谆叮嘱"要求学有用的学问，为了痛苦的人民去革命，我是希望你跟着努力革命。"

阿爸的家书是革命的家书，每封信几乎都在宣说他的革命意志，对家人进行革命教育和鼓动。家书照理是最私密的，最能让人窥见心灵深处的真实。综观留存的全部家书，我找不到半个私字。他自己也感到了这一点。一次给阿妈的信有点歉意地说我的来信总是"革命、革命"但下次来信又是这样了。一个"醉心于革命"的青年，头脑里全是革命，正像血管里流出来的总是血一样。

"冠群的父亲是为国的，不是为家的。"这是在阿妈面前他的人生观的宣言，但对妻儿、对家人却时刻怀着眷顾之情。在谈到牺牲的时候，缠绵悱恻，垂泪搁笔。对弟弟和玖妹即我父母亲的关爱随时随地。天冷了，想起弟弟的冻疮，想起了无母的孩子丧失了天真。"我情愿牺牲了我，让爸爸爱你"，这是什么样的胸怀！我母亲因为是无父无母的孤女，对她尤其关怀同情。外祖母逝世后，她失学三年，眼看要15岁了，阿爸破釜沉舟通过各种关系，筹集费用让她读上了南桥女子高等小学，摆脱了寄人篱下做小丫头的命运。当她险遭封建礼教暗算时，他大力阻止，让她逃离虎口，要知道他那时才是一个高二的学生。寒暑假到了，他关心玖妹的去处；面临毕业了，叮嘱她努力学习，一定要争取升学，并介绍几所合适的学校，同时叮嘱阿妈同样要关心"苟其你不叫她升学，不设法使她升学，不合我的意思，你就是对不起她，同时也对不起我"，这可以说是严词了。1927年12月10日，正当广州起义前夕十分紧张之际给阿妈的信中最后还写上一笔

"关于玑妹读书费用现在怎样办的，公尚女校的内容好不好"，此后的不久牺牲了，怀着一颗对家人牵挂却无可奈何的心。短短的两年多时间里，在留存的给阿妈和我母亲的家书中关于我母亲求学问题就有十处嘱咐之多。九十年了，每念及此事或读到这些信件，我还会潸然泪下。阿爸使我母亲获得了光明前途，我敬仰他博大的胸怀，赤诚的心地。

母亲为了早点就业，小学毕业后读了公尚女校学蚕桑，一年后还是遵从阿爸主张转入松江七县女师，1930 年毕业后在法华桥关帝庙小学任教。1932 年父亲毕业于省立松江第三中学，任新市新塘小学教师，继祖母十分中意我母亲，为父亲提亲。1933 年成亲，将砂碛小学（砂碛小学设在我家厢楼里）让给我母亲任教，自己去青村主持育婴堂。自 1928 年后阿爸音讯杳然，1935 年我父亲病故，我母亲感念阿爸之恩，手足之情，姊妹二人同舟共济抚养三个孩子长大（我姊爱群不幸于 18 岁病逝），母亲深受阿爸革命言行影响及其人格感召，一直倾向共产党。1942 年她的同学地下党员黄雅琴来找她，母亲为她介绍工作，帮她做联络工作，两年后她入了党，以后又发展了表弟吴品章（肖斧）入党，继而又接待地下党员金佩扬，金又发展沈冠群入党。我家实际上成了地下联络站。1946 年，母亲奉调南桥小学任教，任南桥地区第一任地下党支部书记。这些我们视为阿爸的薪火相传，也是应该首先告慰阿爸在天之灵的。

读阿爸的遗书，我看到了阿爸———一个活生生的热血澎湃的年轻勇士，为人民的解放、祖国的新生把自己的鲜血洒在了南国的土地，把自己的躯体融入了祖国的大地。他是共和国大厦上的一块砖，他是五星红旗上的一滴血。

阿爸永远是崇高的。

高山仰止。

汤瑾事略

沈 联

阿妈汤瑾，字玩璆，1905年农历八月十七日生，故另名静秋，字桂萦。汤家在法华桥西汤三垛，今胡桥永革村，是一户耕读之家。父汤思贤（1871—1917），幼聪慧勤读。因家贫，无川资赴考，多次弃考，至25岁叔母慷慨支助旅费，去南京参加院试及格，成为秀才。外公思想开明，拥护革新。辛亥革命推翻清王朝，他立即剪去屈从清王朝标志的辫子，反对叩头跪拜，祭祖婚丧典礼一律改为鞠躬；他推行文明婚典，反对烧纸箔草囤等迷信活动。他创办法华桥三元堂小学，自任校长和教师。他主张强国必先强身，另聘体育教师。外婆吴象芳，务农。汤思贤生子女八人。长子9岁夭亡。次子汤爻，其余六人均为女儿，汤瑾排行第六，我母汤瑛最小，排行第八，故称八妹或玖妹。汤瑾童年随父念过三年书，之后随母务农。

汤爻1898年生，1919年于江苏省立松江第三中学毕业，后以第四名优异成绩考入南京国立高等师范。他积极参加五四运动，1919年6月16日至8月5日，以江苏省学生代表的身份参加在上海召开的中华全国学生联合会成立大会，大会全体成员的照片曾展示于上海一大纪念馆。汤爻一连几个月没有回家了，暑假也不回家，家里多次去信催促，他说：现在中国形势十分危急，我们青年学生为国要紧，有国才有家。回家住了一两天又去了。汤爻因组织学生游行、讲演等活动，劳累过度、咯血，回家休养，1921年1

月病故，年仅23岁。汤爻病故消息传至其母校南桥第二高小，校长十分痛惜，开追悼会，把他比作颜回，种柏树两棵称汤爻树。这树毁于日本人手。

我祖父沈达才，兼任教育局视学员，和汤思贤彼此相熟。见汤瑾学习优良，品貌端正，挽人说媒并征得阿爸同意，于1917年结缔婚约，时阿妈十三岁，阿爸十二岁。此后两家往来频繁，两人彼此萌发感情，发展成恋爱。1924年祖母陆云能病危，一是为了冲喜，一是视一对青年男女的爱恋已臻成熟，决定举办婚礼。

阿妈自幼受到其父兄新思想的影响，到沈家后也很自然地接受阿爸沈志昂的思想言行，支持他革命：阿爸参加五卅运动，明知有生命危险，她不阻止；阿爸被开除几乎失学，她毫无怨尤；阿爸冒着生命危险与共产党往来，并随后入党，她支持。1926年12月，阿爸怀着满腔热血，毅然决然地离家，奔赴武汉投身军校，她坚信他的决定是正确的，唯有支持，勇敢地承担养育儿女的重任（冠群一岁半，爱群仅两个月）。临行，欣然剪发以示随从阿爸之意志；送到南桥合影留念以之为阿爸走上新征程而壮行，慨然诀别。

1924年农历十月初，祖母陆云能病故；1925年祖父续娶钱桥唐家清，接管砂碛小学。阿妈来沈家之后主要下田劳作，和大姑母小姑母操持家务，抚育一儿一女，照顾公婆饮食起居，担当了一个农村妇女必须担当的一切。此外她晴耕雨读，遵阿爸所嘱，提高文化水准。1928年1月以后阿爸杳无音讯。5月，祖父见《申报》关于海陆丰"共匪剿灭"的新闻报道，虽无阿爸牺牲的确切消息，但还是给全家罩上了浓重的阴影，迢迢千里，两地茫茫。1928年农历十月，祖父逝世，留下一大堆债务；1935年我父亲病故，家里又一大梁轰然倾倒，中兴绝望。自此姊妹俩一个务农一个教书，共同支撑风雨飘摇的家庭。1942年，继祖母唐家清逝世，沈冠群大病，爱群夜间照料冠群，受寒起病，不治而逝，年仅十七，眼看即将开花结果的苗木枯萎，阿妈痛不欲生，我亲听她半夜起来敲击爱群棺木，号哭至天明。真是祸不单行，一年内连遭如此大祸，旧债新债，旧悲新悲，寡弱姊妹抱痛苦支，力挽危家于既倒，其中悲苦，只有姊妹俩亲尝亲知。

1946年夏，母亲奉调去南桥小学任教，并任南桥地区首任地下党支部书记后，党派金章华接任砂碛小学，为掩护，阿妈称其为过房女。此后金之父中共淞沪工委书记金佩扬以探女儿为名常来我家，阿妈热情接待，同时以各种方式应付伪保长、伪军的明察暗访。白色恐怖日益严重，阿妈千方百计几次转移藏匿阿爸家书和遗物。时间一久，遗物多有破损，至"文革"前尚存皮鞋一双，是阿爸1926年在上海参加暑期工人培训班所得报酬购买，说要穿着它走遍天下闹革命；军装一套，是军校转为教导团换装时寄回来的。这两件最后的遗物在"文革"中遗失。沈志昂还有不少给父亲的信，共产党的宣传资料、书籍，慑于白色恐怖被其父全部销毁，并多次查问阿妈要她交出信件销毁。现存的信件是阿妈瞒过祖父沈达才私藏下来的。阿妈对共产党信奉及坚毅之精神，可见一斑。

1949年5月奉贤解放，10月中华人民共和国成立，阿爸当年为之苦苦追求、冒死奋斗，最后为之牺牲的"苏维埃"终于实现了。阿妈立即投入新中国农村革命和建设。先后担任了砂碛乡政府文书、妇委主任、调解委员等职务，实现了当年阿爸教导她冲出封建束缚获得独立人格为社会服务的愿望，阿爸要她学的文化也用上了。阿爸真是高瞻远瞩。1952年春，汤寿昌和阿妈响应党号召率先创办江海农业合作社。阿妈思想先进，以身作则，处事公正，为人宽厚，在群众中享有很高的声望。

中华人民共和国成立后一年多未获阿爸任何信息，知道阿爸牺牲无疑，于是将有关资料送至民政局，经民政局审核，追认阿爸为烈士。30多年的悬念最后落地。

  阿妈对阿爸和共产党的企盼真是刻骨铭心,在生命的最后的几个月里,她神志时清时模糊。我去探望她说着说着突然问道:"共产党来了吗?"这是她几十年隐藏在内心的苦苦期盼。

  1997年4月16日,我至亲至爱的阿妈与世告别,享年93岁。一位革命先驱者的妻子,一位支持革命,历尽艰难坎坷终于苦尽甘来,为革命作出了巨大牺牲的农村妇女的一生,画上了完满的句号。

  从此再也没有人叫我结群了,痛哉!

  阿妈千古!结群泣祷。

2018年12月20日

怀念我的祖父

沈 激

祖父沈志昂是革命者,这是我从小从大人的谈话中知道的。祖父是黄埔军校武汉分校的学生,参加过广州起义和海陆丰的武装斗争。自海陆丰后,祖父不再有信件给祖母,也没有生与死的消息。

1949年后一段时间,祖母一直期望有奇迹出现:祖父回来了,全家人团圆了。我也被奶奶的盼望所感染,期望有一天,爷爷真的出现了,我也与别的孩子一样,有活生生的爷爷宝贝自己了。但是奇迹没有出现,一直到父亲从县里拿回追认祖父为革命烈士的证书和按连级干部发下的抚恤金为止,全家人不再有奇迹发生的期望。

祖父有一幅放大的戎装照片,镶嵌在大大的镜框里,悬挂在书房的墙上。我每天扫地抹桌或在书房玩耍时,都要和照片中的祖父见面。照片中,祖父英武挺拔,神情严肃。小小年纪,知道军人是要打仗的,打仗就要受伤、牺牲,为了人民去流血牺牲,是英雄,内心充满了崇敬。

除了相片,祖父的遗物就是信件、书本、木工工具。信件有三十多封,小时候奶奶戴着老花眼镜,经常翻出来读的时候,我就在旁边听。祖父说,天热部队行军,休息时战士们下河游泳,有战士就淹死了;祖父说他有一位朝鲜战友,回国后,也要建立苏维埃。

"爷爷那时在为苏维埃打仗吗?"我问奶奶。

"贝贝，爷爷是为苏维埃牺牲的，爷爷是红军烈士。"奶奶回答。

于是，我在学前幼小的心灵里就学到了名词"苏维埃""红军"。爷爷的信对我奶奶而言是宝贝，是生命。奶奶说，爷爷写给他父亲的信中，常常批评他父亲思想落后，信中的革命思想又让曾祖父担惊受怕，有些信就被曾祖父烧掉了，现存的是我奶奶抢出来保存的。于是我知道了这些信的价值。等我上学能阅读，也想阅读祖父的信时，一些信已被上海中共"一大"会址纪念馆收藏了。幸亏如此，这些奶奶视若生命的信件，才没有在"文革"抄家中失去。

多少年后，奶奶去世，父母亲也去世了，我想到要去给祖父的信留下照片时，才安排时间，去上海中共"一大"会址纪念馆瞻仰了其中的几封。信件被作为革命文物妥善地保存着，纪念馆的王主任，戴着手套和口罩，小心翼翼地在一张宽大的桌子上，将信件一封封展开。发黄的信纸上，祖父的笔迹还是清晰可见，我也戴着手套和口罩，小心地读着这些文字。一句句激昂飞扬的语句，一个早期红色革命者的形象，跃然出现在我的面前。

我已经不是第一次读到这些文字了，祖父的信件，网上也有文字介绍，我已经读到了。但是几十年后，再次近距离见到这些真迹时，我真切地感受到了祖父那一代红色革命者以天下为己任的豪情，仿佛看到了祖父和他的战友们激烈战斗的场景，听到了那时枪炮的轰鸣，眼前出现了祖父跃出战壕冲向炮火的身影，我听到了祖父的呼喊，我感受到祖父血肉之躯的心跳，感受到他受伤后的呻吟。

现在，这些信中的多数，已经转给奉贤区档案馆。

贝贝

2018年8月11日

后　记

"一个有希望的民族不能没有英雄，一个有前途的国家不能没有先锋。"在纪念奉贤解放70周年，缅怀革命先锋之际，在奋力打造英雄奉贤之时，《沈志昂烈士家书》经过各方的通力协作，与大家见面了。

《沈志昂烈士家书》是由区委党史研究室编写的红色系列丛书之一。2018年8月启动此项工作，在对保存至今的沈志昂烈士的37封家书进行整理后，数次实地考察烈士故居、访谈烈士后代亲属、搜集查证相关照片，最后以书信的时间顺序汇编成册，呈献给读者，以期客观、真实地展现沈志昂在牺牲前5年里的周遭际遇和心路历程。一位烈士有如此多的遗书，历时九十多年，能留存至今，可谓珍贵之极，是奉贤党史教育宝贵的财富。由于时间相隔久远，我们对一些历史事件作了必要的注解。为便于读者阅读，原件附简体字整理本。同时，每一份家书都辅以阅读参考，对某些特殊事件时间、背景等加以说明，帮助读者更好地理解家书的内容。

家书是具有私密性的，更何况沈志昂烈士的这37封家书大多是写给妻子汤瑾的。夫妻之间离多聚少，难免有诉说不尽的相思和离愁，但家书仍是以沈志昂烈士为了摆脱帝国主义封建主义的压迫，寻找救国真理，最终信仰共产主义为主旋律，充塞着革命的浩然之气，光明磊落。我们在编辑家书的过程中，不断地被沈志昂舍家为国崇高的革命初心和人间大爱所感动。

本书的编写得到了区委的高度重视；也得到了沈志昂烈士亲属的全力支持和配合，特别感谢沈志昂烈士的年已耄耋的唯一的第二代亲侄女沈联、钟明德伉俪，不辞辛劳地参与了编写的全过程，通过注释和阅读参考，提供了已鲜为人知的书信中涉及的人和事件的背景材料，这些历史资料已成为最后"孤本"了。它给我们阅读本书带来了不少帮助；更感谢沈志昂烈士妻子汤瑾女士生前悉心护信和慷慨捐赠，让世人得以分享这一宝贵的精神财富。

红色家书、字字风范。因时间仓促，能力有限，书中难免存在错讹，疏漏和不足之处，敬祈广大读者批评指正。

图书在版编目(CIP)数据

沈志昂烈士家书/中共上海市奉贤区委党史研究室编.—上海：上海社会科学院出版社，2019
 ISBN 978-7-5520-2930-7

Ⅰ.①沈… Ⅱ.①中… Ⅲ.①沈志昂-书信集 Ⅳ.①K825.2

中国版本图书馆CIP数据核字(2019)第225815号

沈志昂烈士家书

编　　者：	中共上海市奉贤区委党史研究室
责任编辑：	应韶荃
封面设计：	周清华
出版发行：	上海社会科学院出版社
	上海顺昌路622号　邮编200025
	电话总机021-63315947　销售热线021-53063735
	http://www.sassp.org.cn　E-mail: sassp@sassp.cn
排　　版：	南京展望文化发展有限公司
印　　刷：	镇江文苑制版印刷有限责任公司
开　　本：	710×1010毫米　1/16开
印　　张：	20.75
插　　页：	8
字　　数：	263千字
版　　次：	2019年11月第1版　2019年11月第1次印刷

ISBN 978-7-5520-2930-7/K·530　　定价：108.00元

版权所有　翻印必究